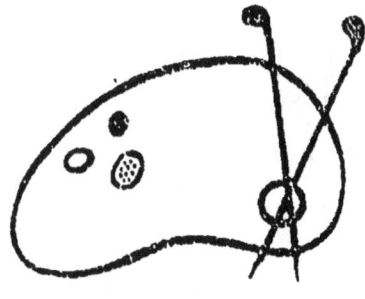

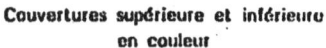
Couvertures supérieure et inférieure en couleur

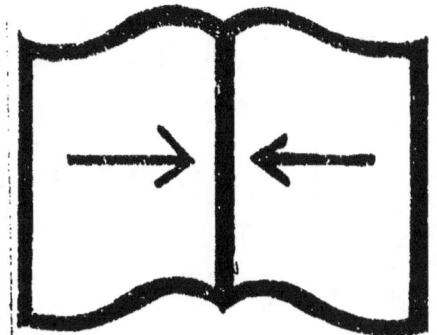

RELIURE SERREE
Absence de marges
intérieures

VALABLE POUR TOUT OU PARTIE
DU DOCUMENT REPRODUIT.

DEUX MÈRES

PAR

ÉMILE RICHEBOURG

I

LA FIGURE DE CIRE

PARIS

E. DENTU, ÉDITEUR
Libraire de la Société des Gens de Lettres
PALAIS-ROYAL, 15-17-19, GALERIE D'ORLÉANS

PUBLICATIONS RÉCENTES DE LA LIBRAIRIE E. DENTU

	Vol.		Vol.
GUSTAVE AIMARD		**ÉMILE GABORIAU**	
Les Lauriers du Pont-Neuf	3	Le Petit Vieux des Batignolles	1
Les Bon-Diable	3	L'Argent des Autres	2
Le Chasseur de Rats	3	La Corde au Cou	2
ALBÉRIC SECOND		**E. M. GAGNEUR**	
Les demoiselles du Rongay	1	Les Crimes de l'Amour	1
PHILIBERT AUDEBRAND		Les Droits du Mari	1
César Bertholin	1	**EMMANUEL GONZALÈS**	
L'Auchautereau	1	La Servante du Diable	1
ALFRED ASSOLLANT		**GOUDON DE GENOUILLAC**	
Le plus hardi des Gueux	1	L'Homme au Veston bleu	1
Nini	1	Une Vie d'Enfer	1
XAVIER AUBRYET		**CONSTANT GUÉROULT**	
Chez nous et chez nos voisins	1	Le Drame de la rue du Temple	2
JEAN BERTHET		La Lutetière de M. Lublin	2
L'Incendiaire	1	**CH. JOLIET**	
Le Sauvage	1	Les Filles d'Enfer	1
ADOLPHE BELOT		Diane	1
Les Mystères mondains	4	**ARMAND LAPOINTE**	
La Sultane parisienne	1	La Chasse aux Fantômes	1
La Femme de glace	1	Les sept hommes rouges	1
P. DU BOISGOBEY		**JULES LERMINA**	
Les deux Merles de M. de Saint-Mars	2	Les Loups de Paris	3
La Vieillesse de M. Lecoq	2	Les Mille et Une Femmes	3
L'Épingle rose	2	**M. DE LESCURE**	
GONTRAN BORYS		La Dragonne	1
Le Cousin du Diable	1	**LUBOMIRSKI**	
Le Beau Durand	1	Par Ordre de l'Empereur	2
ÉDOUARD CADOL		Les Viveurs d'Hier	1
Rose	1	**HECTOR MALOT**	
Le Cheveu du Diable	1	Les Batailles du Mariage	3
CHAMPFLEURY		Cara	1
Le Secret de M. Ladureau	1	Sans Famille	2
La Petite Rose	1	**XAVIER DE MONTÉPIN**	
EUGÈNE CHAVETTE		Les Maris de Valentine	2
Aimé de son Concierge	1	Le Médecin des Folles	2
La recherche d'un Pourquoi	1	La Marquise Castella	2
La Chambre du Crime	1	**CH. PAUL DE KOCK**	
JULES CLARETIE		Mémoires inédits	1
La Maison Vide	1	**V. PERCIVAL**	
Le Train 17	1	La Maîtresse de M. le Duc	1
Le Troisième Dessous	1	La Dot de Geneviève	1
ERNEST DAUDET		**PAUL PERRET**	
La Petite Sœur	1	La Belle Fiancée	1
Zahra Marsy	1	Hors la Loi	1
ALPHONSE DAUDET		**CAMILLE FÉRIER**	
Robert Helmont	1	La Pomme d'Ève	1
Jack	2	**PONSON DU TERRAIL**	
ALBERT DELPIT		Les Voleurs du Grand Monde	1
Le Mystère du Bas-Meudon	1	Le Filleul du Roi	3
La Famille Cavalié	1	**TONY RÉVILLON**	
CHARLES DESLYS		La Séparée	1
Le Serment de Madeleine	1	Noémi	1
La Dot d'Irène	1	**MARIUS ROUX**	
Sœur Louise	1	La Proie et l'Ombre	1
CHARLES DEULIN		Eugénio l'amour	1
Les Contes de ma Mère l'Oye	1	**ÉMILE RICHEBOURG**	
Contes du Roi Gambrinus	1	Andréa la Charmeuse	2
Histoires de Petite Ville	1	La Fille Maudite	2
E. ENAULT		La Dame voilée	1
Mademoiselle de Champrosay	1	**PAUL SAUNIÈRE**	
Gabrielle de Célestange	1	Flamberge	2
H. ESCOFFIER		Mam'zell Rossignol	2
La Vierge de Mabille	1	**AURÉLIEN SCHOLL**	
Chloris la Goule	1	Les Amours de cinq minutes	1
XAVIER EYMA		Les Scandales du Jour	1
Les Amoureuses de la Demoiselle	1	**ANAÏS SÉGALAS**	
FERDINAND FABRE		Les Mariages dangereux	1
Barnabé	1	**LÉOPOLD STAPLEAUX**	
La Petite Mère	1	Le Roman d'un Père	1
P. FÉVAL		Le Diva Enclare	1
Le Chevalier de Keramour	1	**PIERRE VÉRON**	
Douze Femmes	2	Le nouvel Art d'aimer	1
OCTAVE FÉRÉ ET E. MOREY		Les Mangeuses d'hommes	1
Le Médecin confesseur	1	**PIERRE ZACCONE**	
Les Millionnaires de Paris	1	Les Nuits du Boulevard	2
La Juive du Marché neuf	1	L'Homme des Foules	1
FERVAQUES		La Vie à outrance	1
Durand et Cie	2		
Sacha	1		

DEUX MÈRES

I

PRINCIPAUX OUVRAGES DU MÊME AUTEUR

ANDRÉA LA CHARMEUSE, 2 vol. in-18, 2ᵉ édition.   6 francs
L'ENFANT DU FAUBOURG, 2 vol. in-18, 2ᵉ édition.   6 —
LA FILLE MAUDITE, 2 vol. in-18, 4ᵉ édition . .   6 —
LES DEUX BERCEAUX, 2 vol. in-18, 2ᵉ édition .   6 —
HONNEUR ET PATRIE, nouvelles militaires, 1 vol.
    in-18 . . . .   3 —
LA DAME VOILÉE, 1 vol. in-18, 3ᵉ édition . .   3 —
LES AMOUREUSES DE PARIS, 2 vol. de la biblio-
    thèque nouvelle à 1 franc, — 6ᵉ édition .   2 —
HISTOIRE D'UN AVARE, D'UN ENFANT et D'UN CHIEN,
    1 vol. de la bibliothèque à 1 franc . . .   1 —
LA FILLE DU CHANVRIER, 1 vol. in-32 . . . .   1 —

Les soirées amusantes, lectures des familles, collection de 12 vol. in-32, comprenant :

CONTES D'HIVER, janvier, février, mars, 3 vol.
    in-32. . . . .   2 fr. 25
CONTES DU PRINTEMPS, avril, mai, juin, 3 vol.
    in-32. . . . .   2 — 25
CONTES D'ÉTÉ, juillet, août, septembre, 3 vol.
    in-32. . . . .   2 — 25
CONTES D'AUTOMNE, octobre, novembre, dé-
    cembre, 3 vol. in-32. . . . .   2 — 25

Chaque volume de la collection se vend séparément 75 cent.

Sous presse :

LE COMTE DE COULANGE, 2 vol. . . . . .   6 fr.
UN CALVAIRE, 1 vol. . . . .   3 —
QUARANTE MILLE FRANCS DE DOT, 1 vol. . . .   1 —

F. Aureau. — Imprimerie de Lagny.

DEUX MÈRES

PAR

ÉMILE RICHEBOURG

I

LA FIGURE DE CIRE

PARIS
E. DENTU, ÉDITEUR
LIBRAIRE DE LA SOCIÉTÉ DES GENS DE LETTRES
PALAIS-ROYAL, 15-17-19, GALERIE D'ORLÉANS

1879
Tous droits réservés

DEUX MÈRES

PREMIÈRE PARTIE

CONDAMNÉ A MORT

I

LE MALADE

On était aux derniers jours du mois de janvier.

Toute la nuit la neige avait tombé à gros flocons. Elle tombait encore, mais plus fine, chassée violemment par une sorte de vent de tempête; une bise aigre, mordante, qui passait à travers les arbres dénudés, frappait aux murs des maisons et s'engouffrait dans les rues avec des sifflements lugubres.

Les toits étaient blancs sous un ciel bas chargé de brume. Un épais tapis de neige couvrait le pavé des rues. Les voitures passaient sans bruit, les roues creusant de profondes ornières.

On aurait dit que ce jour-là Paris ne s'était pas réveillé, tellement la grande cité était silencieuse. On n'entendait aucun de ces nombreux cris de la rue qui annoncent le travail des petits, la vie active de tous, et qui ont leur large place dans la physionomie générale de Paris. On aurait pu croire que l'immense ruche parisienne s'était endormie pour un temps, comme la ruche d'abeilles pendant les jours tristes où la terre est sans verdure et sans fleurs.

Plus encore que les autres quartiers, le faubourg Saint-Germain était silencieux et avait un aspect sombre et désolé. Les vieux hôtels bâtis entre cour et jardin, aux larges portes cochères fermées, aux portiques sévères, semblaient déserts. Il en est presque toujours ainsi, du reste. Dans le jour, calme, tranquillité, silence profond, nulle apparence de vie. La nuit venue, l'aspect change, tout s'anime, l'hiver surtout, qui est la saison joyeuse des gens riches.

On allume les bougies des lustres, les grandes fenêtres s'éclairent, les portes cochères s'ouvrent ; au silence succède le bruit ; le faubourg sort de sa torpeur ; de tous les côtés on entend le roulement des voitures sur le pavé ; les salons aux riches tentures, aux lambris dorés, se remplissent d'hommes et de femmes avides de plaisir. Réceptions, concerts, bals, fête partout. C'est l'heure où ceux qui travaillent se reposent ; c'est l'heure où les autres s'amusent.

Nous allons dire ce qui se passait, ce jour d'hiver, dans un splendide hôtel de la rue de Babylone, pendant que la neige tombait, que le vent hurlait au dehors avec rage et que, semblable à un suaire immense, un brouillard épais enveloppait Paris.

Au moment où nous pénétrons dans l'aristocratique demeure, deux hommes causent à voix basse dans une chambre. Ils se tiennent debout dans le chambranle d'une fenêtre. Ils viennent de sortir d'une chambre contiguë où il y a un malade. Ce malade est le marquis

Édouard de Coulange ; il est à peine âgé de trente-cinq ans. Le nom de Coulange est un des plus anciens et des plus illustres de France. Il est fait mention d'un sire de Coulange qui se distingua par son courage chevaleresque et fut un héros au temps des premières croisades.

Le marquis est assis dans un large fauteuil. Bien que le fauteuil ait été roulé devant la cheminée où il y a un bon feu de flammes et que la chaleur de la chambre soit à peine supportable, le marquis est enveloppé dans une longue robe de chambre doublée de fourrure. Ses pieds, dans des pantoufles fourrées, sont posés sur une peau de vison. Il tient ses mains blanches, longues, décharnées, croisées sur sa poitrine ; sa tête jetée en arrière s'appuie sur le dossier du fauteuil. Ses yeux sont fermés comme s'il venait de s'assoupir.

La poitrine est oppressée et la respiration difficile. Sa figure est très-pâle et d'une maigreur affreuse : les pommettes des joues sont saillantes, le nez s'est aminci, et les yeux, entourés d'un cercle bleuâtre, se sont enfoncés sous les arcades orbitaires ; comme les joues, les lèvres sont décolorées. C'est la figure d'un malheureux dont la vie s'éteint lentement.

En ce moment, pourtant, le marquis est très-calme, et sur son visage aucun mouvement, aucune contraction ne révèlent la souffrance.

Malgré les ravages causés par la maladie, sa figure est toujours belle et ses traits conservent leur cachet de haute distinction.

Le malheureux ne voit pas sa position telle qu'elle est. Il ne sait pas, — on a soin de le lui cacher, — que plusieurs médecins l'ont condamné. Il attend plein d'espoir le retour des beaux jours, car il compte sur le printemps, la verdure, les fleurs, le soleil pour lui rendre ses forces épuisées, pour le guérir... Oh! il ne songe pas à la mort; il n'a pas eu encore cette pensée qu'il peut mourir. Est-ce qu'on peut avoir une pareille idée quand on a la jeunesse, la fortune, et qu'on a devant soi l'avenir radieux, qui promet toutes les félicités? Non, le marquis de Coulange ne pense pas qu'il peut mourir...

Il est jeune, il porte un grand nom, il possède une immense fortune, mais il a mieux que cela encore pour tenir à la vie, il est marié depuis deux ans et il aime ou plutôt il adore sa jeune femme. En lui donnant son nom il lui a donné son cœur et son âme; sa vie, qu'il veut conserver, il la lui a consacrée... C'est pour elle que, plein d'espoir, il se tourne vers l'avenir; c'est pour qu'elle soit heureuse qu'il ne doit pas mourir!...

Dans la pièce à côté, les deux hommes continuaient leur conversation à voix basse.

L'un de ces hommes se nommait Ernest Gendron; il avait trente-deux ans. C'était un jeune médecin de beaucoup de talent; mais, en attendant la fortune, il était encore à la recherche de la renommée.

L'autre était le beau-frère du marquis de Coulange; il avait un an de moins que le docteur et il se nommait Sosthène de Perny.

Le docteur disait:

— Je n'ai pas la grande autorité de mes savants et illustres confrères qui ont été appelés successivement auprès de M. le marquis; aussi dois-je m'incliner avec respect devant leur pronostic. Oui, je dis comme eux que la situation du malade est grave, très-grave...

— Ainsi, comme les autres, vous êtes sans espoir? demanda M. de Perny, qui tenait constamment ses yeux baissés, comme s'il eût craint de rencontrer le regard pénétrant et plein de clarté du jeune médecin.

— Mon cher, répliqua vivement le docteur, jusqu'au dernier moment, tant que la vie n'est pas éteinte, le devoir du médecin est de ne pas désespérer. Il s'accomplit parfois dans l'organisme de l'homme des phénomènes physiologiques qui déconcertent la science. J'ai vu des malades, abandonnés par les médecins, repousser les étreintes de la mort et revenir à la santé. Les bonnes gens disent : « C'est un miracle ! » Soit. Mais ce miracle est le résultat d'un fait physique ; c'est un de ces phénomènes dont je viens de parler.

— Alors vous pensez...

— Je ne pense rien. Vous m'avez demandé de vous dire la vérité et je n'ai pas cru devoir vous la cacher. Mon pronostic est absolument le même que celui de mes confrères. L'anémie dont est atteint M. le marquis de Coulange fait chaque jour des progrès rapides ; vous en avez la preuve dans son amaigrissement, son dépérissement. La nuit il se réveille en sursaut, baigné de sueurs froides ; ces sueurs nocturnes n'annoncent rien de bon. Cette petite toux sèche et ces crachements de sang qu'il a eus à plusieurs reprises ont aussi un caractère très-alarmant. Je n'ose pas dire encore que votre beau-frère est condamné sans appel, mais il est certainement menacé d'une phthisie pulmonaire, d'une tuberculisation des poumons.

— Vous n'osez pas vous prononcer, docteur, dit M. de Perny ; mais malgré votre réserve...

— Il y a le miracle, fit le médecin.

— Je comprends. Il n'y a plus à se bercer d'illusions, le marquis est perdu et dès maintenant ma pauvre sœur peut se considérer comme veuve.

Après être resté un moment silencieux, le docteur reprit :

— Il est regrettable que M. le marquis n'ait pas suivi les conseils qui lui ont été donnés. Sa situation exigeait qu'il se rendît dans un climat chaud.

— Nous lui avons proposé de le conduire à son choix en Algérie, en Sicile ou à Madère ; il s'y est absolument refusé.

— Les malades ont souvent de ces répugnances inexplicables, murmura le docteur...

Et il ajouta :

— Malheureusement, il est peut-être trop tard maintenant.

— Par lui comme par les autres, le marquis est condamné, se dit M. de Perny.

Le docteur lui tendit la main.

— Vous me quittez? fit M. de Perny.

— Oui. J'ai une visite à faire assez loin d'ici.

— Vous reviendrez demain ?

— Oui. Un dernier mot : si M. le marquis de Coulange avait à prendre certaines dispositions, je crois que vous feriez bien...

— C'est un conseil ; merci, je ne l'oublierai pas.

Le docteur se dirigea vers la porte. M. de Perny le suivit.

Le marquis de Coulange restait immobile, la tête appuyée sur le dos du fauteuil et les yeux fermés. Dormait-il ?

Un silence profond régnait dans la chambre du malade.

Soudain, un bruit léger se fit entendre. Une porte latérale s'ouvrit doucement et une jeune femme admirablement belle se montra dans l'embrasure. Son regard doux et triste s'était arrêté sur le marquis. Elle poussa un soupir et fit un pas dans la chambre. Puis, après avoir tendu l'oreille et jeté derrière elle un regard anxieux, comme si elle eût craint d'être surprise, elle referma la porte aussi doucement qu'elle l'avait ouverte.

Cette jeune femme était la marquise de Coulange...

Elle n'avait pas encore dix-neuf ans. Plutôt grande que petite, sa taille était svelte, élancée, et sous son peignoir de cachemire bleu se dessinaient des formes exquises. On ne saurait imaginer un profil plus délicat et plus pur. Elle avait cette beauté radieuse et idéale que rêvent les poètes, que les artistes cherchent partout. En elle tout était charmant. Dans sa pose, ses mouvements, son sourire, sa parole, son regard, elle avait la perfection de la grâce. En la voyant on était charmé ; on était ravi en l'écoutant.

Jamais de plus beaux cheveux blonds n'ont couronné un front plus noble et plus pur. Elle avait les joues rondes et roses, le nez délicieux ; sa bouche, très-petite, aux lèvres vermeilles, était adorable ; elle avait des dents fines, bien rangées et d'une blancheur de lait. La lumière de son regard était comme un rayon de tendresse et d'amour qui coulait de ses grands yeux bleus veloutés.

Mariée depuis deux ans, elle gardait toujours les grâces pudiques de la jeune fille ; elle avait la timidité, la réserve, la candeur, ce je ne sais quoi d'innocent, de suave et de mystérieux qui est comme un voile dont s'enveloppe la jeune vierge. Du reste, toute mignonne et un peu frêle, elle avait encore l'air enfant.

Mais, en l'examinant avec un peu d'attention, un observateur aurait facilement découvert qu'il y avait en elle une douleur secrète, une souffrance inconnue, cachée et contenue. Son visage en portait l'empreinte.

Souvent, sous l'obsession d'une pensée amère, son beau front s'assombrissait tout à coup. Alors dans la langueur de son regard, dans l'expression douloureuse de sa physionomie il y avait quelque chose de troublé, d'inquiet, de craintif, d'effrayé même. Il semblait que des larmes allaient jaillir de ses yeux et on s'étonnait de ne pas l'entendre sangloter.

Après avoir refermé la porte, la marquise s'était arrêtée à l'entrée de la chambre et de nouveau ses yeux voilés de larmes s'étaient fixés sur le malade.

— Il dort, prononça-t-elle tout bas.

Elle resta encore un instant immobile, hésitante, le corps légèrement penché en avant, dans une contemplation douloureuse.

Enfin elle se décida à avancer. Et lentement, à petits pas, posant avec précaution ses pieds légers sur le tapis, elle s'approcha du marquis.

Elle appuya une de ses mains sur le dos du fauteuil, s'inclina, et ses lèvres roses touchèrent le front pâle du malade.

Elle n'eut pas le temps de se redresser. Le marquis ouvrit les yeux, l'entoura de ses bras, l'attira à lui et la serra contre son cœur. Leurs lèvres s'unirent dans un long baiser.

— Mathilde, ma belle chérie, comme je t'aime ! murmura le marquis.

— Edouard, comment te trouves-tu aujourd'hui ? demanda-t-elle.

— Mieux, répondit-il en essayant de sourire. Quand tu es près de moi et que tu me regardes comme en ce moment, je ne sais quelle lumière me pénètre et je sens que ton doux regard verse la vie en moi.

— Oh ! oui, n'est-ce pas, tu vivras ? s'écria-t-elle avec

une sorte d'exaltation. Si je te perdais, vois-tu, si la mort devait t'enlever à ma tendresse, à mon amour, je te suivrais dans la tombe !

Elle laissa tomber sa tête sur l'épaule du malade, et se mit à pleurer à chaudes larmes.

II

UN MARIAGE DE PARIS

Le marquis Edouard de Coulange était encore en bas âge lorsqu'il perdit son père.

Il fut élevé par sa mère, une femme d'un grand cœur, dévouée jusqu'à l'abnégation. Elle n'hésita point à faire en faveur de son fils le sacrifice de sa jeunesse et de toutes les satisfactions, de toutes les joies auxquelles elle pouvait prétendre encore en dehors de ses devoirs de mère.

Son fils était tout pour elle, elle voulut ne vivre que pour lui. Elle l'entoura d'une sollicitude éclairée et prévoyante et lui prodigua les trésors inépuisables de sa tendresse maternelle. Elle eut ce suprême bonheur pour une mère de voir son fils grandir en mettant à profit ses exemples, ses leçons et les conseils de son expérience.

Lorsque sa mère mourut, Edouard de Coulange avait vingt-cinq ans.

Un peu trop tôt peut-être, le jeune marquis se trouva le maître absolu d'une fortune qu'on évaluait alors à plus de cinq millions.

Favorisé sous tous les rapports, le jeune homme ne pouvait manquer d'être très-recherché. Il avait déjà des amis, il en vit bientôt augmenter le nombre. S'il l'eût voulu, plus heureux que le bon Socrate, l'hôtel de Coulange aurait pu être rempli de jolis messieurs de tout âge, plus ou moins parasites et coureurs d'aventures, qui étaient ou se disaient ses amis.

Trop jeune encore et tout étourdi du premier usage qu'il faisait de sa liberté, il ne pouvait encore distinguer ce qui est faux de ce qui est vrai. Son excellente mère n'était plus là pour l'éclairer; le guide intelligent et sûr de sa jeunesse lui faisait défaut.

Ne sachant rien ou presque rien de la vie, ayant l'imagination ardente, facile à surexciter, il était fatalement attiré vers l'inconnu.

Il résista faiblement à ses intimes, qui faisaient passer sous ses yeux les éblouissements du plaisir. Conseillé et entraîné par eux, il se jeta à corps perdu dans le tourbillon de la vie parisienne. Il était pris de vertige. Du jour au lendemain il devint un viveur. On ne tarda pas à parler dans tout Paris de ses merveilleux attelages, de ses bonnes fortunes, de son luxe, des fêtes splendides qu'il donnait.

— C'est un fou qui se ruine, disaient les gens sages.

Il usa de l'existence comme si, n'ayant que quelques années à vivre, il eût eu hâte de connaître et de savourer toutes les jouissances. Après avoir approché ses lèvres de la coupe des plaisirs, il voulait la vider jusqu'à la dernière goutte. Il se livra à toutes les extravagances, il fit toutes les folies. Il fut le roi des écervelés.

Il eut une écurie, il fit courir; il fut un rival des Fould, des de Lagrange, des Delamare, et pour un temps une des célébrités du Jockey-Club.

Cela dura quatre années.

Un matin le marquis de Coulange se réveilla épuisé, brisé, las de tout et de lui-même.

Après une heure qu'il employa à réfléchir sérieusement, il se trouva subitement dégrisé. Saturé des plaisirs faciles et des fausses jouissances qu'il avait si avidement cherchés, il en était arrivé à la satiété, au dégoût.

Il y a des hommes qui se perdent par les excès; le marquis de Coulange fut sauvé par trop d'excès.

Il s'enferma dans sa chambre et défendit sa porte.

Là, dans le silence, seul avec lui-même il fit son examen de conscience. Il se rappela son enfance heureuse, sa jeunesse studieuse; puis il vit se dresser en face de lui le sombre tableau de tout ce qu'il avait fait depuis quatre ans. Alors le rouge de la honte lui monta au front. Maintenant il avait horreur de ces quatre années et il aurait voulu pouvoir les rayer de sa vie.

— Malheureux, qu'ai-je fait? murmura-t-il. Et si je ne m'arrêtais pas, dans quel gouffre irais-je tomber?

J'ai jeté dans la fange deux millions de la fortune de mes ancêtres, continua-t-il; mais, Dieu merci, je suis toujours digne du nom qu'ils m'ont transmis, l'honneur des Coulange reste intact.

Il était devant un portrait de sa mère accroché au mur. Il le regarda avec un pieux respect, et bientôt de grosses larmes roulèrent dans ses yeux.

Tout à coup il s'agenouilla, et, tendant ses bras vers la toile :

— Pardonne-moi, ma mère, dit-il d'une voix entrecoupée; j'étais fou, pardonne-moi!... Devant toi je redeviens meilleur et sous ton regard de sainte je me sens purifié!...

Dans la journée, le marquis envoya chercher son notaire. Ils eurent ensemble une conférence qui ne dura pas moins de deux heures. Le soir, le jeune homme donna l'ordre de préparer ses malles. Le lendemain matin, sans avoir prévenu aucun de ses amis, ni personne, il quitta Paris accompagné seulement de son valet de chambre Firmin, un ancien serviteur de son père, qui l'avait vu venir au monde, et dont il connaissait depuis longtemps la fidélité et le dévouement.

Le marquis de Coulange et son domestique se promenèrent pendant un an à travers l'Europe, puis ils s'embarquèrent pour les Grandes Indes. Quand le marquis eut visité la Cochinchine, la Perse méridionale, l'Hindoustan, le Mongol, les côtes de Malabar, et du Coromandel, l'île de Ceylan, et respiré suffisamment l'air pur et régénérateur du Bengale, il eut le désir de voir le nouveau monde.

Trois mois après, il posait le pied sur le sol de l'Amérique. Il parcourut les principaux États du continent découvert par Christophe Colomb, étudiant avec intérêt les mœurs de ces populations si mélangées aujourd'hui, et ne s'arrêtant dans les villes que le temps nécessaire pour voir les choses dignes de fixer l'attention d'un voyageur.

Un matin, il dit à son domestique :

— Firmin, si je ne me trompe pas, il y a trois ans et six mois que nous avons quitté Paris.

— Oui, monsieur le marquis, à quelques jours près.

— Eh bien, Firmin, je crois que, maintenant, je puis sans danger revoir la France et rentrer à Paris, où on ne doit plus se souvenir de mes anciennes folies.

— Monsieur le marquis a donc l'intention...

— Firmin, nous partirons demain ; va retenir nos places sur le paquebot.

Ils se trouvaient alors à New-York, où ils étaient revenus depuis trois jours.

Au nombre des passagers qui s'étaient embarqués sur le paquebot et qui devaient faire la traversée entière de New-York au Havre, se trouvait un jeune Français qui se présenta lui-même au marquis de Coulange, en lui disant qu'il se nommait Sosthène de Perny.

— Je suis venu à New-York, ajouta-t-il, afin d'y régler une affaire d'intérêt, et je suis peu satisfait du résultat de mon voyage. Comme vous, monsieur le marquis, je suis Parisien; je n'avais pas eu encore l'honneur de vous rencontrer, mais j'ai beaucoup entendu parler de vous il y a quelques années.

Ces paroles rappelaient à M. de Coulange son passé qu'il voulait oublier; mais il eût été de mauvais goût de s'en formaliser.

Sur le pont d'un navire lancé à toute vapeur au milieu de la mer immense, les rapprochements deviennent faciles; on arrive vite à une sorte de familiarité, à l'intimité.

Sosthène de Perny avait la parole facile et ne manquait pas d'esprit. Très-adroit, très-insinuant, possédant l'art de la dissimulation, sachant couvrir son visage du masque des hypocrites et feindre des sentiments qui n'étaient pas en lui, il réussit à intéresser le marquis et à capter sa confiance. Il lui parla de sa sœur, beaucoup plus jeune que lui, qu'il aimait tendrement, et de sa mère, qu'il adorait, avec admiration et une vénération profonde.

De tels sentiments étaient trop en harmonie avec ceux du marquis pour qu'il ne trouvassent pas un écho dans son cœur. Il se sentit profondément ému. Dès lors M. de Perny avait atteint son but.

En arrivant au Havre, il était l'ami du marquis de Coulange. Mais ce n'était pas cela seulement qu'il voulait. Une idée lui était venue et il songeait déjà aux moyens de réussir dans ses projets audacieux.

Pendant un mois il ne laissa pas passer un seul jour sans venir à l'hôtel de Coulange. On aurait dit qu'il ne pouvait plus vivre loin de son nouvel ami. Il s'était mis gracieusement à la disposition du marquis, et comme il avait une certaine intelligence des affaires, il put lui rendre une infinité de petits services.

Il savait que M. de Coulange avait fait une forte brèche à sa fortune, mais il découvrit bientôt, avec la plus vive satisfaction, que le mal était déjà en grande partie réparé.

Après trois ans et demi passés à courir les mondes et voulant se faire une vie nouvelle, le marquis se trouva dès son retour à Paris dans un véritable isolement. Pour le moment, Sosthène était son unique ami, il en fit son confident. M. de Perny eut beaucoup de peine à cacher sa joie en apprenant que M. de Coulange s'ennuyait, qu'il y avait un grand vide dans son cœur, qu'il était libre de tout engagement antérieur et qu'il serait disposé à se marier. L'heure d'agir était venue.

Un jour que le marquis était allé faire une visite à Madame de Perny, celle-ci lui dit :

— Monsieur le marquis, j'ai promis à ma fille que Sosthène et moi nous irions la voir aujourd'hui à sa pension ; si je ne craignais pas d'être indiscrète, je vous proposerais de nous accompagner.

— Mais c'est une nouvelle preuve d'amitié que vous me donnez, madame, répondit-il vivement, je n'ai pas encore l'honneur de connaître mademoiselle de Perny, je serai heureux de lui être présenté.

La mère et le fils échangèrent un rapide regard d'intelligence.

La voiture du marquis était en bas. En un clin d'œil madame de Perny fut prête. On partit.

Il arriva ce que M. de Perny avait prévu. Le marquis fut frappé de la merveilleuse beauté de la jeune fille ; l'impression alla droit à son cœur et fut aussi profonde que rapide.

En sortant du pensionnat il était déjà préoccupé, rêveur. En chemin il répondit à peine aux paroles qui lui furent adressées. M. de Perny était d'une gaieté folle, madame de Perny observait l'ami de son fils, et restait grave comme il convient à une mère de famille soucieuse de ses devoirs envers ses enfants.

— Mathilde a déjà seize ans et demi, dit-elle au marquis ; maintenant que son éducation est achevée je vais la faire sortir du pensionnat ; et tout de suite il va falloir songer à son avenir, à son bonheur, la chère enfant !

Le jeune homme se contenta de répondre par un mouvement de tête.

Quand le marquis eut quitté madame et M. de Perny, la mère dit à son fils :

— Tu ne t'es pas trompé, Sosthène, nous tenons M. de Coulange. Dans quatre ou cinq jours il reverra Mathilde, et avant que deux semaines se soient écoulées il la demandera en mariage.

Sosthène se mit à rire, ce qui voulait dire qu'il pensait absolument comme sa mère.

Quinze jours plus tard, éperdument épris de Mathilde, le marquis de Coulange venait trouver madame de Perny et lui demandait la main de sa fille.

Madame de Perny parut extrêmement surprise et eut beaucoup de peine à se remettre d'une émotion admirablement simulée. Le trouble, le jeu de la physionomie, l'expression du regard, la larme à l'œil, rien ne manqua à la comédie.

— Excusez-moi, monsieur le marquis, dit-elle, je m'attendais si peu... Ma fille, son frère, et moi, nous sommes très-honorés de la demande que vous venez de m'adresser; malheureusement ce mariage n'est pas possible.

— Avez-vous donc déjà promis la main de mademoiselle Mathilde? interrogea le jeune homme d'une voix tremblante.

— Non, monsieur le marquis.

— Alors, madame...

— Vous allez comprendre. Ma fille n'est certainement pas sans mérite; elle est intelligente, instruite, bien élevée ; notre famille est des plus honorables, mais de petite noblesse, monsieur le marquis, et entre vous et nous il y a une si grande distance...

— Je comprends, madame, oui, je comprends à quel sentiment plein de délicatesse vous obéissez en ce moment; mais c'est assez, ne me dites plus rien. Depuis longtemps, j'ai su m'affranchir de beaucoup de préjugés et quand il s'agit du bonheur de ma vie, je consulte avant tout ma raison et mon cœur.

— Je vous en prie, monsieur le marquis, permettez-moi de continuer. Depuis une dizaine d'années nous avons été cruellement frappés ; ma fortune et celle de mes enfants ont été englouties ensemble dans une catastrophe financière. Nous ne sommes pas aujourd'hui dans la misère, grâce à une rente viagère que je dois autant à la bonté qu'à la prudence d'une vieille parente que j'ai perdue. Monsieur le marquis, ma fille n'a pas de dot.

— Oh! madame.

— Je devais vous dire la vérité. En réalité nous sommes pauvres, et, si malheureusement je venais à mourir, mes chers enfants se trouveraient dans une situation affreuse.

Le marquis était vivement ému. Il s'empara d'une des mains de madame de Perny et lui dit d'une voix grave :

— Rassurez-vous, madame, ce que vous semblez redouter n'arrivera point, vous vivrez pour vos enfants. Si, comme j'en ai l'espoir, ma demande est agréée par mademoiselle de Perny, je réparerai autant que je le pourrai, envers elle, envers vous et votre fils, les injustices de la fortune. Dieu merci, je suis assez riche pour ne point voir la question d'argent dans le mariage. C'est une compagne, une femme à aimer que je veux, non une dot !

— Ainsi, monsieur le marquis, vous persistez ?...

— Je vous supplie, madame, de vouloir bien présenter dès demain à mademoiselle de Perny la demande que je viens d'avoir l'honneur de vous faire.

— Ma chère Mathilde ! murmura madame de Perny.

Elle laissa échapper un sanglot et passa vivement son mouchoir sur ses yeux comme pour essuyer ses larmes.

En déclarant au marquis quelle était sa situation réelle et celle de ses enfants, madame de Perny lui avait dit la vérité. Toutefois, elle avait parlé d'une catastrophe financière qui n'existait que dans son imagination. Certes, elle s'était bien gardée d'avouer que toute sa fortune, — plus de six cent mille francs, — avait été dévorée par son fils. Ce qu'une mère vraiment digne de ce nom aurait sauvé, la dot de sa fille, avait servi comme le reste à payer les dettes et toutes les folies du jeune débauché.

Madame de Perny était idolâtre de son fils. Elle n'avait jamais eu la force de lui adresser un reproche, elle n'avait jamais su lui rien refuser. Dans sa tendresse aveugle, elle avait été aussi coupable que faible. Ne pensant qu'à son fils, ne voyant que lui, ne s'occupant que de lui, sa fille lui était à peu près indifférente. Du reste, elle ne l'avait jamais aimée. Il y a des cœurs qu'une seule affection peut absorber ainsi.

Mathilde avait à peine vécu quatre ou cinq ans près de sa mère, après être sortie des bras de sa nourrice. Madame de Perny la mit en pension de bonne heure pour s'en débarrasser. Et si elle avait pu rester au pensionnat et y achever son éducation, c'est que cette même vieille parente qui avait eu pitié de sa mère, en lui assurant une rente viagère, avait eu l'heureuse inspiration de payer d'avance et jusqu'à ce qu'elle eût atteint l'âge de dix-huit ans, les trimestres de sa pension.

Mathilde allait devenir, à son insu, de la part de sa mère et de son frère, mais sans qu'ils y eussent jamais songé peut-être avant que Sosthène eût rencontré le marquis de Coulange, l'objet d'une spéculation odieuse.

Le lendemain de la demande du marquis, madame de Perny alla chercher sa fille au pensionnat.

Mathilde apprit avec un grand étonnement, mais sans joie, qu'elle venait de sortir de sa pension pour n'y plus rentrer.

Le soir même, en présence de son frère, madame de Perny lui dit :

— Ma fille, je ne veux pas attendre à demain pour vous parler d'un bonheur inespéré qui nous arrive. Il s'agit d'une chose importante et très-sérieuse où vous êtes la première intéressée.

La jeune fille ouvrit de grands yeux étonnés.

— Ma fille, continua madame de Perny, M. le marquis de Coulange nous fait l'honneur de vous demander en mariage.

La jeune fille rougit subitement et ses yeux se fixèrent à ses pieds.

— Mathilde, vous ne me répondez pas, fit madame de Perny : comment dois-je interpréter votre silence ?

— Mon Dieu, ma mère, répondit la jeune fille d'une voix hésitante, je ne sais pas ce que je peux dire. Je n'ai pas encore dix-sept ans ; il me semble que je suis bien jeune pour être mariée.

— Ma sœur, répliqua Sosthène, quand une jeune fille de ton âge trouve un mari, elle s'empresse de le prendre ; elle n'est pas assez sotte pour lui dire : Vous repasserez quand je serai vieille. Si tu n'as pas d'autre raison...

— Je connais à peine M. le marquis de Coulange.

— Vous l'avez vu trois fois, dit froidement madame de Perny.

— Tu n'ignores pas qu'il est mon ami, ajouta Sosthène.

— Mathilde, est-ce que M. le marquis de Coulange vous déplaît ? demanda madame de Perny.

— En aucune façon, ma mère.

— Parbleu, j'en étais sûr, s'écria joyeusement Sosthène ; ma sœur sait que chez une jeune fille la réserve est une grâce ; elle a raison de ne pas nous dire tout de suite qu'elle est enchantée... Ah ! dame, parmi ses amies de pension il n'y en a pas beaucoup qui auront, comme elle, un superbe hôtel à Paris, plusieurs châteaux en province, et le bonheur de s'appeler madame la marquise.

— Mon frère, répondit Mathilde d'un ton pénétré, un hôtel, des châteaux, un titre, cela peut donner satisfaction à un sentiment de vanité ou d'orgueil ; mais il y a autre chose de plus sérieux et de plus grand dans le mariage.

— Hein! fit madame de Perny dont les sourcils se froncèrent. En vérité, continua-t-elle, on donne aujourd'hui aux jeunes filles une singulière éducation ; en les écoutant on croirait entendre parler des philosophes.

La jeune fille se tourna vers son frère comme pour lui demander : — Qu'ai-je donc dit de si extraordinaire ?

— Mais, reprit madame de Perny d'un ton qui trahissait son impatience, discuter n'est pas conclure. Mathilde, je vous ai fait part de la demande de M. le marquis de Coulange et vous venez de nous dire, à votre frère et à moi, qu'il ne vous déplaisait pas.

— Oui, ma mère, j'ai dit cela ; mais...

— Mais quoi ?

— Je n'aime pas M. de Coulange, dit craintivement la jeune fille.

Un double éclair jaillit des yeux de madame de Perny et elle eut beaucoup de peine à empêcher sa colère d'éclater.

— Eh ! petite sotte, fit-elle durement et en haussant les épaules, est-ce que vous savez seulement ce que c'est qu'aimer ?

— C'est vrai, répondit la jeune fille d'une voix mal assurée, je ne sais pas ce que c'est qu'aimer.

Et elle ajouta mentalement, tout en s'efforçant de retenir ses larmes :

— Je sais moins encore ce que c'est qu'être aimée !

— Ma fille, reprit madame de Perny d'un ton radouci, votre frère et moi nous avons promis votre main à M. le marquis de Coulange ; je ne dois pas vous cacher non plus que, me croyant l'interprète fidèle de vos sentiments, j'ai donné à M. le marquis l'assurance que vous accueilleriez favorablement sa demande.

La jeune fille ouvrit la bouche pour essayer une nouvelle protestation ; mais, sous le regard sévère et dominateur de madame de Perny, la parole expira sur ses lèvres. Elle eut un soupir étouffé et baissa tristement la tête.

— Ma chère Mathilde, lui dit alors son frère, ce que notre mère ne t'a pas encore appris, ce que tu as surtout besoin de savoir, c'est que M. de Coulange t'aime depuis le jour où il t'a vue la première fois. C'est une affection pleine de dévouement, c'est un grand amour que tu lui as inspiré.

La jeune fille tressaillit, puis levant sur son frère ses yeux humides :

— Ah ! fit-elle, M. le marquis de Coulange m'aime ?

— Tu peux en être convaincue avant qu'il ne te le dise lui-même. Tu n'as pas besoin de réfléchir longuement pour comprendre que s'il n'était pas amoureux de toi, le marquis ne t'aurait point demandée en mariage.

— C'est vrai, murmura la jeune fille.

— Enfin, ma fille, reprit madame de Perny, votre mariage est décidé et rien maintenant n'y saurait mettre empêchement. Je n'ai pas besoin, je crois, de vous parler de la soumission et du respect qu'une jeune fille bien élevée doit aux volontés de sa mère.

— Je vous obéirai, ma mère, j'épouserai M. le marquis de Coulange, répondit la jeune fille.

— C'est bien ! Vous reconnaîtrez, j'espère, que votre frère et moi nous n'avons eu en vue que votre bonheur et que nous nous sommes préoccupés surtout de votre avenir. C'est un très-brillant mariage que vous faites, ma fille ; ce qui vous est donné est bien au-dessus de tout ce que nous pouvions désirer de mieux pour vous.

Vous allez être marquise, c'est-à-dire l'égale des plus nobles, des plus grandes; vous aurez la richesse, le luxe, c'est-à-dire une existence facile, heureuse, enviée; pour vous les jours s'écouleront au milieu de joies sans cesse renouvelées. Oui, vous aurez tout cela, et c'est à votre frère que vous le devrez, vous ne l'oublierez pas. Demain, M. le marquis de Coulange viendra, vous nous témoignerez votre reconnaissance en lui faisant un accueil gracieux.

Maintenant, ma fille, ajouta-t-elle en se levant, venez que je vous embrasse; votre mère est contente de vous.

La jeune fille s'approcha toute tremblante et sa mère lui mit un baiser sur le front.

C'est dans ces conditions que mademoiselle Mathilde de Perny devint marquise de Coulange.

III

IL N'Y A PAS DE BONHEUR SANS NUAGE

Dès les lendemains du mariage, pendant que le marquis et sa jeune femme faisaient un voyage d'un mois en Italie, madame de Perny et son fils s'installaient à l'hôtel de Coulange.

Feignant une tendresse exagérée pour sa fille, madame de Perny avait déclaré à M. de Coulange qu'elle allait souffrir beaucoup d'être séparée de sa « chère enfant » et que peut-être ce serait pour elle un coup mortel.

Alors il avait été décidé qu'on vivrait en famille et qu'un appartement, dans une aile de l'hôtel de Coulange, serait mis à la disposition de madame de Perny.

De plus, le marquis assurait une position à M. de Perny en lui confiant les fonctions de régisseur de ses biens avec un traitement de vingt-quatre mille francs par an.

Dans la pensée de la belle-mère, c'était le moins que son gendre pût faire.

Le marquis s'était également montré généreux envers sa femme. Outre la magnifique corbeille qu'il lui avait offerte, il lui reconnaissait, par contrat de mariage, une dot de deux cent mille francs.

Mathilde était restée étrangère à ces arrangements, à ces dispositions. Sa mère et son frère l'avaient simplement consultée, consultée pour la forme. Habituée depuis longtemps à n'avoir d'autres volontés que celle de sa mère, elle accepta tout ce qu'ils voulaient sans oser seulement faire une objection. Mais la générosité du marquis la toucha profondément et la première émotion qu'il lui fit éprouver fut causée par un sentiment d'admiration.

Malgré sa jeunesse elle avait beaucoup de bon sens, et une grande intuition suppléait à son inexpérience. Elle n'eut pas de peine à découvrir que ce mari, qu'on lui avait en quelque sorte imposé, possédait les plus remarquables qualités du cœur et de l'esprit. Du reste, chaque jour elle faisait de nouvelles observations favorables au marquis et lui trouvait une nouvelle perfection.

Durant leur voyage, toujours respectueux et tendre et empressé à lui plaire, le marquis se montra d'une courtoisie parfaite, et eut pour elle des soins et des attentions d'une délicatesse exquise.

Alors elle comprit qu'elle était véritablement aimée.

Elle sentit son cœur s'inonder d'une joie ineffable et il lui sembla que tout rayonnait en elle. C'était comme si elle venait d'être éclairée subitement par un jour nouveau. L'amour se révélait à elle avec tout ce qu'il a de bon, de pur, de délicieux et de grand.

Après avoir été sevrée des caresses de sa mère et de son frère, après avoir été obligée de refouler au fond de son cœur ces élans de tendresse et d'étouffer en elle ce besoin d'affection qu'ont tous les êtres, se savoir enfin aimée comme jeune fille, elle l'avait si souvent rêvé, c'était voir s'ouvrir le ciel!

Elle n'était plus isolée dans l'amertume de ses anciennes désillusions; un cœur lui appartenait, un cœur qui attendait que le sien répondit à ses battements.

Et celui dont elle était aimée, c'était son mari, l'homme qu'elle admirait le plus et qu'elle trouvait le plus grand.

Elle pouvait donc enfin ouvrir son cœur et permettre aux flots de sa tendresse de déborder.

On ne saurait méconnaître la puissance de l'amour et les choses merveilleuses qu'il accomplit. L'amour du marquis avait subjugué le cœur de sa femme. Elle l'aimait bien avant de s'être rendu exactement compte de ses sentiments. A son insu, l'amour de Mathilde était né de l'admiration.

Ils étaient de retour à Paris depuis deux jours lorsque la jeune femme découvrit avec une joie si vive qu'elle aimait et qu'elle était aimée.

Et cet immense bonheur qui lui était donné et qui lui promettait une existence si belle, c'est à sa mère et à son frère qu'elle le devait. Un sentiment de gratitude profonde pénétra dans son cœur et elle se trouva disposée à oublier bien des choses.

— Cette fois, ils ne m'ont pas trompée, se dit-elle.

Ayant l'esprit trop droit et trop d'honnêteté pour soupçonner seulement la pensée du mal chez les autres, il ne pouvait lui venir à l'idée que son mariage avait été le résultat d'un calcul.

Le changement qui se fit chez la jeune femme fut presque instantané. La joie qui était en elle se refléta sur son visage; elle parlait dans ses yeux limpides, devenus plus brillants, elle rayonnait sur son front.

Madame de Perny fut la première à s'apercevoir de cette espèce de transformation ; mais elle n'en devina point la cause. Ombrageuse et toujours inquiète, sa curiosité fut vivement surexcitée. Prenant le ton affectueux d'un véritable intérêt, elle interrogea sa fille, espérant provoquer une confidence.

Mais la confiance ne se commande pas ; la jeune femme sentit qu'il lui serait pénible d'ouvrir son cœur à sa mère, et elle renferma en elle ses secrètes pensées. Elle fit à madame de Perny des réponses évasives, et prétendit que, si elle paraissait satisfaite et plus gaie, c'était le plaisir de se retrouver à Paris.

La mère n'osa pas insister, mais elle se dit :

— Mathilde me cache la vérité; que s'est-il donc passé?

Le soir quand elle se trouva seule avec son mari, la jeune femme se jeta à son cou en pleurant.

— Oh ! je suis bien heureuse ! lui dit-elle.

— Tu es heureuse et tu pleures ! fit-il.

— Oui, je pleure... c'est la joie, c'est le bonheur !

Puis, approchant sa bouche de l'oreille du marquis, tout bas elle ajouta :

— Edouard, je t'aime !

C'était la première fois qu'elle le tutoyait.

Le marquis laissa échapper un cri joyeux.
— Et moi je t'adore ! répondit-il.
Et il la pressa fiévreusement contre sa poitrine.
— Chère enfant, reprit-il, va, je savais bien que tu m'aimerais..... J'ai beaucoup souffert de ta froideur ; mais j'avais l'espoir, j'attendais...

. . . .

Dix-huit mois s'écoulèrent, dix-huit mois d'un bonheur qu'aucun nuage n'aurait altéré, qui n'aurait été mêlé d'aucune amertume, si la marquise n'avait pas eu sa mère près d'elle.

Si fortement protégée qu'elle le fût par l'amour de son mari, elle ne pouvait se soustraire à l'influence fatale que sa mère exerçait sur elle. Jeune fille, la terrible volonté de madame de Perny l'avait brisée, écrasée ; jeune femme, malgré ses révoltes intérieures, elle ne pouvait échapper à cette monstrueuse domination. Et ce n'était pas tout : elle avait découvert avec une peine profonde, mêlée d'effroi, que sa mère était jalouse de son bonheur.

Chaque fois qu'elle en trouvait l'occasion, on aurait dit que madame de Perny se faisait un plaisir de jeter le trouble dans le cœur de sa fille. En présence de sa mère, la jeune femme était forcée de se contraindre. Autant qu'elle pouvait elle évitait de se trouver seule avec elle, car alors elle éprouvait une gêne pénible : ce n'était plus seulement de la crainte, mais quelque chose qui ressemblait à de la terreur.

Heureusement, le marquis imposait à madame de Perny par son caractère, et, dans l'intérêt de son fils, elle sentait la nécessité d'observer une certaine réserve avec sa fille. Sans cela la situation n'aurait pas été supportable. Elle affectait de se tenir un peu à l'écart, et de ne point se mêler des affaires du jeune ménage. C'était sournoisement, sous l'apparence de l'affection, avec une adresse calculée et pleine de perfidie, qu'elle portait ses coups au cœur de Mathilde.

La jeune femme était confiante ; madame de Perny essayait de faire naître le doute en elle.

Mathilde admirait son mari ; sa mère cherchait à l'abaisser.

Où Mathilde voyait une perfection, sa mère trouvait un défaut.

Madame de Perny tentait de faire tomber l'idole de son piédestal.

Elle avait pris des renseignements sur le passé du marquis, et elle savait que pendant quelques années sa vie avait été extrêmement agitée. Elle eut la cruauté de faire cette révélation à sa fille. La jeune femme apprit ainsi ce qu'il était du devoir de sa mère de lui laisser ignorer, que la conduite de son mari n'avait pas toujours été exempte de reproches, qu'il avait eu des maîtresses, et qu'il avait gaspillé follement une partie de son patrimoine.

Assurément, le passé n'avait aucun rapport avec le présent ; mais dans leur amour la plupart des femmes ont une grande susceptibilité. En admettant qu'elles ne soient point jalouses du passé, il y a des choses qu'il faut qu'elles ignorent dans l'intérêt de leur tranquillité et qu'il est toujours dangereux de leur faire connaître.

Lorsque le marquis sortait seul le soir, bien qu'il eût prévenu sa femme qu'il allait à son cercle, madame de Perny disait à sa fille :

— Les maris ont toujours d'excellents prétextes pour ne pas rester près de leur femme ; leur cercle en est un. Quand on a été un viveur, quand on a eu beaucoup de

maîtresses, il y en a toujours quelques-unes que l'on
revoit. On ne rompt jamais complètement certaines relations.

Ou bien encore :

— Il y a quelques années M. de Coulange était un
joueur effréné ; or, il n'y a rien de terrible comme la
passion du jeu. Ils ne sont pas rares les maris qui oublient tous leurs devoirs devant une table de jeu et qui
préfèrent à leur femme la dame de pique ou de carreau !

Mais elle avait à peine parlé, qu'elle faisait semblant
d'être désolée de ce qu'elle venait de dire ; les paroles
lui étaient échappées involontairement et elle semblait
vouloir en atténuer la gravité ; mais elle avait produit
l'effet voulu, le coup brutal était porté !

Ces insinuations perfides étaient autant de pointes
acérées qui pénétraient profondément dans le cœur de
la jeune femme.

On comprend pourquoi, loin de rechercher la société
de sa mère, la marquise évitait, au contraire, de se
trouver seule avec elle. Il est vrai qu'une parole affectueuse, un mot de tendresse ou un baiser de son mari
venait bientôt la rassurer et verser un baume sur les
blessures faites à son cœur. Malgré cela, elle avait souvent de sombres tristesses et souvent aussi elle s'enfermait dans sa chambre pour verser des larmes.

Le marquis ne se doutait nullement de ce qui se passait dans sa maison. Dans son respect filial pour sa
mère, qui en était si peu digne, Mathilde cachait à son
mari, avec le plus grand soin, ses inquiétudes, ses contrariétés, ses alarmes et ses douleurs intimes. Elle aurait été honteuse de se plaindre à lui et d'accuser sa
mère.

Pour qu'il ne soupçonnât rien, elle lui montrait toujours son visage épanoui, son même regard plein de tendresse, son même sourire de bonheur. Pour cela, du reste, elle n'avait que peu d'efforts à faire : la présence de son mari suffisait pour chasser le nuage qui obscurcissait son front, pour changer le cours de ses pensées et la rendre joyeuse.

La maladie du marquis débuta par une grande lassitude dans tous les membres, qui fut bientôt suivie d'un affaiblissement général. Son état n'inspira d'abord aucune inquiétude ; mais le mal s'étant rapidement aggravé, les craintes commencèrent à devenir sérieuses.

Les médecins qui furent consultés reconnurent que M. de Coulange était atteint d'une anémie d'un caractère fort grave. C'est alors que le séjour dans un climat chaud fut conseillé au marquis ; mais, comme il se refusa avec opiniâtreté à quitter Paris, les médecins déclarèrent qu'ils considéraient la situation du malade comme étant très-dangereuse.

Madame de Perny et son fils furent consternés. En effet, la mort du marquis ruinait toutes leurs espérances et les replongeait dans cette existence de gêne et d'expédients dont le mariage de Mathilde les avait fait sortir.

Ils eurent simultanément cette même pensée :

« Il faut que le marquis fasse un testament en faveur de sa femme. »

Madame de Perny ne se gêna plus avec sa fille et devint chaque jour de plus en plus audacieuse. A tout prix, il fallait que sa domination fût complète pour pouvoir briser les volontés de la jeune femme et lui imposer les siennes.

Placée entre sa mère et son frère, abîmée dans sa douleur et déjà affaissée, osant moins que jamais récla-

2.

mer la protection de son mari, Mathilde se trouva sans force de résistance. Elle dut subir le funeste ascendant de sa mère et plier sous sa volonté.

Dès lors madame de Perny put croire qu'elle arriverait facilement à son but. Pour cela tous les moyens étaient bons. Dans son égoïsme et sa vénalité il lui importait peu de déchirer et de broyer le cœur de sa fille. Du moment que ses intérêts et ceux de son fils se trouvaient menacés, cette femme était sans pitié.

Elle eut le triste courage d'annoncer à sa fille que les médecins n'avaient aucun espoir de sauver M. de Coulange, et elle osa lui dire que la maladie de son mari était la conséquence de la conduite scandaleuse qu'il avait menée et que le germe du mal était en lui avant son mariage.

Après ces paroles, elle crut devoir s'attendrir, regretter d'avoir été si peu prévoyante, et s'accuser de s'être laissé éblouir par le brillant avenir promis à sa fille.

Elle ajouta :

— Malheureusement, à cette époque, je ne savais pas tout ; c'est depuis que des amis m'ont ouvert les yeux en m'apprenant ce qu'était réellement le marquis de Coulange.

Aussi, continua-t-elle, ai-je éprouvé un grand chagrin lorsque je me suis aperçue que ton mari ne te rendait pas heureuse. Hélas! je comprenais enfin pourquoi tu avais repoussé d'abord la demande de M. de Coulange. Ma pauvre Mathilde, tu avais le pressentiment de ton malheur !

La jeune femme ne put s'empêcher de protester.

— Vous vous trompez, ma mère, répliqua-t-elle ; mon mari a toujours été excellent pour moi ; il m'aime et il m'a rendue heureuse autant qu'une femme peut l'être.

Sans cette maladie qui me cause les plus cruelles angoisses, je vous assure, ma mère, que je serais aujourd'hui, comme depuis mon mariage, la plus heureuse des femmes.

Madame de Perny secoua la tête et répondit avec un faux sourire :

— A sa mère, surtout, une jeune femme n'avoue jamais qu'elle n'est pas heureuse.

Tout cela n'était que des escarmouches nécessaires pour préparer l'attaque.

— Je veux bien croire que M. de Coulange t'aime, reprit madame de Perny, les hommes ont de si singulières façons de prouver leur affection... Mais aujourd'hui sa vie est menacée et tu dois te préoccuper de ton avenir.

— Je ne comprends pas, fit la jeune femme.

— Je m'explique. Il faut que tu demandes à M. de Coulange, — ce qu'il ne te refusera pas parce qu'il t'aime, — de faire son testament et de te nommer sa légataire universelle.

La jeune femme se redressa indignée.

— Moi, exiger cela de mon mari ! s'écria-t-elle, jamais !

Madame de Perny se mordit les lèvres.

— Oh ! je te sais très-désintéressée, fit-elle, mais c'est une raison de plus pour que je te montre dans quelle position tu te trouveras le lendemain de la mort de M. de Coulange.

— D'abord, ma mère, répliqua la marquise, je ne crois point que mon mari soit près de mourir, et quand même j'aurais la certitude que cet immense malheur m'est réservé, je ne ferais point auprès du marquis de Coulange une démarche qui répugne à mes sentiments honnêtes et que je trouve odieuse.

— Volontairement tu renonces à la fortune?

— M. de Coulange m'a épousée sans dot, et, plein de générosité, il m'a fait un don de dix mille francs de rente.

— C'est vrai ; mais tu devrais te dire que ce n'est pas avec dix mille francs de revenu que tu peux porter ton titre de marquise.

— Ma mère, veuve, je pourrais être plus pauvre encore et porter dignement et avec fierté le nom de mon mari.

La jeune femme resta inébranlable dans sa résolution et, pour le moment, madame de Perny dut renoncer à la convaincre.

— Elle a beau faire, se dit-elle avec une fureur concentrée, il faudra bien que j'aie raison de sa résistance.

Mais la position du marquis ne permettait pas une trêve de longue durée. Si rien n'annonçait encore sa fin prochaine, il était dans un tel état de dépérissement qu'il pouvait s'éteindre subitement comme la mèche d'une lampe qui a brûlé sa dernière goutte d'huile.

C'est alors que M. de Perny se souvint d'un de ses amis de collège qui, après avoir fait de brillantes études, était devenu docteur-médecin.

Ernest Gendron était pauvre et encore inconnu ; mais déjà on parlait de lui comme d'un homme d'avenir et d'un grand savoir.

— Ernest Gendron se souviendra de notre intimité d'autrefois, se dit Sosthène, et, moins réservé que ses confrères, il ne cherchera pas à me cacher la vérité.

Il écrivit immédiatement au jeune docteur pour le prier de venir voir le marquis de Coulange.

Nous savons que, comme les autres médecins, Ernest Gendron n'avait point osé déclarer clairement que le marquis était perdu, mais qu'il avait donné à entendre à M. de Perny que la catastrophe pouvait arriver d'un moment à l'autre.

IV

LA MÈRE ET LE FILS

Après avoir accompagné le docteur Gendron jusque sur le perron de l'hôtel, Sosthène s'empressa de rejoindre sa mère qui l'attendait avec une impatience fébrile.

— Eh bien ? l'interrogea-t-elle avec anxiété.

M. de Perny secoua tristement la tête.

— Ainsi, plus d'espoir, dit madame de Perny, il est condamné ?

— Condamné ! répondit Sosthène comme un écho.

Le front de madame de Perny se plissa davantage et un feu sombre s'alluma dans ses yeux.

— Ernest Gendron a cru devoir me prévenir que, si le marquis avait des dispositions à prendre, il était urgent de ne pas perdre de temps, reprit Sosthène.

— Je sais cela aussi bien que ton ami, fit madame de Perny en haussant les épaules.

— Soit. Il faut donc absolument que Mathilde...

— Ce matin j'ai fait auprès d'elle une nouvelle tentative : la sotte ! elle ne veut rien entendre.

— Malheureusement elle aime son mari.

— Oui, elle l'aime. C'est parce qu'elle l'aime et par un sentiment stupide de délicatesse qu'elle ose me résister. Je la domine, j'ai brisé ses volonté, mais il y a en elle une force d'inertie contre laquelle toute lutte est impossible.

— Alors il faut agir directement sur le marquis.

— Je n'ai pas attendu jusqu'à présent pour lui faire comprendre qu'il serait prudent de songer à l'avenir de sa femme, et qu'il ferait bien de tester en sa faveur.

— Vous ne m'aviez pas dit cela.

— Je n'ai pas besoin de tout dire.

— Que vous a répondu le marquis ?

— Qu'il me remerciait de mon avertissement, qu'il comprenait mes inquiétudes, mais qu'il n'en était nullement effrayé. Et il ajouta qu'il ne voyait point la mort de si près pour sentir la nécessité de faire son testament.

— Le malheureux ne se voit pas mourir!

— Presque tous les malades en sont là ; ils croient encore à la guérison en rendant le dernier soupir.

— Mais dans un mois, dans huit jours, demain il peut mourir. Que faire ?

— Je n'en sais rien. J'espère toujours que le marquis cessera de se faire illusion sur sa position et que je contraindrai ta sœur à penser comme nous.

— Ah ! si elle avait eu un enfant! fit M. de Perny avec regret.

— Si Mathilde avait un enfant, répliqua la mère, nous n'aurions qu'à attendre tranquillement la dernière heure du marquis. Il ne s'agirait plus seulement de la fortune de M. de Coulange, dont le chiffre s'élève aujourd'hui à plus de quatre millions, mais aussi de la fortune de sa tante, la duchesse de Chesnel-Tanguy, dont le marquis est l'unique héritier.

— Oh ! ce serait superbe ! exclama Sosthène, les yeux étincelants de convoitise. La vieille duchesse n'a pas loin de dix millions de fortune.

— Malheureusement, Mathilde n'a pas d'enfant, reprit la mère. Non seulement nous ne devons pas penser aux millions de la duchesse, mais nous sommes menacés de voir la fortune de mon gendre nous échapper. S'il venait à mourir demain, les millions de celui-ci, comme les millions de l'autre, seraient dispersés aux quatre coins de la France et iraient augmenter la fortune des petits-cousins du marquis.

M. de Perny frappa du pied avec colère.

— Si cela arrivait, ma mère, s'écria-t-il d'une voix frémissante, il n'y aurait plus de justice, ce serait une iniquité ! Mais cela ne sera pas, cela ne peut pas être !

— Il n'y a pas à lutter contre les droits absolus que donnent les lois.

— Non, non, reprit-il avec violence, en marchant dans la chambre d'un pas saccadé, fiévreux, cela ne sera pas, j'aimerais mieux...

— Quoi ? que peux-tu faire ?

Il ne répondit pas. La tête inclinée, il continua à tourner autour de la chambre. Au bout d'un instant il s'arrêta brusquement, releva la tête et se frappa le front. Un horrible sourire crispait ses lèvres, des lueurs sombres sillonnaient son regard.

Il se rapprocha de sa mère. Celle-ci ne put s'empêcher de tressaillir.

— Mais qu'as-tu donc ? lui demanda-t-elle.

— Ce que j'ai, je vais vous le dire, répondit-il d'une voix creuse. Une idée vient de jaillir de mon cerveau, et il faut, vous entendez, ma mère, il faut que cette idée réussisse.

— Je ne demande pas mieux. Voyons d'abord ton idée.

— Je puis compter sur vous ?

— Tu le sais bien.

— Eh bien, ma mère, il faut que Mathilde ait un enfant.

Madame de Perny bondit sur son fauteuil.

— Et c'est là ton idée ? s'écria-t-elle ahurie.

— Oui.

— Ah çà ! tu es fou !

— Je vous prie de croire que j'ai toute ma raison.

— Il y a pourtant lieu d'en douter. En effet, si tu t'imaginais que ta sœur est capable de prendre un amant, ce serait de la folie.

— Je n'ai pas eu cette pensée.

— Alors, je ne comprends point, car, aujourd'hui moins que jamais, il n'est pas possible d'admettre que le marquis puisse la rendre mère.

— Je suis absolument de votre avis.

— Je comprends de moins en moins ; c'est une énigme, ton idée. Explique-toi.

Il se pencha vers sa mère, et pendant un instant il lui parla tout bas à l'oreille.

Il y avait évidemment dans ses paroles quelque chose de terrible et d'effrayant, car madame de Perny devint subitement très-pâle et resta un moment suffoquée sous le coup d'une violente émotion.

— Eh bien, vous avez entendu ? reprit-il à haute voix.

— Oui, j'ai entendu.

— Mon idée est-elle bonne ?

— Sans doute, mais...

— Est-ce que vous ne l'approuvez pas ?

— Si, puisque je la trouve excellente ; seulement...
— Seulement ?
— Est-elle réalisable ? Je vois se dresser devant nous des difficultés insurmontables.
— Déjà !
— Il y a d'abord Mathilde.
— Elle se soumettra si vous le voulez comme vous savez habituellement vouloir. Du reste, je serai là pour vous aider.
— Ensuite il y a tout le reste.
— Assurément. Mais nous n'avons pas, quant à présent, à nous préoccuper de toutes ces difficultés qui vous semblent insurmontables. Il y a un premier obstacle, c'est celui-là qu'il importe de briser d'abord ; successivement, nous en ferons autant des autres à mesure qu'ils se présenteront.

Madame de Perny secoua la tête. Elle ne paraissait pas convaincue.

Sosthène reprit :
— Avec de la volonté, de l'énergie, de l'adresse et de l'audace quand il le faut, on est toujours sûr de réussir.
— Tu crois cela ?
— Oui. Vouloir, c'est déjà la moitié du succès.
— Il y a les conséquences qui peuvent être terribles.
— Je ne les redoute point.
— Ainsi, tu es absolument décidé à te jeter dans cette nouvelle aventure ?
— Ce n'est pas nous qui avons créé la situation actuelle : nous nous défendons contre un danger qui nous menace. Ma mère, ce n'est pas seulement la fortune du marquis de Coulange qu'il nous faut, c'est aussi les millions de la vieille duchesse de Chesnel-Tanguy.

Il y eut un moment de silence.

Madame de Perny réfléchissait, la tête dans ses mains.

Sosthène attendait la décision de sa mère, en tordant ses moustaches avec impatience.

— Il a raison, il le faut, murmura madame de Perny.

Elle se leva à demi, allongea le bras et tira le cordon d'une sonnette.

Presque aussitôt une porte s'ouvrit et une femme parut.

— Madame m'a appelée ? dit-elle.

— Oui. Vous allez faire demander à madame la marquise si elle peut me recevoir, et vous m'apporterez sa réponse.

La femme de chambre se retira.

Madame de Perny se mit à réfléchir de nouveau.

— A quoi pensez-vous ? lui demanda son fils.

— Je pense que si le marquis doit vivre encore quelques mois, il faut absolument le séparer de sa femme.

— Oui, absolument.

— Et je me demande comment nous pourrons le décider à se laisser conduire en Algérie ou ailleurs.

— Sans que Mathilde l'accompagne.

— Tu le vois, ce n'est pas là la moindre des difficultés.

— Mais elle n'est pas au-dessus de votre habileté, fit Sosthène d'un ton flatteur ; je connais depuis longtemps les ressources de votre esprit, votre intelligence saura triompher.

Madame de Perny eut un sourire qui prouva une fois de plus à son fils qu'elle n'était pas insensible à la flatterie.

A ce moment la femme de chambre revint.

— Madame la marquise était auprès de M. le marquis, dit-elle ; on l'a prévenue que vous désiriez la voir ; elle a répondu qu'elle serait à vous dans un instant et elle vous prie de l'attendre dans son petit salon.
— C'est bien, fit madame de Perny en se levant.
D'un signe elle congédia la femme de chambre.
— Pensez-vous avoir besoin de moi ? demanda Sosthène.
— Je ne sais pas, mais ta présence peut ne pas être inutile.
— Alors je vous suis.
— Viens.

Ils sortirent de la chambre et se dirigèrent vers l'appartement de la marquise.

Ils traversèrent une pièce où se trouvait Firmin, le vieux valet de chambre du marquis. Madame de Perny le salua d'un mouvement de tête amical.

— Elle a beau faire la gracieuse, se dit le vieux serviteur quand ils furent passés, elle ne me revient pas du tout et son fils encore moins. Ah ! si j'étais le maître ici pendant vingt-quatre heures seulement, il y aurait vite un bon coup de balai !

Madame de Perny et son fils entrèrent dans le boudoir de la marquise. Tout y était d'un goût exquis. M. de Coulange avait voulu que ce petit salon fût digne de la femme aimée à laquelle il le destinait. C'était un nid frais, coquet, charmant, avec des tentures de soie d'un bleu tendre, et tout à fait en harmonie avec la grâce, l'élégance et la beauté suave de la jeune marquise.

Madame de Perny avait à peine eu le temps de s'asseoir lorsque la marquise parut.

Sosthène était resté debout, un bras appuyé sur la tablette de la cheminée.

A la vue de son frère, qu'elle ne s'attendait pas à trouver avec sa mère, la jeune femme eut une sensation pénible et elle les regarda l'un après l'autre avec inquiétude. Son instinct lui faisait pressentir le nouveau malheur qui la menaçait.

Comme si elle eût été chez elle, madame de Perny invita sa fille à s'asseoir en lui désignant un fauteuil en face d'elle.

La marquise ne remarqua point que sa mère intervertissait les rôles. Elle s'assit tristement.

Madame de Perny eut l'air de se recueillir avant de commencer l'attaque. Elle sentait peser sur elle le regard de son fils, et ce regard impérieux lui disait :

— Pas de ménagements, pas de pitié!... Vous savez ce que j'attends de vous, vous savez ce que je veux!

La marquise était là, devant eux, tremblante et craintive comme une coupable en présence de ses juges. Hélas! c'était la victime entre ses bourreaux!

V

L'IDÉE DE SOSTHÈNE

Quand madame de Perny se décida à parler, son visage avait pris une expression de dureté presque cruelle.

— Je vous ai attendue, ma fille, dit-elle; vous étiez, paraît-il, près de M. le marquis.

— Oui, ma mère.

— Ce n'est pas un reproche que je veux vous adresser, mais je dois vous répéter que M. le marquis a surtout besoin de repos, et que vos tête-à-tête peuvent avoir des suites funestes.

Les yeux de la jeune femme se remplirent de larmes.

— Comment va-t-il ce matin? reprit madame de Perny.

— Son état paraît être toujours le même ; pourtant, il croit qu'il va mieux.

Madame de Perny hocha la tête.

— Il est arrivé à un tel état d'épuisement, dit-elle, qu'il ne sent plus le mal.

— Oh! ma mère, vous êtes sans pitié pour moi!

— Ma chère Mathilde, dit Sosthène, il faut que tu sois préparée à recevoir le coup qui t'attend ; si nous ne te montrions pas la situation telle qu'elle est, ce serait faiblesse de notre part.

La marquise poussa un profond soupir et cacha son visage dans ses mains.

— Votre frère ne veut pas dire que M. le marquis n'a plus que quelques jours à vivre, reprit madame de Perny, voyant que sa fille pleurait, mais vous savez comme nous qu'il est condamné, que tout espoir est perdu...

— Mais c'est l'espoir qui me soutient, répliqua douloureusement la jeune femme, qu'est-ce que cela vous fait de me le laisser?

— Certes, je vous le laisserais volontiers, votre espoir insensé, s'il ne vous rendait aveugle au point de ne pas voir ce qu'il convient de faire pour sauvegarder vos intérêts.

La marquise garda le silence.

— Votre mari vous a-t-il parlé de la visite que je lui ai faite hier? demanda madame de Perny.

— Non.

— Alors vous ignorez que je l'ai engagé à faire son testament.

— Vous avez eu ce courage!

— Il faut bien qu'on fasse pour vous ce que vous n'avez pas la volonté de faire.

— Que vous a répondu mon mari, ma mère?

— Ce que vous auriez obtenu, vous, m'a été refusé à moi.

— Non, ma mère, je n'aurais pas mieux réussi que vous, et vous me donnez raison de ne pas avoir cédé à vos instances. Je dois tout à mon mari ; je le connais, s'il jugeait qu'il me doit davantage que ce qu'il m'a déjà donné, il n'attendrait pas qu'on le lui demande.

— Ce sont là des sentiments qui font leur effet dans le langage des poètes, répliqua madame de Perny d'un ton railleur; dans la vie réelle, ils sont bêtes !

Mais, continua-t-elle, nous sommes là, heureusement, Sosthène et moi, pour nous occuper de vos intérêts.

— Nous ne tenons plus à ce que ton mari te fasse sa légataire universelle, ajouta M. de Perny.

— Oui, reprit la mère, nous avons trouvé un autre moyen de vous conserver la fortune entière de M. de Coulange.

— Et de te rendre héritière de la duchesse de Chesnel-Tanguy, dit Sosthène.

La marquise les regarda en ouvrant de grands yeux où se peignaient la surprise et l'anxiété.

— D'abord, ma fille, reprit madame de Perny, il faut bien vous pénétrer que dans deux, trois, quatre, ou cinq mois au plus vous serez veuve.

— Mais tu resteras riche, ma sœur; les petits-cousins

du marquis de Coulange ne viendront pas te chasser de cet hôtel.

— Je ne comprends pas, balbutia la marquise.

— Ma fille, dit madame de Perny en enveloppant la jeune femme d'un regard étrange qui la fit frissonner, vous êtes beaucoup trop désintéressée ; si vous êtes sans ambition, si vous n'avez aucun souci de votre avenir, vous devez, — c'est là votre devoir, — songer à l'avenir des vôtres. Vous savez les pertes d'argent que j'ai faites ; je n'ai plus qu'une rente viagère, qui ne me donne pas même de quoi vivre, et votre frère ne possède absolument rien. Plus que jamais, vous devez vous rappeler aujourd'hui que c'est à Sosthène que vous devez votre brillante position. Si ce n'est pour vous, ma fille, pour votre frère et pour moi, vous n'avez pas le droit de laisser échapper de vos mains une fortune qu'il vous est facile de conserver.

Comme Sosthène vient de vous le dire, il n'est plus nécessaire que M. de Coulange fasse un testament en votre faveur.

Maintenant, ma fille, continua-t-elle d'un ton plein d'autorité, écoutez bien ce que je vais vous dire.

La marquise se sentit saisie d'une angoisse terrible et se tourna vers son frère comme pour l'implorer. Mais elle rencontra un regard froid et perçant qui la toucha au cœur comme une brûlure. Elle comprit qu'elle n'avait pas plus à espérer de lui que de sa mère.

— Ma fille, reprit madame de Perny, dont la voix avait pris un accent singulier, depuis deux mois vous êtes enceinte.

La marquise se dressa comme si elle eût été poussée par un ressort.

— Enceinte ! moi, moi ! s'écria-t-elle affolée.

— Oui, ma fille, répondit madame de Perny d'un ton sec et avec le plus grand calme, et dans sept mois, un peu plus tôt, si nous le jugeons à propos, vous aurez un enfant.

La jeune femme retomba sur son siège, incapable de prononcer un mot. La surprise, l'émotion, tous les sentiments qui s'agitaient en elle la rendaient muette.

Madame de Perny continua :

— Aujourd'hui même nous annoncerons cette heureuse nouvelle à M. de Coulange et demain nous la ferons connaître à nos amis.

La marquise fut prise d'un tremblement convulsif, mais elle retrouva subitement la parole pour protester.

— Mais cela n'est pas, ma mère ! s'écria-t-elle d'une voix déchirante.

— Vous ferez comme si cela était.

— C'est un horrible mensonge !

— Ce n'est pas vous qui mentirez... nous ne vous demandons que de nous laisser agir et de garder le silence.

— Me taire, c'est me rendre complice de cette infamie, car ce que vous voulez faire est un crime, ma mère, un crime !

Les yeux de madame de Perny étincelèrent et un éclair de colère traversa son regard.

— Ma fille, vous êtes folle, riposta-t-elle d'une voix brève, et vous ne voyez même pas que vous injuriez votre mère. Un crime ! où est-il ? Est-ce que tous les jours on ne voit pas adopter de pauvres petits orphelins ?... Voilà ce que nous vous proposons, une adoption. Seulement, en raison des circonstances présentes et des grands intérêts qu'il s'agit de préserver, il est nécessaire qu'on croie que cet enfant que vous adopterez est né de votre mariage avec le marquis de Coulange.

— Comprends-tu, Mathilde ? Rien de plus facile... et tu gardes la fortune de ton mari, sans compter les héritages qui viendront.

— Ma fille, reprit madame de Perny, je vous le dis encore, vous n'avez pas le droit de nous sacrifier à de ridicules sentiments de délicatesse et de condamner votre frère, qui a tout fait pour vous, à une vie pauvre et misérable.

— Ah ! vous êtes impitoyable, ma mère ! gémit la marquise.

— Eh bien, oui, je suis sans pitié, répliqua madame de Perny d'un ton farouche, et cette fois, je vous le jure, vous subirez ma volonté.

Son regard était devenu si terrible que la jeune femme sentit son sang se glacer dans ses veines.

— Un enfant, un enfant ! murmura-t-elle avec égarement. Mais non, c'est impossible, tout cela n'est pas vrai... C'est un rêve horrible que je fais, c'est un épouvantable cauchemar !

— Non, lui répondit brutalement sa mère, ce n'est pas un rêve que vous faites, vous êtes bien éveillée et c'est bien votre mère qui vous parle. Je vous ai dit ce que votre frère et moi nous exigions de vous ; à partir de maintenant, ne songez plus qu'à l'attitude que vous devez prendre pour vous conformer à nos intentions.

— Oh ! oh ! oh ! fit la marquise sur trois tons différents, qui sortirent comme un râle de sa gorge serrée.

Elle jeta autour d'elle des regards d'épouvante, en se tordant convulsivement sur son fauteuil.

Madame de Perny la tenait pantelante et écrasée sous les flammes de son regard implacable.

— Un enfant, un enfant ! prononça encore la malheu-

3.

reuse jeune femme d'une voix haletante, étranglée.

Sosthène s'approcha de sa sœur.

— Oui, un enfant, lui dit-il, et c'est moi qui me charge de le trouver. D'ailleurs, ajouta-t-il cyniquement, tu ne seras pas obligée de l'aimer!

La marquise n'eut pas l'air de l'avoir entendu. La tête sur sa poitrine, les bras ballants, les yeux démesurément ouverts fixés à ses pieds, et maintenant dans une immobilité complète, on aurait dit qu'elle venait d'être pétrifiée.

Madame de Perny se leva.

— Viens, dit-elle à son fils, Mathilde a besoin de se recueillir et d'être seule pour réfléchir.

Ils jetèrent tous deux un dernier regard sur leur victime et ils sortirent du boudoir.

Après s'être assuré qu'ils se trouvaient seuls dans l'antichambre, Sosthène dit tout bas à sa mère :

— Vous avez été superbe, mais êtes-vous bien sûre que Mathilde ne nous trahira point?

— Si elle avait à parler, elle se tairait, répondit madame de Perny ; n'ayant rien à dire, elle gardera le silence.

— Je le crois ; toutefois, tant que le marquis sera ici, je ne me sentirai pas rassuré.

— Aussi faut-il nous hâter de le faire partir. Je ne sais pas encore comment je pourrai le décider à quitter Paris ; mais il faut qu'il parte, il partira. Ton ami Ernest Gendron t'a-t-il promis qu'il viendrait demain matin?

— Oui.

— Peut-être sera-t-il nécessaire que tu le voies ce soir même. Je vais aller causer avec le marquis, il est important qu'il m'entende avant de voir Mathilde. Pendant ce temps tu m'attendras dans ta chambre.

Ils se séparèrent. Madame de Perny se dirigea résolument vers l'appartement du marquis. Ne trouvant ni Firmin ni un autre domestique pour l'annoncer, elle frappa doucement à la porte de son gendre.

— Entrez, répondit la voix faible du malade.

Elle avait eu le temps de se composer un visage de circonstance. Elle entra dans la chambre du marquis en donnant à son regard une expression presque joyeuse.

— Ah! c'est vous, madame? fit le malade en essayant de se soulever sur son fauteuil. Je suis heureux de votre visite.

— Vous venez de faire un effort pour vous lever; pourquoi vous fatiguer, monsieur le marquis? Allons, ne bougez pas... Voyez, je m'assieds là, dans ce fauteuil, tout près de vous, pour que nous puissions causer plus facilement.

Le marquis lui tendit sa main amaigrie, qu'elle prit et garda un instant dans les siennes.

— Comment allez-vous aujourd'hui? lui demanda-t-elle d'un ton plein d'intérêt.

— Ni mieux, ni pire, répondit-il en secouant tristement la tête; c'est toujours la même faiblesse, comme si j'avais les membres brisés... Ah! cette maladie est bien longue, plus encore pour ma chère Mathilde et les autres personnes qui m'entourent que pour moi.

— Il ne faut pas vous décourager, monsieur le marquis; vous retrouverez la santé et maintenant vous ne devez plus avoir qu'une seule pensée, celle de vous rétablir promptement. Vous ne devez plus rien négliger, vous devez tout faire pour obtenir votre guérison. Oui, vous suivrez les prescriptions de vos médecins, vous écouterez les conseils de ceux qui vous aiment.

— Je vous entends, ce jeune docteur, qui est venu ce

matin, vous a dit comme les autres qu'il était nécessaire que j'allasse habiter quelque temps dans le Midi.

— Oui, monsieur le marquis. C'est aussi l'avis du docteur Gendron.

— Eh bien, je ne le suivrai pas ; je sais que...

— Attendez, l'interrompit-elle vivement, vous ne devez plus résister à ceux qui veulent vous guérir, vous n'en avez plus le droit.

Le marquis la regarda avec surprise.

— Vous allez comprendre. Je viens vous parler d'un heureux, d'un très-heureux évènement.

— Que voulez-vous dire?

— Monsieur le marquis, dans quelques mois ma fille vous aura rendu père !

Le marquis sursauta.

— Ai-je bien entendu ? s'écria-t-il ; venez-vous réellement de me dire...

— Oui, monsieur le marquis, je viens de vous annoncer que vous êtes à la veille d'avoir un enfant !

Le visage pâle du malade s'anima ; son front s'éclaira soudain, et une joie ineffable brilla dans ses yeux. Il envoya vers le ciel un regard plein de reconnaissance ; puis, appuyant ses deux mains sur sa poitrine :

— Ma mère, dit-il, vous venez de tout faire tressaillir en moi... Mon cœur bat comme s'il allait se briser. Mais ce n'est point de la souffrance, cela ; il me semble que c'est le commencement du retour à la vie !... Avoir un enfant a toujours été notre vœu le plus ardent ; un tel désir réalisé, quelle ivresse !

Un enfant ! et ce sera peut-être un fils, continuat-il comme en extase. Un enfant à aimer, un fils qui portera mon nom, qui aura la beauté, les vertus de sa mère, la noble fierté et la grandeur de ses ancêtres, y a-t-il sur la terre un bonheur comparable à celui-là?

Après s'être arrêté un instant pour respirer, il reprit :

— Tout à l'heure, Mathilde était ici, près de moi, pourquoi ne m'a-t-elle rien dit ?

— Une jeune femme est souvent embarrassée pour dire certaines choses, répondit madame de Perny, et puis elle a craint qu'une émotion trop vive... Mais comme nous ne devions pas vous laisser ignorer plus longtemps le bonheur qui vous arrive, je me suis chargée de vous prévenir. Du reste, c'est hier seulement, qu'en causant avec ma fille, nous avons fait cette heureuse découverte.

— Oui, je comprends... Chère Mathilde, elle n'a pas osé me dire cela elle-même. Ah! je m'explique maintenant pourquoi elle m'a répété souvent en m'embrassant: « Tu ne mourras pas, je ne veux pas que tu meures, pour nous il faut que tu vives!... » Pour nous ! Elle pensait à son enfant. Chère bien-aimée ! Et en disant cela elle pleurait.

— En ce moment plus que jamais, monsieur le marquis, vous devez sentir que votre devoir vous ordonne impérieusement de faire tout ce qui dépend de vous pour revenir à la santé.

— Ma mère, répondit le malade, une clarté soudaine vient de se faire en moi, vous avez raison, je dois surmonter toutes mes répugnances, il faut que je cède aux sollicitations de mes amis, il faut que je fasse la volonté des médecins.

Madame de Perny put à peine dissimuler sa joie, en voyant comment, sans qu'elle eût même besoin d'employer ses grands moyens, toutes les difficultés s'aplanissaient devant elle.

— Eh bien, oui, continua le marquis, je quitterai Paris dès qu'on le voudra et j'irai m'installer où l'on me dira d'aller.

— Ah ! monsieur le marquis, voilà une résolution qui va nous rendre tous bien heureux !

— Dès demain je ferai partir Firmin. Je pense qu'il trouvera aisément à louer une maison assez vaste pour nous loger tous.

— Est-ce que vous songeriez à emmener votre femme ?

— Sans doute, et vous aussi.

Madame de Perny secoua la tête.

— Monsieur le marquis, dit-elle, vous ne réfléchissez pas à la position de Mathilde et au danger qu'il y aurait pour elle de voyager. Assurément, ne consultant que son cœur, son affection pour vous, elle témoignera le désir de vous accompagner ; mais ce serait une grande imprudence et, s'il le faut, vous devrez user de votre autorité pour la convaincre qu'elle ne doit pas vous suivre. Elle a absolument besoin de calme et de tranquillité. Près de vous, elle se fatiguerait forcément, elle serait constamment tourmentée et agitée, elle aurait des inquiétudes, des craintes, dont nous devons prévoir toutes les conséquences...

— C'est vrai, murmura tristement le malade.

— Il faut donc que Mathilde reste à Paris ; je serai près d'elle, je ne la quitterai pas et je l'entourerai de tous les soins que réclame sa position. Oh ! je sais que cette séparation vous semblera cruelle, mais elle est nécessaire. C'est un sacrifice que vous devez faire l'un et l'autre.

— Oui, fit le marquis, cette fois encore vous avez raison. Allons, je partirai seul avec mon fidèle Firmin.

— Le docteur Gendron, que vous avez vu ce matin, vous a-t-il plu ?

— Oui, il a une physionomie sympathique et il m'a paru très-intelligent.

— Eh bien, nous espérons, Sosthène et moi, que le docteur Gendron consentira à vous accompagner. Nous avons pensé qu'il était préférable que vous eussiez constamment un médecin près de vous.

— Oh! je vous remercie tous les deux de l'affection que vous me témoignez.

— Nous n'oublions pas la reconnaissance que nous vous devons, monsieur le marquis.

— Eh bien, c'est convenu, si M. Gendron consent à m'accompagner, je me livrerai à lui plein de confiance.

— Demain nous aurons sa réponse.

— Ma mère, vous veillerez sur Mathilde, vous me le promettez?

— Vous pouvez compter sur moi. Aussitôt que les beaux jours seront revenus nous irons nous installer dans votre beau château de Coulange, et c'est là, j'en ai la conviction, que vous viendrez retrouver votre femme, sinon complètement rétabli, mais en bonne voie de guérison.

Sur ces mots, l'odieuse femme, heureuse de son succès, se leva pour se retirer.

Au même instant, la porte latérale, qui établissait une communication avec les appartements de la marquise, s'ouvrit brusquement, et Mathilde entra dans la chambre.

VI

L'ESPRIT DU MAL

Après que sa mère et son frère l'eurent quittée, la marquise était restée assez longtemps dans un état affreux de prostration. Elle respirait à peine, un nuage épais s'était étendu sur ses yeux, et dans ses oreilles un bourdonnement sourd l'empêchait d'entendre. Elle n'avait plus conscience de son être, elle semblait frappée d'insensibilité ; elle éprouvait une sorte de vertige.

Elle se remit peu à peu et, sortant de son anéantissement, elle parvint à ressaisir sa pensée. Aussitôt, elle se rappela ce qui venait de se passer ; comme un écho sinistre les paroles terribles de sa mère résonnèrent de nouveau à ses oreilles et dans son cœur. En voyant l'effroyable abîme que la cupidité des siens creusait sous ses pieds, elle poussa un cri de terreur. Puis elle bondit sur ses jambes et agita désespérément ses bras comme si elle eût voulu repousser quelque fantôme invisible et menaçant.

— Ah ! c'est horrible, horrible ! prononça-t-elle d'un ton douloureux, en laissant tomber ses bras le long de son corps.

Après un court silence elle reprit :

— Mais je suis donc bien lâche !... Quoi ! je laisserais s'accomplir ce crime, quand je n'ai qu'un mot à dire pour l'empêcher ! Ils veulent que je garde le silence... Oh ! les malheureux !... Mais en me taisant je me fais leur complice, je deviens une misérable et, comme eux, une infâme !... Oh ! mon cœur se brise à cette pensée et mon âme se révolte !

Eh bien, non, non, s'écria-t-elle avec énergie, je veux me délivrer de ce joug qui me torture et fait de moi une esclave ! Non, je ne laisserai pas commettre cette infamie !

Elle s'élança hors du boudoir et marcha rapidement vers la chambre de son mari, sans avoir pris le temps de penser à ce qu'elle allait lui dire.

A la vue de sa mère elle éprouva une commotion violente ; elle s'arrêta interdite et sentit son sang se figer dans ses veines.

De son côté, madame de Perny avait été saisie d'un mouvement d'effroi. Toutefois, elle se remit promptement. Elle devina dans quelle intention sa fille venait trouver le marquis et elle comprit que, pour tenir tête au danger, elle n'avait qu'un moyen : le braver, et qu'elle ne pouvait sauver la situation qu'à force de présence d'esprit et d'audace.

— Ma chère Mathilde, dit-elle d'une voix caressante, ton mari sait tout. Je viens de lui annoncer que tu vas être mère et il partage notre joie. Va, je viens de le rendre bien heureux !

— Oui, bien heureux ! dit le marquis.

La jeune femme chancelait sur ses jambes. Elle voulut parler, mais ses lèvres remuèrent sans qu'un son pût sortir de sa gorge serrée.

— Allons, Mathilde, reprit l'horrible femme, en dardant sur la marquise son regard fauve, dont elle connaissait la puissance fascinatrice, il ne faut pas rougir ainsi.

La malheureuse enfant était d'une pâleur livide.

Pendant ce temps, le marquis était parvenu à se dresser sur ses jambes, ce qu'il n'avait pas fait seul depuis quinze jours.

Il fit quelques pas en avant, les bras ouverts.

— Mathilde, ma chérie, dit-il, viens donc m'embrasser.

La marquise n'aurait peut-être pas répondu à cet appel, mais madame de Perny s'approcha d'elle et la poussa vers son mari.

Le marquis l'étreignit fortement.

— Ainsi, reprit-il, nous allons avoir un enfant, un petit être à adorer... Chère Mathilde, il me semble que je viens seulement de découvrir combien je t'aime. Va, maintenant, j'en suis sûr, je vivrai. Déjà, je me sens plus fort ; tu as vu, je me suis levé seul et je me tiens debout... C'est la joie, c'est ce bonheur auquel je m'attendais si peu !

La marquise avait essayé de l'interrompre, une fois encore elle avait voulu parler ; mais les paroles que le marquis venait de prononcer, plus encore que la crainte de sa mère, lui coupèrent la voix.

Sans doute elle pouvait lui crier : « On vous trompe, tout ce qu'on vient de vous dire est faux ! »

Mais, en lui dévoilant l'infamie de sa mère et de son frère, n'allait-elle pas lui porter un coup mortel ?

Madame de Perny, qui ne quittait pas sa fille des yeux, devina sa pensée. Un sourire de satisfaction glissa sur ses lèvres.

— Je ne me suis pas trompée, se dit-elle, voilà ce que j'avais prévu ; maintenant elle se taira.

La marquise s'était mise à embrasser fiévreusement son mari. Tout à coup, ne pouvant plus se contenir, elle éclata en sanglots.

Le marquis attribua à la joie ce qui était l'explosion d'une effroyable douleur. Et, la regardant avec une tendresse indicible :

— Elle sanglotait ainsi le jour où elle m'a dit qu'elle m'aimait, pensa-t-il.

La marquise s'était laissée tomber sur un siège. Madame de Perny aida le malade à se remettre dans son fauteuil.

— Monsieur le marquis, dit-elle, nous pouvons apprendre à ma fille dès maintenant ce que nous venons de décider.

La jeune femme se dressa brusquement.

— Ma chère Mathilde, dit M. de Coulange, je suis aujourd'hui un malade raisonnable et je me rends à l'avis unanime des médecins. Je vais aller demander ma guérison à l'air et au soleil du Midi. Ce soir je donnerai des ordres à mon vieux Firmin afin qu'il prépare tout pour mon départ prochain.

— Je pars avec toi, Edouard, je ne te quitte pas, dit vivement Mathilde.

— Non, ma chérie, répondit le marquis, pour beaucoup de raisons, dont une seule est excellente, tu ne peux pas m'accompagner. Je partirai seulement avec Firmin.

— Mais, mon ami...

— Je t'en prie, Mathilde, n'insiste pas, l'interrompit-il, cela augmenterait le chagrin que va me causer notre séparation.

La marquise jeta sur sa mère un regard craintif et baissa la tête.

Madame de Perny jouissait de son triomphe.

— Monsieur le marquis, fit-elle, vous devez vous sentir un peu fatigué ?

— Mais non, je vous assure.

— Il vous est recommandé de parler le moins possible.

Puis prenant le bras de sa fille et l'obligeant à se lever :

— Allons, viens, Mathilde, continua-t-elle ; nous ne devons pas oublier plus longtemps que le repos est nécessaire à ton mari...

Et avant que la marquise ait eu le temps de prononcer une parole, presque de force, elle l'entraîna hors de la chambre.

— Ma fille, dit alors madame de Perny, changeant subitement de ton et d'attitude ; vous savez ce que votre frère et moi nous attendons de vous ; tout à l'heure, vous avez eu l'intention de me démentir ; je ne vous remercie pas d'avoir retenu les paroles sur vos lèvres, car vous auriez parlé si le courage ne vous eût manqué ; vous avez bien fait d'avoir eu pitié de votre mari ! Comme il vous l'a dit lui-même, demain ou après-demain il va partir.

Qui sait ? continua-t-elle en appuyant sur les mots avec intention, il retrouvera peut-être ses forces et la santé, comme il l'espère, sous les chauds rayons du soleil du Midi. En ce moment, vous tenez sa vie entre vos mains ; si vous ne gardez pas un silence absolu, si vous faites seulement naître le doute en lui, vous le tuez!

Voilà, ajouta-t-elle, ce que je tenais à vous dire.

Et laissant la jeune femme à la porte de son appartement, elle courut retrouver son fils.

— Vos yeux parlent, vous avez réussi ! s'écria Sosthène, en voyant sa mère.

— Oui, répondit-elle, et mieux encore que je ne l'espérais. Le marquis est enchanté, ravi. Il ne fallait que cela pour le décider à quitter Paris, et il a hâte de partir. Dans trois jours nous en serons débarrassés.

— Il ne faut pas qu'il revienne avant six mois.

— Il ne reviendra plus, répliqua madame de Perny, en accompagnant ses paroles d'un mouvement d'épaule significatif.

— Ou bien, s'il revient, ajouta Sosthène, c'est qu'on le ramènera dans un cercueil de plomb.

— J'étais encore avec lui, reprit madame de Perny, lorsque Mathilde est entrée brusquement dans la chambre.

— Ah !

— Elle venait avec l'intention de nous trahir.

— Alors ?

— Heureusement j'étais là et j'avais eu le temps de parler. Elle a eu peur des conséquences terribles que sa révélation aurait fatalement amenées et elle n'a point osé démentir mes paroles. D'un côté, en nous accusant, elle provoquait un affreux scandale ; de l'autre, elle causait à son mari une révolution qui pouvait le frapper à mort. Maintenant la voilà enfermée dans un cercle dont elle ne peut plus sortir.

— En ce cas tout va bien.

— Ce n'est pas tout ; j'ai parlé au marquis de ton ami Ernest Gendron, il lui plaît et il ne demande pas mieux que de l'avoir pour compagnon de voyage. Il s'agit donc de voir le docteur et d'obtenir de lui qu'il parte avec M. de Coulange. Tu pourras lui vanter la générosité du marquis et lui donner l'assurance qu'il sera dédommagé d'une manière convenable de son exil volontaire. A son insu, car il ne doit rien soupçonner, M. Gendron va nous rendre plus d'un service.

Un quart d'heure après, Sosthène sortait de l'hôtel dans le coupé de son beau-frère. Les chevaux, les voitures et les gens du marquis étaient à ses ordres comme à ceux de madame de Perny.

Quand il rentra le soir il dit à sa mère :

— Gendron consent à accompagner le marquis. Nous n'avons pas traité la question d'argent ; il s'est récrié très-fort, en me disant que nous parlerions de cela plus tard.

— C'est bien, répondit simplement madame de Perny.

Le lendemain Ernest Gendron arriva à neuf heures. Il eut avec M. de Coulange, en présence de Sosthène, une conférence qui dura plus d'une heure.

Le départ fut fixé au lendemain. Le médecin, consulté sur le lieu de résidence qu'il croyait le plus favorable au malade, se prononça pour l'île de Madère. Il fut décidé, en outre, qu'on ferait le voyage à petites journées, afin d'éviter au marquis une trop grande fatigue. M. Gendron se chargea de prendre à ce sujet toutes les dispositions qu'il jugerait nécessaires.

Pendant ces graves délibérations, la marquise pleurait.

Le vieux valet de chambre, avec l'aide d'un autre domestique, préparait les malles de son maître.

Pendant toute cette journée, madame de Perny ne quitta point sa fille, car, malgré sa tranquillité apparente, elle n'était nullement rassurée sur ce que la marquise pourrait dire et faire au dernier moment. En effet, bien qu'elle fût à peu près certaine d'avoir enlacé la jeune femme dans les fils de son intrigue ténébreuse, tout était à redouter tant que le marquis ne serait pas parti.

Il n'était pas possible d'empêcher la marquise de voir son mari ; mais elle n'eut pas la satisfaction de se trouver un instant seule avec lui. Il y eut toujours entre eux madame de Perny ou Sosthène. Les deux complices s'étaient entendus, ils prenaient leurs précautions contre toute tentative de trahison.

Il était près de minuit lorsque madame de Perny se décida à s'éloigner de sa fille pour rentrer chez elle. La jeune femme, qui n'avait pas fermé les yeux la nuit précédente, était brisée de fatigue et tombait de sommeil.

— Vous avez grand besoin de repos, lui dit sa mère, il faut vous coucher tout de suite. Je vais vous envoyer votre femme de chambre.

— Non, répondit la marquise, je puis me passer d'elle ce soir.

— Soit, fit madame de Perny.

Et elle s'en alla.

La marquise s'était levée. Elle passa à plusieurs reprises sa main sur son front.

— Oh! comme je souffre! murmura-t-elle.

La malheureuse enfant était prise d'un profond découragement.

— Que faire? que faire? se demanda-t-elle en laissant tomber sa tête lourde sur sa poitrine.

Elle resta ainsi pendant quelques minutes, plongée dans de sombres réflexions.

Elle voyait d'horribles spectres se dresser devant elle et elle ne découvrait aucun refuge pour leur échapper.

Ainsi que l'avait si bien dit madame de Perny, elle se sentait entourée d'un cercle fatal, sans issue, au milieu duquel elle se débattait désespérée sans pouvoir en sortir.

Ses traits contractés et l'expression douloureuse de son regard révélaient une angoisse inexprimable.

Tout à coup elle eut un mouvement nerveux et rejeta brusquement sa tête en arrière. Elle tendit l'oreille et écouta. Elle n'entendit rien. Un silence profond régnait dans l'hôtel. Alors un éclair rapide traversa son regard. Elle alluma la bougie rose d'un bougeoir, et sortit de sa chambre sans bruit.

VII

SEULE!

La marquise traversa, en glissant comme une ombre, les deux petites pièces qui séparaient sa chambre de celle de son mari.

Elle était très-émue, mais elle semblait avoir pris une résolution décisive.

Devant la porte de la chambre du marquis elle s'arrêta pendant quelques secondes pour écouter encore, puis elle mit la main sur le bouton de cristal. La porte s'ouvrit. La chambre était éclairée par une lampe placée sur une console.

Le marquis était couché; il dormait.

Mais, au lieu de marcher vers le lit, la jeune femme recula avec terreur.

Près du lit, sur une chaise longue, un homme était étendu tout habillé.

Dans cet homme, Mathilde venait de reconnaître son frère.

Celui-ci avait déclaré qu'il passerait cette dernière nuit près de son beau-frère, et le marquis, croyant voir en cela une nouvelle preuve d'affection et de dévouement, y avait trop facilement consenti.

Comme le marquis, Sosthène avait les yeux fermés. Il dormait ou faisait semblant de dormir.

La marquise sentit subitement tout ce qu'elle avait rassemblé de forces l'abandonner. Cette fois encore sa volonté venait d'être paralysée par la peur. Elle étouffa un gémissement dans sa poitrine et se retira lentement, les jambes chancelantes.

Elle rentra chez elle et tomba comme une masse inerte sur un fauteuil.

— Ah! je suis perdue, perdue! s'écria-t-elle avec désespoir, en roulant sa tête dans ses mains.

Mais bientôt, cependant, vaincue, terrassée par la fatigue et la violence même de sa douleur, la marquise s'endormit dans le fauteuil où elle s'était jetée. Ce fut un sommeil lourd, fiévreux, tourmenté par d'épouvantables cauchemars.

Elle se réveilla glacée et dans un état plus pitoyable encore que la veille.

Il était grand jour. Elle jeta les yeux sur sa pendule, l'aiguille marquait huit heures. Elle se rappela que son mari devait partir à onze heures. Encore trois heures et ils allaient être séparés, peut-être pour ne se revoir jamais. Elle ne songea pas à sonner sa femme de chambre, elle se mit à réparer elle-même le désordre de sa toilette. Cela eut pour effet de rétablir la circulation du sang. Elle se sentit un peu mieux.

Mais le temps s'écoulait avec rapidité. Elle se rendit chez son mari. Sosthène était toujours là, il travaillait avec le marquis. Assis devant une table sur laquelle étaient étalés des papiers, il faisait des comptes, prenait des notes.

La marquise ne chercha même pas à cacher la contrariété que lui fit éprouver la présence de son frère. Elle se jeta au cou du marquis et l'embrassa follement avec une sorte de frénésie. Elle le couvrait d'une grêle de baisers. Si elle s'éloignait, c'était pour revenir vers lui aussitôt et l'embrasser encore.

On aurait dit qu'elle ne le croyait pas convaincu de

l'amour qu'elle avait pour lui. Mais n'était-ce pas plutôt la crainte qu'elle avait de ne plus le revoir et le pressentiment des tortures qu'elle allait endurer? Ou bien encore, n'était-ce pas la manifestation de son horreur pour l'infamie dont elle s'était déjà rendue complice par son silence? Dans tous les cas, elle obéissait à un sentiment naturel et spontané.

— Calme-toi, ne pleure pas, lui dit le marquis ; pour toi et pour notre enfant je vivrai, je reviendrai guéri !

Ces paroles causèrent à la marquise une douleur horrible ; elle sentit un frisson courir dans tous ses membres. Ce fut comme si on eût plongé un fer rouge dans la plaie saignante de son cœur. La malheureuse n'avait entendu que les quatre mots qui étaient de trop dans la phrase de son mari, et ces quatre mots, sonnant comme un glas lugubre, venaient de réveiller subitement les angoisses de son âme épouvantée.

Elle recula jusqu'à un fauteuil sur lequel elle s'affaissa. Le marquis se retourna vers Sosthène et continua à lui donner ses instructions.

Au bout d'un instant, la marquise sortit de la chambre. Elle avait son mouchoir sur sa figure pour éponger ses larmes ou étouffer ses sanglots. Elle faillit heurter le vieux valet de chambre, qui n'eut que le temps de se jeter de côté, en disant :

— Pardon, madame la marquise.

Elle s'arrêta, et, s'approchant du domestique :

— Firmin, lui dit-elle, vous aimez beaucoup votre maître ?

— Oui, madame la marquise, et cela se comprend : je suis entré comme valet de pied chez M. le marquis, son père, lorsqu'il s'est marié, il y a de cela trente-six ans. Je l'ai vu venir au monde, madame la marquise, et bien souvent, quand il était tout petit, je l'ai porté dans mes bras.

Le vieux serviteur essuya furtivement une larme.

— Firmin, vous aurez bien soin de lui, n'est-ce pas ? Vous ne le quitterez pas d'une minute, vous me le promettez ?

— Je vous le jure, madame la marquise.

— Et puis...

— Je suis entièrement aux ordres de madame la marquise, dit Firmin, voyant qu'elle hésitait à parler.

— Je voudrais vous demander quelque chose.

— Madame la marquise sait que je ne lui suis pas moins dévoué qu'à mon maître.

— Eh bien! Firmin, je vous prie de m'écrire quelquefois pour me parler de mon mari; il y a des choses qu'on voudra peut-être me cacher, mais vous me direz la vérité, vous.

— Je promets à madame la marquise de faire ce qu'elle me demande.

— Merci, Firmin, merci!

L'heure terrible de la séparation arriva. La jeune femme accompagna le marquis jusqu'à la voiture qui allait le transporter à la gare. Là, ils s'embrassèrent une dernière fois. Et quand la voiture eut franchi la porte cochère, elle resta immobile à la même place jusqu'à ce que le bruit des roues sur le pavé se fût complètement éteint dans les autres bruits de la rue.

Elle n'avait pas entendu sa mère qui, debout sur le perron, l'avait appelée deux fois.

— En vérité, ma fille, vous n'êtes pas raisonnable, lui dit madame de Perny, vous ne vous aperceviez donc pas que vos pieds étaient enfoncés jusqu'à la cheville dans la neige fondue?

La marquise rentra sans rien répondre à sa mère et courut s'enfermer dans sa chambre.

Là, enfin, loin des regards indiscrets, elle pouvait permettre à sa douleur de faire explosion et pleurer en liberté.

— Ah! s'écria-t-elle, ils sont donc satisfaits! Il est parti... il n'est plus là pour relever mon courage, pour me protéger et me défendre!... Ils tiennent leur victime, les misérables!...

Ah! continua-t-elle d'une voix étranglée en jetant autour d'elle un regard désespéré, c'est à partir de maintenant seulement que va commencer mon martyre!

Les personnes qui vinrent lui faire une visite les jours suivants eurent de la peine à cacher leur étonnement en voyant combien elle était changée. La lumière de ses yeux s'était éteinte, sur ses joues le rose s'était effacé, ses lèvres elles-mêmes étaient pâles. Plus que jamais la douleur et la souffrance étaient peintes sur son visage. Prévenues par madame de Perny, ses amies crurent devoir la féliciter des joies qui lui étaient promises. Elle écouta d'un air effaré et ne répondit rien.

Elle tomba presque subitement dans une apathie complète; il semblait que tous les ressorts qui étaient en elle avaient été brisés. Tout lui devenait indifférent. Elle avait le dégoût de toutes choses. Elle ne s'occupait plus de rien. Elle laissait dire et faire sans essayer la moindre observation. Elle n'entendait rien, elle ne voyait rien ou plutôt elle ne voulait ni voir, ni entendre. Ceux qui l'entouraient pouvaient supposer qu'elle n'avait plus une pensée. C'était une insensibilité navrante.

Madame de Perny n'avait plus rien à désirer, elle avait accompli son œuvre monstrueuse, sa fille était devenue telle qu'elle la voulait.

De sa propre autorité, sans même daigner consulter la marquise, dont l'indolence semblait tout permettre, madame de Perny prit la haute direction de la maison. Elle commença par renvoyer successivement tous les domestiques, qu'elle remplaça par d'autres qu'elle eut soin de choisir elle-même. La femme de chambre de la marquise ne put même trouver grâce devant elle. Il est vrai qu'elle avait aux yeux de madame de Perny un défaut capital. Elle était pleine de zèle, et elle avait eu la faiblesse ou la maladresse de s'attacher à sa maîtresse. Madame de Perny était extrêmement prudente, et elle prenait d'avance toutes ses précautions.

La marquise se trouva ainsi entourée d'espions, nous n'osons pas dire d'ennemis. Elle ne pouvait faire un geste ni prononcer une parole, dont sa mère ne fût aussitôt instruite. Elle ne put recevoir aucune lettre qui n'eût d'abord passé sous les yeux de madame de Perny, qui quelquefois même ne se gênait pas pour les décacheter. Quant à celles qu'elle écrivait, — c'était rare, — elles n'étaient mises à la poste qu'après avoir été lues et approuvées par sa mère.

Les visites qu'on faisait à madame de Coulange devinrent de plus en plus rares, et comme elle n'en rendit aucune, elles cessèrent tout à fait.

La marquise ne sortait plus; ses promenades de tous les jours consistaient à passer de sa chambre dans son boudoir et de ceux-ci dans la salle à manger.

Ses chevaux, ses voitures étaient entièrement à la discrétion de sa mère et de son frère, et ne servaient qu'à eux, comme ses gens n'étaient qu'à eux.

Sous le prétexte que la santé de sa fille lui causait des inquiétudes, et pour être près d'elle la nuit comme le jour afin de la mieux surveiller, madame de Perny fit sa chambre à coucher, d'une pièce contiguë à la chambre de la marquise.

La jeune femme se trouva prisonnière dans sa maison, et en quelque sorte séquestrée.

VIII

LE TOMBEAU DES SECRETS

M. Sosthène de Perny avait entendu parler plusieurs fois d'un certain individu, s'intitulant homme d'affaires, qui rendait une infinité de services aux femmes de mœurs légères, aux viveurs, aux débauchés, aux déclassés de toutes les catégories.

Il se fit donner des renseignements sur ce personnage.

C'était bien réellement un homme d'affaires, en ce sens qu'il s'occupait de toutes sortes d'affaires, choisissant de préférence les plus ténébreuses et surtout les moins honnêtes, parce que, alors, il pouvait tirer un plus grand profit de son intervention.

Il prêtait avec usure, et sur des garanties sérieuses, des sommes souvent très-fortes à des fils de famille. Il faisait payer cher ses services, mais du moment qu'on était disposé à ne pas marchander, on pouvait tout lui demander. Il ne reculait devant rien. Il pratiquait, disait-on tout bas, le recel sur une vaste échelle ; mais très-habile et très-rusé, il savait toujours mettre un bandeau sur les yeux de ceux qui cherchaient à voir clair dans ses opérations.

On disait encore qu'il avait une police à ses ordres, parfaitement organisée, et que ses relations directes dans le monde des coquins et des voleurs n'empêchaient point qu'il ne fût considéré par la police du gouvernement, en raison des services qu'il lui rendait journellement.

Cet homme demeurait rue du Roi-de-Sicile, et il était connu sous le nom de Blaireau (1).

Suffisamment édifié sur M. Blaireau, grâce aux renseignements qu'il avait obtenus, M. Sosthène de Perny résolut d'entrer sans plus tarder en relations avec cet homme d'affaires.

Un matin, il sortit de l'hôtel de Coulange pour se rendre rue du Roi-de-Sicile. Il arriva à pied devant la maison où demeurait Blaireau, car pour ne pas trop éveiller l'attention des curieux, il avait prudemment laissé le coupé armorié du marquis dans la rue de Rivoli.

Sur l'indication que lui donna la concierge, il monta au premier étage et sonna à la porte unique qui se trouvait sur le palier.

Au bout d'un instant d'attente la porte lui fut ouverte et il se trouva en présence d'une vieille femme au regard dur, à la figure revêche, qui lui dit :

— Vous venez pour voir M. Blaireau ; je ne sais pas s'il pourra vous recevoir, je vais le lui demander. Comment vous appelez-vous ?

Sosthène tira une carte de son carnet et la mit dans la main de la vieille femme.

Celle-ci le fit entrer dans une pièce sombre qui parais-

---

(1) Ce type de scélérat, que l'auteur fait entrer en scène, joue un rôle très-important dans un autre de ses romans intitulé *l'Enfant du Faubourg*.

sait être en même temps un salon, une bibliothèque et une salle à manger, puis elle disparut par une porte. Elle revint au bout de deux minutes et dit au visiteur :
— M. Blaireau peut vous recevoir. Venez.

Sosthène la suivit et il fut introduit par elle dans le cabinet de l'homme d'affaires.

Il se trouva en présence d'un petit homme gros et trapu, qui paraissait avoir trente-six ans. Il avait une énorme tête qui semblait collée sur ses larges épaules carrées. Son front et tout le haut de sa tête plate étaient chauves. On voyait dans ses cheveux noirs quelques fils grisonnants. Sa figure était entièrement rasée, ses mains étaient couvertes de poils. Il avait de grosses lèvres rouges pleines de sensualité. Son nez était long et courbé comme le bec d'un aigle. Ses petits yeux ronds, jaunes et vifs, ressemblaient également à ceux d'un oiseau de proie.

Il portait une longue robe de chambre de couleur bleue passée, dont les taches de graisse et d'encre attestaient le long usage.

Le mobilier du bureau était de tout point digne du personnage : quelques chaises boiteuses et vermoulues, deux fauteuils ayant des trous par lesquels sortait le crin, un vieux bureau en acajou sur lequel étaient jetés pêle-mêle toutes sortes de papiers poudreux. Au plafond et aux angles des murs un étalage de toiles d'araignées ; partout une épaisse couche de poussière, et une singulière odeur de moisi, de rance qui prenait au nez.

Blaireau s'était levé pour recevoir son visiteur, et il avait attaché sur lui son regard scrutateur.

Cette carte, qu'on vient de me remettre, est la vôtre? demanda-t-il.

Le jeune homme s'inclina.
— Vous vous nommez Sosthène de Perny ?
— Oui, monsieur.
— Voilà un siège, asseyez-vous, et dites-moi à quoi je dois l'honneur de votre visite.
— Monsieur, je viens pour vous parler d'une affaire...
— Naturellement. Ce n'est jamais pour autre chose qu'on vient me trouver.

Blaireau appuya son coude sur le bureau, sa tête dans sa main et ajouta :

— Allez, je vous écoute.

Si hardi que fût Sosthène, il se sentit un moment embarrassé en présence de cet homme singulier, qui le mettait presque brutalement en demeure de s'expliquer. Mais il n'y avait pas à hésiter ; ayant compté sur Blaireau, il fallait savoir s'il était homme à accepter ou à refuser ce qu'il venait lui proposer.

— D'après ce qui m'a été dit de vous, monsieur, de votre discrétion absolue, fit-il, je puis vous parler librement, plein de confiance, avec l'assurance que tout ce que je vous dirai ne sera jamais répété ?

Blaireau répliqua sèchement :

— Monsieur, cette pièce est un confessional ; c'est le tombeau des secrets.

— Vous m'excuserez, car vous avez une trop grande habitude des affaires pour ne pas comprendre que je veuille m'entourer de certaines précautions.

— Si vous me connaissiez mieux, tous ces préliminaires eussent été inutiles. Parlez donc.

— Pour des raisons majeures que je vous expliquerai plus tard, si vous le désirez, j'ai besoin d'un enfant venant de naître, c'est-à-dire ayant à peine un ou deux jours.

Sosthène s'arrêta.

— Pourquoi faire? demanda Blaireau.

— Oh! ce n'est pas pour lui faire du mal, au contraire. Il serait élevé avec beaucoup de soins, entouré d'affection et plus tard une superbe position lui serait acquise. Enfin, pour être plus explicite, il s'agit d'une jeune dame riche, portant un grand nom, qui, n'ayant pas d'enfants, et étant sans espoir d'en avoir, désire en adopter un.

— Et c'est moi que vous venez trouver pour cette affaire? fit Blaireau toujours impassible; mais, mon cher monsieur, vous n'avez qu'à vous présenter au bureau de l'Assistance publique, et tout de suite vous aurez ce qu'il vous faut. Soyez tranquille, il ne manque pas à l'hospice, malheureusement, d'enfants abandonnés ou que leur mère ne peut élever.

— J'ai bien pensé à l'hospice des Enfants-Trouvés; mais il s'agit d'une circonstance exceptionnelle qui ne me permet pas de m'adresser à l'Assistance publique.

— Mon cher monsieur, dit Blaireau, un sourire ironique sur les lèvres, je vous vois très-embarrassé; vous ne savez comment me dire votre petite affaire. Vous prenez des détours dans lesquels vous vous égarez. Voyons, dites-moi d'abord pourquoi l'enfant en question ne doit pas avoir plus d'un ou deux jours?

Malgré son aplomb, Sosthène se troubla et rougit jusqu'aux oreilles.

Blaireau gardait son sourire sur ses lèvres, et son regard perçant semblait fouiller jusqu'au fond de la pensée de M. de Perny.

— Il faut que la famille de la jeune femme et tout le monde croient qu'elle est la mère de l'enfant, répondit Sosthène.

— Ah! je commence à comprendre! s'écria Blaireau.

C'est une aimable supercherie, un héritier à faire entrer de force dans une famille ! Oh ! oh ! mais ce que vous appelez modestement une adoption, mon cher monsieur, est d'une gravité formidable. Hum ! hum ! je comprends que vous n'alliez rien demander à l'Assistance publique. Savez-vous bien au juste ce que vous voulez ? Je ne crois pas. Eh bien, je vais vous le dire : Vous voulez tout simplement voler à une mère son enfant au moment de sa naissance, à moins que vous n'en trouviez une autre assez dénaturée pour vous livrer le sien. Certes, je sais qu'il y a des mères, — si elles peuvent avoir des droits à ce nom, — qui sont capables de faire ce honteux marché ; il y en a bien d'autres, — des monstres, — qui tuent leur enfant. Mais, quand même, est-ce que vous croyez cela facile ? On ne prend pas comme cela un enfant à une femme pour le jeter à une autre. Est-ce qu'il n'y a pas, en supposant le père inconnu, les parents, les amis, les voisins, le médecin, ou tout au moins une sage-femme ? Et l'état-civil, et la justice, et tout le reste... Ah ! ah ! quand il s'agit d'un enfant, on ne fait pas une opération de prestidigitation, et on ne peut pas dire en allongeant le bras et en ouvrant la main : « Passez muscade. » Dites, avez-vous vu tout cela ?

— Pas avec autant de précision que vous, répondit Sosthène, qui avait eu le temps de retrouver son audace ; aussi, je me félicite d'être venu vous trouver, car, malgré les difficultés à surmonter, j'espère que nous pourrons nous entendre, et que vous ne me refuserez pas votre concours.

Pendant un instant Blaireau parut réfléchir.

— Grosse chose, cher monsieur, reprit-il ; affaire extrêmement délicate, en dehors même de sa gravité.

Puis, se redressant brusquement :

— Comment me connaissez-vous ? Qui vous a parlé de moi ? demanda-t-il.

— Plusieurs de mes amis.

— Que vous nommez ?

— Marc Aubertin, de Cossier, le baron d'Orgette, le comte de Soygne.

— Et c'est l'un d'eux qui vous a donné mon adresse ?

— Oui, le comte de Soygne. Tous m'ont fait votre éloge et m'ont dit combien vous étiez serviable.

— Je n'ai pas l'honneur de vous connaître autrement que par votre nom qui est sur cette carte, répliqua Blaireau ; vous ne vous étonnerez donc pas qu'avant de causer plus intimement de la chose qui vous amène chez moi, je trouve nécessaire, comme vous tout à l'heure, de prendre certaines précautions.

— Alors vous consentez ?...

— N'allez pas trop vite, monsieur. Causons d'abord. Un point est établi. Il faut que, n'importe par quel moyen, on vous procure un enfant, venant de naître, lequel, enlevé à sa mère, sera porté à une autre femme qui passera pour l'avoir mis au monde. C'est bien cela, n'est-ce pas ?

— Oui.

— Cet enfant sera une fille ou un garçon.

— Naturellement, fit Sosthène en souriant.

— Je n'ai pas voulu imiter M. de La Palisse, reprit gravement Blaireau ; j'ai cru devoir vous faire observer que si, dans l'intérêt de votre combinaison, on préférait un sexe à l'autre, il y aurait une impossibilité matérielle.

— Oh ! il importe peu que ce soit une fille ou un garçon, répondit Sosthène.

— Très-bien. Éclairons, maintenant, ce qui me parait encore obscur. Pourquoi la dame en question veut-elle avoir un enfant, dans les conditions que vous m'avez indiquées, et qui passe pour être né d'elle ? C'est évidemment afin de conserver une fortune qui, sans cela, lui échapperait.

— C'est parfaitement cela, répondit Sosthène, ne pouvant se défendre d'un sentiment d'admiration pour ce vilain petit homme, qui devinait si merveilleusement les choses.

— Il y a nécessairement une grossesse simulée.

— Oui.

— Depuis combien de temps la dame est-elle veuve ?

— Elle n'est pas veuve, répondit Sosthène.

— Hein ! fit Blaireau, qui ne put cacher sa surprise. Alors, reprit-il, ce n'est pas seulement la famille et tout le monde qu'il faut tromper, c'est le mari. Vouloir tromper un mari sur un fait pareil, c'est audacieux. Et puis, quelle raison ?... Qu'est-ce donc que ce mari ?

— Je vais vous l'expliquer...

— Inutile, j'ai compris. C'est un mari impuissant ou atteint d'une maladie qui menace sérieusement sa vie.

— Oui, il est malade, très-malade et condamné par tous les médecins.

— A la bonne heure, je me retrouve... Donc, comme je le disais, la mort du mari étant prochaine, il faut que la dame ait un enfant, c'est-à-dire un héritier, et comme elle n'a aucun espoir de devenir mère réellement... Passons. Il y a aussi, probablement, un ou plusieurs héritages entrevus dans un avenir plus ou moins rapproché. Admirable combinaison ! Le père décédé a légué tous ses droits à l'enfant né du mariage... Ah ! il y aura nécessité de séparer les deux époux pendant quelque temps.

— C'est fait.

— Je vois qu'on a pris déjà toutes les mesures utiles.

— Toutes ou à peu près.

— L'affaire est bien conduite, et comme je suis convaincu que c'est vous-même qui la dirigez, je vous fais mes compliments. Permettez-moi de vous adresser une question. Avant de prêter mon concours, j'aime à tout savoir. A quel titre vous occupez-vous de cette affaire ?

— A quel titre ?

— Oui, ou bien quel intérêt y avez-vous ? Etes-vous l'amant de la dame ?

— Non.

— Il y a donc entre vous un lien de parenté ?

— Je suis son frère.

— Bien, je comprends. Nous disons donc que vous avez eu l'excellente précaution d'éloigner la dame de son mari.

— Ou d'éloigner ce dernier de sa femme.

— Pour moi c'est la même chose. Où est actuellement le mari ?

— Il est allé chercher un climat plus doux que le nôtre dans une île de l'océan Atlantique.

Blaireau eut un clignement d'yeux singulier.

— Il est assez loin pour ne rien voir et ne rien entendre, reprit-il. C'est un poitrinaire ?

— Oui.

— Alors c'est un homme mort !

IX

UN MARCHÉ

Il y eut un assez long silence que Blaireau mit à profit pour réfléchir tout en feuilletant quelques-unes des paperasses étalées devant lui. Enfin il se redressa et regarda son interlocuteur en branlant la tête.

— Eh bien ? fit celui-ci.

— Précisez votre interrogation.

— Consentez-vous à me servir ? Puis-je compter sur votre concours ?

— Heu ! heu ! cela dépend. Je ne sais pas encore. Savez-vous, jeune homme, que ce que vous venez me demander présente des difficultés inouïes, sans compter tous les dangers à courir ?

— Je le sais certainement, mais...

— J'entends... Dans combien de temps madame votre sœur doit-elle être mère ? demanda Blaireau, en reprenant son sourire ironique.

— Dans cinq mois au plus tard.

— La chose n'est pas trop précipitée, vous avez le temps de vous retourner. Y a-t-il longtemps que le mari est parti ?

— Deux mois bientôt.

— Deux mois avant son départ et deux depuis, quatre ; vous avez bien calculé. Voyons, est-elle bien riche, madame votre sœur ?

— Quant à présent, non.

— La fortune est donc tout entière du côté du mari ?

— Oui.

Blaireau fronça imperceptiblement ses épais sourcils.

— Enfin, fit-il, tout le monde n'a pas le bonheur de posséder des millions. Cependant, vous ne vous êtes pas lancé dans votre périlleuse entreprise sans avoir calculé ce que vous pourriez dépenser afin de la mener à bien ?

— Sans doute.

— Alors ?

— J'ai pensé qu'avec une vingtaine de mille francs...

— D'abord, ajouta Blaireau, dont l'œil gauche se mit à clignoter.

Cependant ces mots : « une vingtaine de mille francs » avaient agréablement résonné à ses oreilles.

— Comment, d'abord ? répliqua Sosthène subitement interloqué.

— Oui, d'abord, fit Blaireau appuyant sur le mot, ce qui signifie que plus tard, à la mort du mari par exemple, vous ne manquerez pas de récompenser le service rendu. Maintenant, cher monsieur, parlons sérieusement, ou, pour me servir d'une expression plus vulgaire, jouons carte sur table.

Vous avez, assurément, plus d'expérience que vous ne le laissez voir et vous voudrez bien admettre que, de mon côté, je ne suis pas un imbécile. Je suis un homme d'affaires ; c'est un homme d'affaires que vous venez trouver. Pourquoi ? Parce que vous avez besoin de lui et que vous croyez qu'il peut vous être utile. Vous me faites une proposition, je suis libre de l'accepter ou de la repousser, c'est entendu. Si je l'accepte, je dois vous dire : voilà mes conditions, et vous examinerez si elles vous conviennent. Eh bien ! cher monsieur, je suis homme d'affaires et j'appelle cela un marché. Rien pour rien. Celui qui achète paye celui qui vend.

Vous pouvez être un très-grand calculateur, mais je sais compter aussi. Je vous dis donc, — et cela en connaissance de cause, — que vos vingt mille francs seront à peine suffisants pour couvrir les frais de l'entreprise.

Je n'ai pas à vous parler des démarches qu'il y a à faire et du nombre d'individus qu'il faudra employer, tout cela n'aurait rien d'intéressant pour vous ; du reste, je n'ai pas l'habitude de faire connaître à mes clients quels sont mes moyens d'action. Toutefois, je puis vous dire ceci : plus une opération est délicate, plus elle présente de difficultés et de dangers, plus il faut payer cher les gens dont on se sert.

Je ne vous demande pas ce que l'affaire vous rapportera, à vous, ni le chiffre de la fortune convoitée, je n'ai pas besoin de le savoir, et cela, d'ailleurs, ne me regarde pas. Je suis discret de toutes les manières.

Revenons à votre somme de vingt mille francs : quand on aura pris sur elle toutes les dépenses au fur et à mesure qu'elles se présenteront, il ne restera plus rien. Alors avec quoi pourrai-je récompenser ceux que j'aurai employé? Et moi, où trouverai-je les honoraires dus à mon activité, mon travail, mon intelligence? Je vous le répète, rien pour rien. Au prix que vous m'offrez, je ne puis traiter avec vous, cherchez ailleurs.

M. de Perny était devenu blême, de grosses gouttes de sueur perlaient sur son front. Il tremblait maintenant de ne pouvoir répondre aux exigences du terrible Blaireau, et de se voir forcément privé de son précieux concours.

—. Monsieur Blaireau, dit-il d'une voix mal assurée, votre logique est impitoyable ; si je puis vous donner ce que vous croyez devoir me demander, je le ferai, car je sais fort bien que certains services ne se marchandent pas, et qu'avec vous on est toujours sûr du succès. Fixez-moi la somme.

— Je ne taxe jamais que mes frais, répondit sèchement Blaireau.

— J'ajouterai dix mille francs, hasarda Sosthène.

Blaireau fit une grimace significative.

— Vingt mille, balbutia Sosthène.

La grimace de Blaireau s'accentua.

— Monsieur Blaireau, reprit le beau-frère de M. de Coulange avec un malaise visible, je mets encore dix mille francs, et je vous le jure, c'est tout ce que je peux faire.

Le rictus de Blaireau se détendit.

— Seulement... ajouta M. de Perny.

— Achevez, dit Blaireau.

— Je ne pourrai pas vous remettre tout de suite les trente mille francs.

— Quand les aurez-vous ?

— Dix mille francs dans deux mois.

— Et le reste ?

— Un peu plus tard.

— Le jour où l'on vous livrera l'enfant ?

— Oui.

— Soit.

— Je suis prêt à vous signer des reconnaissances.

— Inutile, fit Blaireau, en remuant la tête. Il y a des cas où je n'exige pas plus de reconnaissance pour ce qu'on me doit que je ne donne quittance des sommes qui me sont versées.

— Avez-vous les vingt mille francs sur vous ?
— Oui.
— Donnez.

M. de Perny tira de sa poche une liasse de billets de banque qu'il tendit à Blaireau.

Celui-ci saisit les billets entre ses doigts crochus, les posa sur le bureau et les compta, tout en s'assurant qu'il n'y en avait pas quelques-uns de faux glissés parmi les autres.

— C'est bien, dit-il, dès demain on se mettra à l'œuvre.

Il se leva.

M. de Perny comprit que Blaireau le priait de se retirer.

— Vous n'avez plus rien à me dire ? l'interrogea-t-il, en se levant à son tour.

— Pour le moment, non.

— Quand faudra-t-il que je revienne vous voir ?

Blaireau porta la main à son front et resta un moment silencieux.

— Le jour où vous m'apporterez les dix mille francs, répondit-il. A propos, votre adresse n'est pas sur votre carte.

— Rue Richepanse, numéro 3.

Blaireau écrivit l'adresse sur la carte.

C'est rue Richepanse que Sosthène avait son petit appartement de garçon. C'est là que, dépouillant le masque qu'il gardait à l'hôtel de Coulange, il redevenait viveur et homme de plaisir.

— Si par hasard j'avais besoin de vous voir, je vous écrirai, lui dit Blaireau.

Les deux hommes se saluèrent et M. de Perny sortit du cabinet.

Resté seul, Blaireau s'assura que la porte était bien fermée, ensuite il fit jouer un panneau de boiserie qui cachait la porte de son coffre-fort et s'empressa de mettre les billets de banque en lieu sûr. Cette opération terminée, il revint prendre sa place devant son bureau. Alors, concentrant toutes ses pensées, il se mit à réfléchir :

— Voilà une affaire d'un nouveau genre, se disait-il, mais il faut se mettre à tout. Certes, elle est dangereuse et difficile à conduire à bonne fin. Bah ! ne me suis-je pas déjà trouvé en présence d'obstacles qui, au premier abord, me paraissaient insurmontables ? Allons donc, il faut bien que l'homme compte sur son génie !... Quand j'ai dit : je veux ! il faut que les difficultés disparaissent, que les obstacles se brisent. Je ne lui ai pas menti, à ce M. de Perny, cela va coûter cher. Combien ? Peut-être plus de cinq mille francs, sans compter un petit cadeau ici, un petit cadeau là... Il faut bien s'attirer la reconnaissance de ses serviteurs. Diable, je vois bien que dix mille francs y passeront. Et il ne me restera, à moi, que quarante mille francs. C'est égal, si j'avais souvent de ces machines-là à faire fonctionner, ça irait grand train. N'importe, j'ai été trop doux avec le Perny, j'aurais dû lui tenir la dragée plus haute...

Comment diable ai-je pu faiblir si vite ? Ah ! voilà, j'ai craint que l'affaire ne m'échappât. Niais que je suis. Est-ce qu'il pouvait se passer de moi ? Est-ce qu'il y a deux hommes comme moi à Paris ? Décidément, j'ai fait une sottise ; il faudra que je me raccroche aux branches.

Ah ! ah ! continua-t-il, depuis cinq ans, quel chemin j'ai parcouru ! A côté de moi comme les autres hommes me paraissent petits !

Ses yeux s'étaient illuminés, des éclairs sillonnaient

son regard. C'était le rayonnement du triomphe et de l'orgueil.

Il poursuivit :

— Je commande, je domine, je règne... Devant moi tout s'efface, j'ai mis le pied sur le monde !... Je veux être riche à millions. Voilà d'où viennent ma force et ma puissance. Quand un homme peut mettre au service de son intelligence une énergique volonté, il n'y a pas de cimes si hautes qu'il ne puisse atteindre !

Et un petit rire sec, assez semblable à un grincement de scie, éclata entre ses lèvres lippues.

A ce moment, on frappa d'une façon particulière à la porte du cabinet.

Blaireau reprit subitement et comme par enchantement son visage sérieux et grave.

Il se leva, alla tirer la targette, qu'il avait prudemment poussée un instant auparavant, et ouvrit sa porte au nouveau visiteur.

Un homme, qui paraissait avoir deux ou trois ans de plus que Blaireau, et assez mal vêtu, entra dans le cabinet.

X

MADEMOISELLE SOLANGE

— Ah ! c'est toi, Gargasse, fit Blaireau.

— Comme tu vois. Bonjour, vieux, dit l'individu qui répondait au nom de Gargasse, en tendant familièrement sa main à l'homme d'affaires, qui ne fit aucune difficulté de la prendre et de la serrer dans la sienne.

— Eh bien, quoi de nouveau? demanda Blaireau.
— Rien, rien du tout.
— Je parie que tu es sans place. Tu t'es fait renvoyer de la maison de banque où je t'avais casé ?
— C'est vrai.
— Qu'est-ce que tu as encore fait ?
— Rien de mal, une simple petite ribote.
— Qui a commencé le samedi et qui a continué les jours suivants, fit Blaireau en haussant les épaules, je connais ça...
— Eh bien, oui, une vieille habitude.
— Mauvaise, très-mauvaise !
— Enfin, je viens voir si tu n'as pas quelque chose à me faire faire.
— Non, rien pour le moment, les affaires sont d'un calme... une vraie crise.
— Tant pis.
— De sorte que te voilà une fois de plus sur le pavé et sans le sou, comme à l'ordinaire.
— Je n'ai pas comme toi le talent de faire des économies.
— Moi, répliqua Blaireau avec importance, je ne mène pas joyeuse vie, je travaille.
— Je ne dis pas non ; mais tu avoueras que tu as une fière chance... C'est à croire que tu as dans ta poche de la corde de pendu.
— Sans place et sans argent, qu'est-ce tu vas faire
— Je compte sur toi.
— Je ne demande pas mieux que de te trouver de l'occupation, mais je ne puis pas dire quand j'aurai besoin de toi. As-tu au moins de quoi déjeuner?
— Elles sont à sec, répondit Gargasse, en frappant sur les poches de son gilet.

Le front de Blaireau se rembrunit encore. Cependant il ouvrit un tiroir et y prit une pièce de cinq francs qu'il mit généreusement dans la main de son ami.

Celui-ci fit d'abord tourner la pièce entre ses doigts, puis il se décida à la glisser dans son gousset.

— Enfin, c'est toujours ça, murmura-t-il.

— Je suis extrêmement gêné en ce moment, reprit Blaireau; je te préviens qu'il ne faut pas que tu comptes trop sur moi.

— C'est bon, je t'ennuierai le moins possible. Heureusement, j'ai Marguerite.

— Ah! oui Marguerite, la couturière, ta fleur des prés.

— Blaireau, il n'y a pas à dire du mal de Marguerite.

— Je n'en ai pas l'intention. Ainsi, tu es toujours avec elle?

— Toujours. On se brouille, on se quitte, on se reprend. Que veux-tu? nous ne pouvons pas nous passer l'un de l'autre. C'est une bonne fille, très-courageuse et qui travaille...

Il y a des jours où je serais fort embarrassé si je ne l'avais pas. Elle gagne peu mais elle est économe et sait s'arranger; elle a presque toujours, pour moi, un peu d'argent en réserve.

— Oui, oui, c'est toujours la Marguerite bon cœur, ricana Blaireau.

— A propos, reprit Gargasse, il paraît que tu négliges beaucoup mademoiselle Solange (1)?

— Solange! tu l'as donc rencontrée?

---

(1) Gargasse, Marguerite et Solange sont, comme Blaireau, des personnages que l'auteur a créés dans son roman *l'Enfant du Faubourg*.

— Il faut croire qu'elle s'ennuie fort de ne pas te voir, car elle est venue hier soir chez Marguerite, espérant qu'elle pourrait lui donner de tes nouvelles. Naturellement, Marguerite n'a pu lui rien dire. Dans tous les cas, je te préviens. Si mademoiselle Solange tient tant à savoir ce que tu deviens, ce que tu fais, elle est capable de découvrir ton adresse et de venir te relancer jusqu'ici.

— Elle ne l'oserait pas, répliqua Blaireau, car elle sait comment je la recevrais. Toutefois, tu as bien fait de m'avertir, je mettrai ordre à cela. Il y a plus de deux mois, en effet, que je n'ai été voir Solange, j'ai eu de très-grands ennuis. Je pensais à elle lorsque tu es arrivé et je venais de décider que j'irais lui faire une visite aujourd'hui même. J'irai avec d'autant plus de plaisir que je sais combien il lui sera agréable de me voir.

Gargasse s'en alla. Blaireau passa dans sa salle à manger, se mit à table et se fit servir son déjeuner. Après avoir pris son repas qui n'était ni recherché, ni succulent, — un déjeuner d'avare, — il procéda à sa toilette et mit un vêtement noir, comme il convient à un homme d'affaires très-austère, qui sait le respect qu'il doit à sa profession et à lui-même. Il n'oublia pas de mettre quelques billets de cent francs dans son portefeuille, et, ainsi lesté, il sortit de chez lui. Au bout de la rue il prit un coupé de place et donna l'ordre au cocher de le conduire rue de la Folie-Méricourt. C'est dans cette rue que demeurait mademoiselle Solange. Elle y occupait un petit appartement assez convenablement meublé, qui se composait d'une chambre à coucher, d'une cuisine et d'une salle à manger, qui se transformait à l'occasion en un petit salon.

Mademoiselle Solange était une grande fille brune,

aux yeux expressifs, superbement moulée et majestueuse comme une déesse. Bien qu'elle eût passé la trentaine, elle conservait la fraîcheur de la jeunesse et était toujours admirablement belle. A la voir seulement on devinait qu'elle était douée de beaucoup d'intelligence, et d'une grande énergie, et qu'elle avait en même temps la hardiesse et la ruse.

Et, cependant, cette femme forte, qui avait la beauté qui impose, cette femme qui semblait être née pour dominer et faire obéir, pliait servilement et sans broncher sous l'autorité de Blaireau et lui était soumise comme le caniche l'est à son maître. Elle était son esclave.

Avait-elle aimé ou aimait-elle Blaireau, dont la laideur devait être un repoussoir pour toutes les femmes? Nous ne saurions le dire. Mais c'est possible. Il y a dans la nature des goûts si étranges!

Mademoiselle Solange reçut Blaireau avec les démonstrations d'une joie très-vive, ce qui ne l'empêcha point de lui dire:

— Vous êtes un monstre! Deux mois et demi sans que j'entende seulement parler de vous... Je me croyais tout à fait abandonnée.

— Ma chère, répondit Blaireau en riant, j'ai été très-occupé, et tu sais, les affaires avant tout.

— Non, non, vous n'êtes pas excusable, on trouve toujours un moment, ne serait-ce qu'une demi-heure, pour venir voir une amie.

— D'ailleurs, j'étais parfaitement tranquille sur ton sort, reprit Blaireau; connaissant tes habitudes d'ordre et ta prévoyance, je savais que tu n'avais pas besoin d'argent.

— Soit, mais j'étais inquiète.

— Faiblesse, fit Blaireau railleur.

— Voilà comme sont tous les hommes : on pense à eux, ils ne le croient pas ; ils vous font souffrir, ils vous donnent tort. C'est égal, monsieur, j'étais à bout de patience, et si j'eusse su où vous trouver...

— Tu aurais continué à attendre, avec la patience dont tu es douée, qu'il me convînt de venir te voir, répliqua Blaireau d'un ton lugubre. A ce sujet, je ne veux pas négliger de te rappeler un conseil que je t'ai donné déjà : tu ne dois point chercher à savoir où je demeure, et si un jour le hasard te faisait connaître mon adresse, tu devrais immédiatement l'oublier.

— C'est bien, répondit-elle humblement, je me conformerai à vos intentions; mais est-ce bien la peine de me gronder pour ce que je viens de dire ?

— Tu m'as compris, cela suffit ; nous ne reviendrons pas là-dessus.

Blaireau pensa qu'il était inutile de lui reprocher sa visite de la veille à la maîtresse de Gargasse.

— Nous avons à nous occuper d'autre chose, continua-t-il, je vais avoir besoin de toi.

— De moi ! s'écria-t-elle, quel bonheur !

— Ecoute-moi bien, reprit Blaireau, il s'agit d'une affaire extrêmement délicate, semée de difficultés et très-périlleuse.

— Tant mieux !

Blaireau sourit et continua :

— Je te préviens que tu n'auras pas de trop de toute ton intelligence, à laquelle tu pourras encore ajouter ton adresse et beaucoup de prudence.

— Du moment que c'est toi qui me commandes, tu sais que tu peux être sûr de moi. Dis-moi vite...

— Il y aura des dépenses à faire, poursuivit Blaireau;

mais l'argent ne manquera pas, il y en a. Sur les sommes que je te donnerai à dépenser, je suis sûr que tu trouveras le moyen de faire des économies afin de grossir ton magot. Ce sera déjà ça. Ensuite, plus tard, quand l'affaire sera terminée, car il est bien entendu que nous réussirons...

— Certainement, affirma Solange.

— Plus tard tu recevras encore un cadeau dont tu auras lieu d'être satisfaite.

— Est-ce toi qui me le feras, ce cadeau?

— Oui.

— Alors, c'est très-bien!

Blaireau tira un portefeuille de sa poche et y prit cinq billets de banque de cent francs qu'il mit sur les genoux de Solange.

— Voilà, dit-il, pour tes frais d'entrée en campagne.

Maintenant, continua-t-il, voici de quoi il s'agit :

Mademoiselle Solange allongea le cou et tendit l'oreille, tout en glissant les billets de banque dans son corsage.

Blaireau poursuivit :

— Il nous faut, c'est-à-dire il faut que nous trouvions dans quatre mois et demi, cinq mois au plus, un enfant, fille ou garçon. Et cet enfant ne devra pas avoir plus de deux jours quand nous le remettrons, bien portant, à la personne qui me paye pour le lui procurer.

— Je comprends. Tu me donnes pour mission de découvrir, n'importe où dans Paris, une pauvre fille séduite ou une femme mariée très-malheureuse, qui consentira à me donner son enfant.

— Ou à te le vendre, si tu ne peux pas l'avoir autrement. Mais je ne tiens pas beaucoup à ce que tu t'adresses à une femme mariée, je préfère une fille séduite que son amant aura abandonnée.

— Oui, tu as raison. D'abord, elle sera plus facile à trouver. Il y en a tant de ces pauvres malheureuses dans Paris ! C'est égal, c'est tout de même drôle !

— Hein, qu'est-ce qu'il y a de drôle à cela ?

— C'est que je viens de penser à ce pauvre petit, dont tu étais si embarrassé il y a cinq ans, que j'ai couru pendant trois jours aux environs de Paris pour trouver quelqu'un qui aurait voulu s'en charger.

Des plis profonds se creusèrent sur le front de Blaireau. Solange ne remarqua point ce signe visible d'une grande contrariété.

— A propos, continua-t-elle, qu'est-il donc devenu cet enfant-là ?

— Solange, répondit Blaireau d'une voix creuse, pendant qu'un sombre éclair traversait son regard, tu es trop curieuse ; je t'ai déjà dit que tu ne devais jamais parler de tout ce qui s'est passé, jamais, jamais !

— Mais c'est à toi seulement, balbutia-t-elle.

— Pas plus à moi qu'à d'autres, riposta-t-il d'une voix éclatante. Jamais un mot, jamais une allusion, tu entends, rien, rien !

— J'ai eu tort, pardonne-moi.

— C'est bien ; tâche seulement d'avoir plus de mémoire à l'avenir.

Le commencement de colère de Blaireau se calma. La paix était faite. Ils revinrent au sujet de leur conversation.

Blaireau donna à Solange ses instructions, en les accompagnant d'explications très-claires et très-précises ; il lui mit, comme on dit, les points sur les *i*.

Avant de se séparer, ils échangèrent encore ces paroles :

— Quand te mettras-tu en campagne? demanda Blaireau.

— Dès ce soir, répondit Solange. J'irai du côté de Montmartre. Je visiterai les principaux bals hors barrière, où j'espère rencontrer quelques-unes de mes anciennes camarades.

— Oui, c'est une idée.

— Quand j'aurai trouvé, comment pourrai-je te prévenir?

— Je viendrai ici tous les jours.

— Je n'osais pas te le demander; tu es si occupé...

— C'est vrai, mais ce que nous faisons, c'est une affaire.

XI

GABRIELLE LIÉNARD

Une semaine entière s'écoula.

Blaireau, toujours impatient, commençait à penser que sa complice ne déployait pas toute l'activité voulue.

Mais un jour Solange l'accueillit avec ces mots :

— Enfin, j'ai trouvé!

Blaireau ne chercha pas à dissimuler sa satisfaction.

— Dans les conditions voulues? fit-il.

— Assurément. Sans cela je ne te dirais pas : j'ai trouvé.

— C'est une jeune fille?

— Qui n'a pas encore dix-huit ans, la pauvrette.

— Séduite et abandonnée?

— Naturellement.

— L'as-tu vue déjà?

— Oui. C'est craintif et doux comme un agneau. Malgré ses joues pâles, sa maigreur et ses yeux fatigués par les larmes, car elle doit pleurer bien souvent, elle est vraiment jolie, jolie à croquer!

— Ça c'est un détail. Où demeure-t-elle?

— Aux Batignolles, presqu'à l'extrémité de l'avenue de Clichy.

— Elle est dans un hôtel?

— Oh! un hôtel... chez une espèce de logeur qui tient en même temps un débit de boissons. La maison, — si l'on peut bien lui donner ce nom, — est construite avec des planches sur lesquelles on a jeté grossièrement de la terre, de la chaux et du plâtre.

Cette maison, continua Solange, a deux étages qu'on a partagés irrégulièrement en une demi-douzaine de taudis où logent... au fait, je ne saurais dire vraiment quelles sortes de gens peuvent demeurer dans ces cabines sans cheminée, où l'on voit à peine clair et qui sont ouvertes à la pluie comme à tous les vents. On suit une sorte d'allée entre deux palissades pour arriver à l'escalier sur lequel on a à peine mis le pied qu'on sent la misère à plein nez. Malgré soi on frissonne, la peur vous saisit et on fait un mouvement en arrière, tout prêt à prendre la fuite.

Pourtant, j'ai monté toutes les marches de cet escalier branlant, car c'est au deuxième étage que loge la jeune fille. Elle est là dans un trou lambrissé, que le propriétaire appelle pompeusement une chambre, et qui reçoit le jour par un vasistas en forme de chatière pratiqué dans la toiture. Pour mobilier : une mauvaise couchette de bois peint en rouge, sur laquelle il y a une paillasse et un matelas épais comme une galette, puis deux chaises de paille fabriquées à coups de serpe, une petite table de bois blanc et... c'est tout.

La malheureuse est entrée là dedans, il y a quinze jours ; elle avait un peu d'argent et a payé un mois de location, dix francs.

— Est-elle de Paris ?

— Le livre du logeur le dit ; mais elle peut très-bien avoir fait une fausse déclaration.

— Comment se nomme-t-elle ?

— Gabrielle Liénard.

— Elle doit avoir de l'argent ?

— Je ne lui ai pas demandé de me faire voir sa bourse ; mais elle n'en a pas beaucoup, je crois.

— Il lui en faut pour pouvoir vivre.

— Elle travaille depuis quelques jours. Une femme, qui demeure dans une maison voisine et qui a une entreprise de travaux de passementerie, lui fournit de l'ouvrage. Elle est, paraît-il, très-habile et surtout très-adroite de ses doigts. Elle arrive à gagner trente sous par jour.

— Comment es-tu allée chercher cette jeune fille au fond des Batignolles ?

— Rien de plus facile à expliquer. Depuis huit jours j'ai beaucoup couru, et j'ai vu à peu près toutes mes anciennes amies. Je leur ai dit à toutes que je connaissais une dame riche, très-charitable, qui s'intéressait particulièrement aux malheureuses jeunes filles qui, ayant commis une faute, avaient à en cacher ou à en redouter les suites, et je les priai en même temps, si elles en connaissaient, de me donner leur adresse. Elles m'en indiquèrent plusieurs ; mais, après m'être renseignée, je me disais chaque fois : Ce n'est pas cela. C'est hier qu'une autre femme, une ouvrière en passementerie, que j'ai connue autrefois, m'a parlé de Gabrielle Liénard. J'ai tenu à voir immédiatement cette jeune fille, et après avoir causé assez longuement avec elle, j'ai acquis la certitude que mes recherches étaient enfin terminées.

— Tu t'es présentée chez elle au nom de la dame riche, très-charitable ?

— Naturellement. J'ai voulu lui remettre une petite somme ; mais elle est fière, la petite : elle a refusé de l'accepter en me disant que, pour le moment, elle pouvait suffire à ses besoins par son travail. — Ce sera donc pour plus tard, ai-je répondu. Puis je lui ai promis une layette complète, et lui ai dit qu'elle ne devait avoir aucune inquiétude, que je reviendrais la voir souvent et qu'elle ne manquerait de rien.

— Tout cela est parfait, mais pas suffisant ; elle peut nous échapper au dernier moment ; il faut donc prendre nos précautions contre toute mésaventure.

— J'attends tes ordres.

— Je réfléchirai, et demain je te dirai ce qu'il faudra faire. Est-ce que tu n'as rien appris sur le passé de cette jeune fille ?

— Rien. J'ai essayé de la faire causer, impossible de lui arracher un mot. En ce qui concerne sa famille, les personnes qu'elle connaît, ce qu'elle faisait avant de venir se cacher avenue de Clichy, elle n'est pas seulement réservée, elle est muette.

— Il faudra obtenir toute sa confiance, car il est nécessaire que nous connaissions son histoire.

— Je ferai pour le mieux.

— Allons, tout va bien, dit Blaireau ; mais nous sommes loin encore du succès. Pour que rien ne vienne le compromettre, il faut qu'avant un mois la jeune fille soit entièrement en notre puissance. Par quel moyen ? Je vais le chercher, et je le trouverai.

Nous connaîtrons bientôt le résultat des réflexions de Blaireau et ce que son cerveau, si bien organisé pour le mal, et si fertile en expédients et en combinaisons ténébreuses, aura imaginé.

Ainsi que le constatait le livre du logeur, la jeune fille de l'avenue de Clichy se nommait réellement Gabrielle Liénard. Mais, comme la complice de Blaireau en avait eu la pensée, elle n'avait pas dit la vérité en déclarant que le lieu de sa naissance était Paris.

Gabrielle Liénard était née à Orléans. Avec de l'ordre, de l'économie, une grande régularité dans l'existence, de l'activité et du travail, ses parents étaient parvenus à se faire citer parmi les notables commerçants de la ville. Ils avaient déjà acquis l'aisance, ce qui est le commencement de la fortune, lorsque, malheureusement pour Gabrielle, sa mère mourut presque subitement.

Les gens qui connaissaient la famille Liénard prétendirent que le chagrin n'était pas étranger à la mort de la mère de Gabrielle. — Le mal qui l'a tuée était en elle depuis longtemps, disait-on : elle adorait sa fille unique, et c'est dans l'intérêt de sa chère Gabrielle qu'elle gardait le silence et ne se plaignait jamais.

Alors on racontait que M. Liénard, après avoir été si longtemps le modèle des maris, s'était follement épris d'une jeune et jolie veuve, et que celle-ci était devenue sa maîtresse ; il s'était éloigné de son ménage et avait même, par sa négligence, assez gravement compromis la prospérité de ses affaires commerciales.

Ces bruits divers trouvèrent peu d'incrédules, car les apparences semblaient les justifier.

Du reste, M. Liénard ne tarda point à donner raison à ceux qui affirmaient que sa femme avait été précipitée dans la tombe par suite de l'injure faite à sa dignité d'épouse et de mère. Au bout de quelques mois de veuvage, personne ne pouvait plus douter qu'il n'y eût des relations très-intimes entre M. Liénard et la jeune veuve, et nul ne fut étonné lorsque, après un an écoulé, ladite veuve devint madame Liénard et prit, dans la maison du commerçant, la place de la défunte. Gabrielle avait alors quinze ans. Elle était dans un pensionnat, où elle recevait une instruction et une éducation en rapport avec la dot que sa pauvre mère avait espéré pouvoir lui donner quand arriverait le jour de la marier et de l'établir.

Peu de temps après son mariage, madame Liénard seconde pensa à la jeune fille et dit à son mari :

— Je suppose que vous ne voulez pas faire de votre fille une paresseuse ; elle a quinze ans ; le moment de travailler et d'apprendre le commerce est venu pour elle.

— Oui, répondit M. Liénard ; vous êtes maintenant la mère de Gabrielle ; décidez et faites ce que vous jugerez convenable.

Le lendemain, la première et la plus ancienne demoiselle du magasin fut congédiée. Elle était cependant très-capable et pleine de zèle ; mais, en raison des services déjà rendus, elle avait une certaine autorité dans la maison, et cela offusquait madame Liénard.

Gabrielle fut retirée de pension, et vint occuper chez son père une place, — la dernière, — de demoiselle de magasin.

Tout alla assez bien pendant quelque temps : mais, comme cela arrive trop souvent, hélas ! madame Liénard prit sa belle-fille en aversion et chercha toutes les occasions de la froisser dans ses sentiments les plus chers, de l'humilier, de la rudoyer, et quand les occasions ne se présentaient pas, elle les faisait naître.

La jeune fille était douce, très-docile et pleine de bonne volonté. Madame Liénard lui trouvait un caractère détestable ; toutes les qualités de la pauvre enfant se transformaient à ses yeux en d'incorrigibles défauts. Usant de la funeste influence qu'elle avait sur le commerçant, elle parvint à détruire l'affection que le père pouvait avoir pour son enfant.

Gabrielle s'aperçut bientôt qu'elle ne devait plus compter sur l'appui de celui dont le devoir était de la protéger. Ce fut pour elle une nouvelle et grande douleur.

Nous ne dirons pas tout ce que la jeune fille eut à souffrir ; c'est l'histoire malheureusement trop commune d'un enfant victime d'une marâtre.

N'osant se plaindre, ni se défendre, ce qui d'ailleurs eût été inutile, elle supporta avec une patience angélique, pendant plus d'un an, toutes les grossièretés, toutes les injures, tous les mauvais traitements d'une tyrannie odieuse...

A la fin elle se trouva à bout de force et sentit qu'une telle existence n'était plus possible.

On lui répétait si souvent : — Je vous aurai donc toujours devant les yeux, vous ne me débarrasserez donc pas bientôt de votre présence ? » que sa pensée et ses regards se tournèrent vers Paris.

— Oui, partir, c'est la délivrance, se dit-elle.

Un matin, elle rassembla les effets et le linge qui lui appartenaient et en fit deux paquets. Le soir, après la fermeture du magasin, pendant que M. Liénard et sa femme étaient au théâtre, elle alla chercher un commissionnaire, le chargea de ses paquets et se rendit avec lui au chemin de fer. Le lendemain matin elle était à Paris chez une dame qui avait eu autrefois des relations d'amitié avec sa mère.

Mais les braves gens chez qui elle était descendue n'avaient pas de fortune et étaient trop étroitement logés pour pouvoir lui donner asile au delà de quelques jours. Il était urgent qu'elle trouvât une place. On chercha. Au bout d'une semaine elle entra dans une maison de commerce de la rue Montmartre, aux appointements modestes de cinquante francs par mois. On ne lui avait pas dit, — ces choses-là ne s'avouent point, — qu'on l'acceptait surtout à cause de sa remarquable beauté.

À Paris, les chefs de maisons choisissent généralement leurs demoiselles de magasin ou de comptoir parmi les plus jolies. Comme au théâtre, où la beauté des artistes n'est pas le moindre attrait qu'on offre aux spectateurs, un établissement, magasin ou boutique, est une autre scène où la jeunesse, la grâce, la beauté sont une raison du succès. La demoiselle y joue en quelque sorte le rôle d'enseigne.

Certes, la position de Gabrielle n'avait rien d'enviable. Avec cinquante francs par mois, après avoir prélevé d'abord vingt francs pour sa chambre, puis le blanchissage des jupons, des cols, des manchettes, etc., sans compter les bottines, les chapeaux qu'il faut forcément remplacer, nous laissons deviner au lecteur ce qui lui restait pour vivre.

Heureusement la pauvre petite avait sa bourse de jeune fille : trois cents francs en pièces de vingt francs. En pensant à sa mère, elle aurait pu se rappeler en quelles circonstances chacune de ces pièces d'or lui avait été donnée.

Gabrielle fit ce calcul qu'en étant bien économe, elle pourrait passer une année sans avoir à s'imposer de trop dures privations.

— Après, pensait-elle, il est impossible qu'on n'augmente pas mes appointements.

Au bout d'un an, en effet, comme on était très-satisfait de ses services, on lui donna vingt francs de plus par mois. Ce fut pour elle une déception, car elle avait espéré une récompense mieux proportionnée aux services qu'elle rendait. Mais on n'arrive pas si vite à la fortune, et Gabrielle ne savait pas encore qu'il y a des gens qui se font une loi d'exploiter habilement l'intelligence et le travail d'autrui.

Dans les premiers temps elle avait écrit à son père pour lui donner des explications sur sa fuite d'Orléans, et lui dire qu'elle était placée à Paris dans une maison de commerce où elle se trouvait, sinon très-heureuse, mais tranquille.

Cette lettre, suivie d'une deuxième, puis d'une troisième, écrites à deux mois d'intervalle, étaient restées sans réponse.

Gabrielle avait beaucoup pleuré et finalement compris qu'elle n'avait plus rien à espérer de son père, dont le cœur lui était complètement fermé.

Elle se vit abandonnée, seule au monde. N'ayant aucune expérience de la vie, et personne pour la diriger et lui donner de bons conseils afin de la prémunir contre certains dangers, c'était un malheur. Et puis elle était jeune, jolie et sage. Autre malheur dans sa situation.

Le danger était autour d'elle, le mal la guettait. Elle devait être fatalement une de ses victimes.

XII

UNE SÉDUCTION

Si sage et si réservée que fût Gabrielle il ne lui était guère possible, à son âge, de vivre comme une recluse et de repousser les avances amicales qu'elle recevait des autres demoiselles de magasin, ses compagnes. Son cœur, absolument vide, avait un immense besoin d'affection, et elle ne crut pas faire trop en donnant toute son amitié en échange des prévenances dont elle était l'objet. Elle se lia intimement avec plusieurs de ses camarades, évidemment beaucoup moins inexpérimentées qu'elle.

Après avoir résisté d'abord à leurs sollicitations, elle finit par consentir à sortir avec elles le dimanche et souvent aussi, le soir, après la journée de travail.

De temps à autre, le dimanche, on allait au spectacle, aux petites places, ou bien on faisait une promenade joyeuse aux environs de Paris où il y a de si coquettes maisons, tant d'animation, de bruit, de gaieté, de verdure et de sentiers fleuris.

Dans la semaine, on se promenait sur les boulevards et on éprouvait du plaisir à s'arrêter devant les étalages brillamment éclairés des boutiques où il y a tant de jolies choses. On allait aussi aux Champs-Elysées. Quand on est resté enfermé douze heures entre un comptoir et des rayons de marchandises, c'est si bon de respirer le grand air et d'entendre le vent causer dans les feuilles, surtout quand le temps est doux et que le firmament est constellé d'étoiles.

D'autres fois on allait au bal. Ne faut-il pas qu'on varie les plaisirs? On est jeune, il faut tout voir, tout connaître. On se rendait à Valentino, à la Redoute, au Château-Rouge ou à l'Elysée.

Gabrielle n'osait pas danser; mais elle voyait sauter les autres; cela l'intéressait et l'amusait.

Elle avait remarqué non sans étonnement, mais en y attachant trop peu d'importance, que ses amies, soit qu'elles allassent à la campagne, au spectacle ou au bal, rencontraient toujours les mêmes jeunes gens pour les accompagner. Assurément, il y avait rendez-vous; elle n'en pouvait douter.

Elle avait également remarqué que, partout où elle allait, elle était très-admirée. Elle se savait jolie et elle ne s'étonna ni ne s'effraya d'attirer ainsi l'attention des hommes. Et pourtant ses remarques étaient autant d'avertissements. Le danger se montrait à elle. Elle ne le voyait point.

Un soir, à Valentino, pendant que, comme d'habitude, assise sur une banquette, elle regardait les autres s'amuser, un jeune homme vint se placer près d'elle. C'était un fort beau garçon de vingt-huit à trente ans, grand, bien fait, de bonne mine, très-bien mis, ayant le regard intelligent et doux, et les manières distinguées.

Il lui adressa la parole avec beaucoup de politesse et d'une voix légèrement émue. Elle ne crut pas mal faire en lui répondant. Ils causèrent assez longuement, mais de choses qui n'étaient point de nature à effaroucher Gabrielle.

Elle rentra dans sa petite chambre en pensant au bel

inconnu du bal, et, en se mettant au lit, elle laissa échapper ces paroles :

— Il est vraiment fort bien !

Le lendemain elle pensa encore à lui. Jusque-là, rien de grave. Une jeune fille rencontre un jeune homme qui lui plaît, elle pense à lui pendant deux jours, et comme elle ne le revoit plus, l'impression s'efface. Mais, le troisième jour, Gabrielle reçut une lettre qui contenait, en des termes d'ailleurs très-convenables, une brûlante déclaration d'amour.

En lisant cette lettre, elle devint toute tremblante et son cœur battit violemment.

— Ah ! je ne lui répondrai pas ! s'écria-t-elle.

Mais, au lieu de déchirer la missive, elle la plaça précieusement dans un petit coffret.

— Qui donc lui a donné mon adresse ? se demanda-t-elle. Ah ! je me rappelle : il est sorti du bal en même temps que moi, il m'a suivie !

Son trouble était grand, et elle eut de la peine à se remettre de son émotion.

— C'est fini, se dit-elle, je ne sortirai plus avec mes amies.

Malheureusement, elle prenait trop tard cette sage résolution.

Quelques jours après, ne l'ayant plus rencontrée ni à Valentino ni ailleurs, le jeune homme vint à son magasin, où il fit diverses emplettes. La pauvre Gabrielle ne sut pas même lui cacher son trouble, et en s'imaginant qu'on allait deviner que ce nouveau client venait dans le magasin pour elle, elle sentit le rouge envahir ses joues et monter jusqu'à son front. Le jeune homme reparut au bout de deux jours et il revint encore plusieurs fois. Il s'adressait toujours de préférence à Gabrielle.

Alors, il fallait vaincre son émotion, l'écouter, lui montrer ce qu'il demandait, vendre et braver les sourires mystérieux de ses malicieuses compagnes.

Ce manège du jeune homme dura plus d'un mois, et ce temps fut un long supplice pour Gabrielle. Un soir, comme elle allait rentrer chez elle, elle le trouva qui l'attendait à la porte de l'hôtel où elle demeurait.

— Oh! monsieur, lui dit-elle, je vous en prie, ne venez plus au magasin.

— Exiger cela de moi serait de la cruauté, répondit-il, puisque c'est là seulement que je puis avoir le bonheur de vous voir.

Gabrielle ne trouva rien à répliquer. Elle baissa la tête. Il lui prit le bras et le passa doucement sous le sien. Elle n'opposa aucune résistance. Sans avoir conscience de ce qu'elle faisait, elle se mit à marcher à côté de lui. Ils se promenèrent ainsi pendant plus d'une heure le long des trottoirs.

Il parlait seul, mais elle l'écoutait. Son langage était celui de tous les séducteurs. Il ne lui parla que de l'amour sincère, profond, qu'elle lui avait inspiré. Il n'avait jamais aimé; elle était la première jeune fille qu'il eût distinguée dans la foule. Jamais aucune autre avant elle n'avait occupé sa pensée. Et tout cela était dit avec des paroles passionnées qui remuaient Gabrielle jusqu'au fond de son cœur.

Gabrielle était étourdie, entraînée, fascinée, incapable de faire un suprême appel à sa raison. Le jeune homme sentait qu'elle était tremblante, il entendait sa respiration haletante, il devinait son trouble.

— Vous ne me répondez pas, reprit-il. Pourquoi? Gabrielle, vous ne pouvez me cacher ce qui se passe en vous; vous m'aimez comme je vous aime, je le sais.

6.

Elle tressaillit et se mit à trembler plus fort. Il insista, et elle finit par lui répondre :

— Oui, je vous aime !

Il lui mit un baiser sur le front.

Ce fut comme une flamme qui passa dans tout son être.

Gabrielle était perdue !

Il la reconduisit jusqu'à sa porte et ils se séparèrent en se donnant rendez-vous pour le lendemain.

Pendant trois mois, Gabrielle vécut dans l'enivrement et au milieu des éblouissements de l'amour qui rayonnait en elle.

M. Octave Longuet, — c'est le nom que le séducteur s'était donné, — devait avoir de la fortune, à en juger par son existence désœuvrée et les dépenses qu'il faisait. Mais Gabrielle ne savait point quelle position il avait dans le monde. Elle n'eut pas la hardiesse de le lui demander. Elle ignorait également s'il habitait ordinairement à Paris. Elle aurait pu concevoir un doute à cet égard, car il occupait provisoirement un petit appartement composé de trois pièces dans un hôtel de la rue de Richelieu.

M. Octave, d'ailleurs très-généreux, voulut lui donner des toilettes, des bijoux. Elle le remercia de ses bonnes intentions, mais elle refusa absolument tout ce qu'il croyait pouvoir lui offrir.

Il aurait désiré qu'elle quittât sa modeste chambre d'hôtel, où elle était fort mal ; il lui proposa de lui louer un logement plus convenable et de le lui meubler. Elle refusa encore.

Gabrielle était tombée, trahie par son cœur, mais elle n'avait pas perdu le sentiment de sa fierté. Inspirée par ce sentiment, elle considérait que recevoir quelque chose de son amant, même sous forme de cadeau, était une profanation de l'amour.

— Non, lui disait-elle, chaque fois qu'il voulait se montrer généreux envers elle, non, plus tard, quand je serai votre femme.

Il lui avait fait cette promesse. L'innocente ne doutait point de sa parole. On croit tout quand on aime !

L'heure de désenchantement arriva.

Un jour, Gabrielle attendit vainement M. Octave à l'endroit où il devait venir la trouver.

— Quelque chose d'imprévu l'aura retenu, pensa-t-elle ; demain il m'écrira.

La lettre espérée et désirée n'arriva point. Le troisième jour elle était dévorée d'inquiétudes.

— Mon Dieu, se disait-elle, que lui est-il donc arrivé ? Oh ! il faut qu'il soit malade, gravement peut-être.

En se faisant violence, elle eut le courage d'attendre encore deux jours. Mais elle ne pouvait rester plus longtemps dans une incertitude qui la tuait.

Elle courut à l'hôtel où il demeurait.

— M. Octave Longuet est parti depuis huit jours, lui répondit-on.

Parti ! ce mot la frappa en pleine poitrine comme un coup de massue. Elle pâlit, un nuage passa devant ses yeux, ses jambes fléchirent. Elle crut qu'elle allait tomber. Mais, se roidissant aussitôt, elle parvint à comprimer sa douleur.

— Savez-vous où il est allé ? demanda-t-elle.

— Nous l'ignorons absolument.

— Il ne vous a pas dit combien de jours il serait absent ?

— Non, mais nous croyons qu'il ne doit pas revenir à Paris de longtemps. Lorsqu'il a réglé son compte, il paraissait vivement contrarié ; il ne s'attendait peut-être pas à partir si précipitamment. On ne lui adressait pas ses lettres ici, mais il a dû recevoir une dépêche qui lui enjoignait de quitter Paris immédiatement. Nous ne pouvons rien vous apprendre de plus. D'ailleurs, nous ne savons rien des affaires de ce monsieur, qui n'est pas un de nos clients habituels.

Gabrielle se retira la tête basse et la mort dans l'âme. Alors, seulement, elle eut conscience de sa faute. En voyant se dresser devant elle l'affreuse réalité, il lui sembla qu'elle sortait d'un rêve. Après le rayonnement, des pensées sombres ; après la lumière, la nuit.

Parti ! ce mot terrible s'était comme incrusté en lettres de feu sous son front brûlant…

— Trompée, trompée, il m'a trompée ! répétait-elle en descendant rapidement la rue de Richelieu. Je lui avais donné mon cœur, ma vie, tout, et il m'a lâchement abandonnée !

Elle ne se repentait pas encore, mais elle avait déjà des regrets cuisants. Elle entrevoyait l'abîme où elle avait été précipitée ; ses espérances, son bonheur, ses illusions de jeune fille y étaient engloutis ; elle souhaitait que la terre s'ouvrît sous ses pieds afin d'ensevelir ce qui restait d'elle.

Elle marchait droit devant elle, sans rien voir, ne sachant pas où elle allait. Elle traversa la place du Carrousel et se trouva au bord de la Seine. Elle eut un regard singulier et ses yeux se fixèrent sur l'eau, où la lumière des becs de gaz traçait de longues lignes lumineuses. Elle se demanda si elle ne ferait pas bien d'en finir tout de suite avec les tourments de la vie, en se précipitant dans cette masse liquide, dont son regard sondait la profondeur. Elle sentait que la mort est le refuge suprême des grandes douleurs. Mais elle se vit retrouvée, au bout de quelques jours, dépouillée de ses vêtements et exposée, nue, aux regards des curieux sur une des dalles de la Morgue. Un frisson glacial courut dans tous ses membres, et elle se rejeta en arrière avec un cri de terreur.

Elle rentra chez elle. Sa douleur trop longtemps contenue fit aussitôt explosion. Elle se mit à pleurer, à sangloter. Elle se jeta sur son lit et s'y roula dans d'affreuses convulsions. Le désespoir était profond, la crise fut longue, horrible.

Le lendemain, cependant, toute brisée qu'elle était, elle se rendit au magasin. Tout le monde s'aperçut qu'elle avait les yeux hagards, les traits bouleversés. Mais il y a certaines souffrances qu'on respecte instinctivement. Ses amies elles-mêmes n'osèrent pas l'interroger.

Six semaines plus tard, Gabrielle ne pouvait plus douter de l'étendue de son malheur. Elle allait être mère. Elle regretta plus amèrement sa faute. Elle pleura encore. Mais que peuvent les regrets et les larmes ? Rien.

— Que vais-je devenir ? que vais-je faire ? s'écria-t-elle.

Elle avait peur de l'avenir, qui lui apparaissait sombre et désolé. Elle frémissait d'effroi en pensant que ses patrons, ses compagnes, tous ceux qui la connaissaient découvriraient bientôt ce qu'elle aurait voulu se cacher à elle-même. Qui sait ? Peut-être l'avait-on vu déjà. Quelle honte !

— Non, murmura-t-elle, je n'oserai plus affronter leurs regards. Je suis perdue, perdue !... Ce que je suis, on doit le lire sur mon visage. Il ne me reste plus qu'à aller me cacher et à me faire oublier.

— Oh ! ajouta-t-elle avec désespoir, si la mort venait, avec quelle joie je lui tendrais mes bras !

La malheureuse enfant avait pris une résolution.

Le lendemain, sans dire où elle allait, sans avoir prévenu ses patrons, ni aucune de ses amies, elle quitta sa petite chambre, emportant ses effets dans une malle.

Le hasard la conduisit au fond des Batignolles. Se croyant assez loin du centre de Paris pour n'avoir pas à craindre d'être rencontrée, elle s'installa dans le galetas où, quinze jours plus tard, Solange la découvrit.

Comme nous l'avons vu, elle fut destinée, dès lors, à servir les desseins ténébreux de Blaireau.

XIII

OU L'ON VOIT TRAVAILLER BLAIREAU

Solange faisait à Gabrielle de fréquentes visites.

Blaireau lui avait dit:

— Il ne faut pas qu'elle nous échappe. En attendant que le moment d'agir soit venu, il faut veiller.

Et Solange veillait.

Trompée par l'air honnête et les prévenances hypocrites de la complice de Blaireau, touchée de l'intérêt qu'elle lui témoignait et dont elle était loin de soupçonner la véritable cause, et croyant réellement qu'elle agissait au nom de la dame généreuse et bonne qui prenait en pitié les malheureuses comme elle, Gabrielle se montrait reconnaissante, sortait peu à peu de sa réserve craintive et se laissait aller à une douce confiance.

Pendant ce temps, Blaireau, de son côté, ne restait pas inactif.

Cette nouvelle affaire qu'il avait à diriger méritait tous ses soins, car, indépendamment du magnifique profit qu'elle lui promettait, il la trouvait digne de son génie.

Après avoir laissé dix jours s'écouler, ayant probablement épuisé l'épargne de sa « fleur des prés », comme l'appelait Blaireau, Gargasse revint voir son ami.

— Ah! ah! te voilà! lui dit Blaireau; tu arrives bien, je t'attendais.

— Je comprends, fit Gargasse, tu as besoin de moi.

— Oui.

— Qu'y a-t-il à faire?

— Oh! presque rien.

— Je sais ce que cela veut dire.

— La besogne est facile.

— Tu dis toujours cela pour ne pas payer trop cher. Enfin, de quoi s'agit-il?

— Pour toi de gagner quelques louis.

— Et pour toi? interrogea Gargasse, dont le visage s'était subitement épanoui.

— Moi, je n'ai rien à gagner.

— Alors je sais à quoi m'en tenir; c'est absolument comme si tu me disais : C'est une affaire qui doit me rapporter une tonne d'or.

Blaireau haussa les épaules.

— N'importe, reprit Gargasse, comme toujours je suis prêt à t'être agréable et à te servir.

Un sourire, qu'il essaya de rendre gracieux, effleura les lèvres de Blaireau.

— Écoute, dit-il, rue Richepanse, n° 3, demeure un jeune homme qui s'appelle ou se fait appeler Sosthène de Perny, j'ai besoin d'avoir des renseignements sur lui.

— Tu le connais, ce jeune homme?

— Imbécile, si je le connaissais, je n'aurais pas à chercher ce qu'il est et ce qu'il fait.

— Je n'ai rien à répondre à cela. Quand veux-tu être renseigné?

— Tout de suite. Demain, ce soir, si c'est possible.

— Et tu me donneras pour cela?

— Tu parles toujours d'argent avant de travailler.

— Hé, répliqua Gargasse avec humeur, je n'ai pas comme toi une caisse bien remplie, et mon pain cuit d'avance pour toute l'année. Je n'ai pas dîné hier soir et je venais t'emprunter trente sous pour déjeuner ce matin.

— Oh! mon pauvre Gargasse, est-ce possible? Mais c'est affreux ce que tu me dis là!

— C'est bien, riposta Gargasse d'un ton bourru, sois plus généreux et moins sensible...

— Ma parole d'honneur, on dirait que tu me crois millionnaire.

— C'est bon, assez causé, je sais ce que je sais, et du moment que je te suis dévoué corps et âme, et que je consens à te servir...

— Donc, dès aujourd'hui, tu vas te mettre en mesure d'obtenir les renseignements qu'il me faut sur ce M. de Perny?

— Oui.

— Si je suis satisfait de la façon dont tu auras rempli cette mission...

— Tu aurais pu dire : « Comme je serai satisfait. » Voyons, est-ce que tu ne me connais pas?

— J'en aurai une autre, un peu plus importante à te confier, acheva Blaireau.

— A la bonne heure, tu me prouves que je n'ai pas perdu ta confiance.

— Après cela nous compterons, reprit Blaireau, et il

pourra y avoir trois ou quatre belles pièces d'or pour toi.
— C'est bien, fit Gargasso ; mais en attendant...
Et il tendit sa main.
Blaireau lui donna cinq francs.
— Que ça ? fit Gargasso avec une grimace.
— Oui, et tu devrais me remercier de ma prudence : tu auras moins de tentations d'entrer dans les cabarets ouverts sur ton chemin.

Un grognement fut la réponse de Gargasso. Il enfonça son chapeau sur sa tête, prit le bâton dont il se servait en guise de canne et sortit, en disant à Blaireau :
— A ce soir ou à demain!

Gargasso ne revint chez Blaireau que le lendemain dans l'après midi.
— Eh bien? l'interrogea ce dernier.
— Voici ce que j'ai appris : Ton individu se nomme bien Sosthène de Perny ; il a un petit appartement rue Richepanse, mais ce n'est point là qu'il demeure.
— Ah ! fit Blaireau, en tendant avidement l'oreille.
— Ce monsieur s'offre, comme les gentilshommes du temps de Louis XV, ce qu'on appelait alors une petite maison. L'appartement de M. de Perny, rue Richepanse, n'est, à proprement parler, qu'un lieu de rendez-vous où il reçoit de temps à autre quelques amis, évidemment de joyeux compères comme lui, et des demoiselles du demi-monde. Du reste, depuis quatre ou cinq mois, ses apparitions rue Richepanse sont devenues très-rares. Il s'y fait adresser certaines lettres. Quelquefois il passe les prendre lui-même, mais le plus souvent c'est à un domestique que le concierge les remet.
— Ce jeune homme a parfaitement le droit d'avoir un appartement pour y recevoir seulement ses amis, dit Blaireau. Après ?

— Comme il y avait des lettres pour lui, je me dis que, pour me procurer des renseignements plus complets, je devais attendre que le domestique vînt les chercher.

— Il est venu et tu l'as suivi?

— Naturellement.

— Alors?

— J'ai su où demeurait M. de Perny.

— Et il demeure?

— Rue de Babylone dans un magnifique hôtel.

— Qui lui appartient? exclama Blaireau.

— Non, mais à son beau-frère, un marquis plusieurs fois millionnaire, dont il possède, paraît-il, toute la confiance.

— Tu ne me dis pas le nom de ce marquis?

— De Coulange.

— Voilà un nom que je ne dois pas oublier, pensa Blaireau.

Gargasse continua:

— D'après les renseignements que j'ai recueillis aux environs de l'hôtel de Coulange, et j'ai lieu de croire qu'ils sont exacts, le marquis a épousé par amour la sœur de M. de Perny, laquelle n'avait pour dot que sa jeunesse et sa merveilleuse beauté. Après le mariage, M. de Perny et sa mère vinrent demeurer chez le marquis, et le premier ne tarda pas à être considéré comme l'*alter ego* de son beau-frère. C'est lui qui s'occupe de toutes les affaires du marquis : il vend et achète ; il reçoit et paye.

En ce moment, atteint d'une maladie grave, dont il ne guérira pas, dit-on, le marquis n'est pas à Paris. Il y a près de trois mois que, dans l'intérêt de sa santé, il a dû partir. Personne n'a pu m'apprendre où il est allé. On ne m'a dit que peu de chose de la marquise, qui vit dans une solitude complète et qu'on connaît à peine. Si l'on s'en rapporte à des paroles échappées aux domestiques, elle serait dans une position intéressante.

Blaireau ne put s'empêcher de sourire.

— M. de Perny, continua Gargasse, est donc aujourd'hui plus que jamais le maître à l'hôtel de Coulange. Les domestiques ne connaissent que lui, n'obéissent qu'à lui et à sa mère. Si, comme on me l'a assuré, M. de Perny et sa mère sont pauvres, on peut dire qu'ils ont gagné une jolie partie le jour où mademoiselle de Perny est devenue marquise de Coulange. La vérité est que M. de Perny est réellement le maître dans la maison de son beau-frère. Sa mère et lui tiennent dans leurs mains l'immense fortune du marquis de Coulange.

Voilà tout ce que je sais, acheva Gargasse; si tu ne te trouves pas suffisamment renseigné, je suis à tes ordres.

— Je n'ai pas besoin d'en savoir davantage, répondit Blaireau.

Oui, se dit-il, c'est tout ce que je voulais savoir. Je vois maintenant sur quelle herbe je vais marcher, et je tiens là un petit secret de famille qui vaudra un jour un million!

Mon cher Gargasse, reprit-il en lui tendant la main, je suis content de toi.

Gargasse ne parut qu'à moitié satisfait.

Blaireau comprit et s'empressa de glisser une pièce d'or entre les doigts de son mercenaire.

— Est-ce un à compte? demanda Gargasse.

— Non, c'est pour les dépenses que tu seras obligé de faire.

— Très-bien, tu vas me charger d'une nouvelle mission?...

— Et dès demain matin tu te mettras à l'œuvre.

— Que faut-il faire ?

— Il faut que tu me trouves aux environs de Paris une maison à louer.

— C'est facile.

— Ecoute donc : Il va sans dire que je n'ai pas besoin d'un château, mais d'une toute petite maison ; deux chambres à coucher et une cuisine suffiraient. Il est nécessaire qu'elle soit meublée ; dans la circonstance présente, c'est un avantage. Je tiens aussi à ce qu'elle soit isolée, c'est-à-dire assez éloignée d'autres maisons pour ne point trop attirer l'attention des gens qui ont la rage de s'occuper de ce qui ne les regarde pas.

— Faut-il qu'il y ait un jardin ?

— Oui, un jardinet, c'est absolument utile ; la maison se trouvera au milieu, presque cachée dans les arbres, si c'est possible, et entourée de murs assez élevés pour que les regards des curieux ne puissent pas sauter par-dessus. Je te donne trois jours pour chercher. C'est aujourd'hui mercredi, je t'attendrai samedi soir.

— Préfères-tu pour ta location un endroit à un autre ?

— Non, cela m'est égal.

— En ce cas, je me tournerai du côté d'où viendra le vent, et où il me dira d'aller, j'irai.

Les deux amis se séparèrent.

— Blaireau est un bon zigue, pensait Gargasse, c'est dommage qu'il soit si peu généreux, il veut toujours tout pour lui.

De son côté, Blaireau se disait :

— Gargasse est un ivrogne, mais il est dévoué et surtout discret ; il faudra que je le lance dans des opérations plus sérieuses.

Le samedi, vers une heure, Gargasse reparut chez Blaireau.

— Ah! ah! tu n'as pas perdu de temps, dit ce dernier.

— C'est ce matin seulement que j'ai trouvé une maison qui, je le crois, fera ton affaire, répondit Gargasse.

— Naturellement, si elle est dans les conditions exigées.

— Elle est bâtie au milieu d'un jardin, pas grand, et entourée de murs comme tu le désires. Il y a des arbres, et avant un mois, quand toutes les feuilles seront poussées, ce sera un nid dans la verdure. Elle se compose d'un rez-de-chaussée et d'un étage, je ne parle pas des greniers. Il y a au rez-de-chaussée la cuisine, un salon, une salle à manger, au-dessus deux chambres à coucher avec cabinets de toilette. Tout cela est petit, meublé sans luxe, mais convenablement.

— C'est parfait, dit Blaireau. Quand peut-on y entrer?

— Le jour même de la location, si l'on veut.

— Très-bien!

— La maison est à louer depuis le 15 mars dernier; les propriétaires, des artistes, sont partis pour l'Amérique avec un engagement de deux ou trois ans.

— Qui est chargé de louer?

— Un individu qui fait de cela son métier et qui se charge aussi de ventes de maisons.

— Où se trouve ladite maison à louer?

— A Asnières, rue Vieille-d'Argenteuil.

— C'est un peu près de Paris, mais n'importe.

— Je dois te prévenir qu'on veut louer au moins pour toute la saison, c'est-à-dire pour six mois, jusqu'en octobre.

— A un ou deux mois près cela fait mon affaire. T'es-tu informé du prix de la location?

— Pour une saison, six mois, quinze cents francs.

— Oh ! oh ! c'est roide ! fit Blaireau avec une grimace qui indiquait toujours qu'il éprouvait une contrariété ou une déception.

— C'est le prix pour la saison d'été, reprit Gargasse ; avec trois cents francs de plus on aurait la maison pour l'année entière.

— Elle ne m'est utile que pour quatre mois, grommela Blaireau.

Il se leva.

— Enfin, ajouta-t-il, en faisant un brusque mouvement de tête, puisqu'il faut en passer par là.

Il se débarrassa lestement de sa robe de chambre.

— Pendant que je vais m'habiller, dit-il à Gargasse, et pour ne pas perdre de temps, tu vas aller chercher une voiture. Tu m'attendras en bas. Je t'emmène à Asnières, non pour visiter la maison, je m'en rapporte à toi, mais pour me la montrer. Ensuite, si je la trouve située comme je le veux, je la louerai. C'est une commission ennuyeuse dont quelqu'un m'a chargé. Maigre profit que tout cela, mon pauvre Gargasse, mais cela n'est pas ton affaire : en chemin je te donnerai la petite somme que je t'ai promise.

— Quatre louis, tu sais !

— J'ai dit trois ou quatre ; mais je ne veux pas marchander avec un vieil ami, je suis content de toi, tu auras quatre-vingts francs.

Gargasse enchanté sortit pour courir chercher une voiture, sans se douter que Blaireau, gêné par sa présence, avait pris un prétexte pour l'éloigner.

En effet, dès qu'il fut parti, Blaireau s'empressa de pousser le verrou de la porte. Il fit jouer le ressort secret de la boiserie et ouvrit sa caisse, dans laquelle il prit une liasse de billets de banque. Il s'habilla ensuite. Ce fut l'affaire d'un instant.

Gargasse arrivant avec la voiture le trouva qui l'attendait dans la rue. Ils partirent. A trois heures ils étaient à Asnières.

Blaireau, en passant, jeta seulement un regard sur la maison que Gargasse avait découverte dans une rue presque déserte. Il la trouva convenablement située pour ses projets et se montra satisfait. Après s'être fait indiquer la demeure de la personne qui était chargée de louer, il renvoya Gargasse, dont il n'avait plus besoin.

Une heure après, Blaireau reprenait la route de Paris, emportant dans sa poche toutes les clefs de l'habitation. Il avait loué la maison pour six mois, en payant les quinze cents francs d'avance.

La location était faite au nom d'une dame veuve que Blaireau déclara être sa sœur, et qui se nommait Félicie Trélat. Celle-ci voulait passer l'été à Asnières avec sa fille unique, dont la mauvaise santé lui causait une assez vive inquiétude.

C'est sous ce prénom et ce nom de Félicie Trélat que Solange s'était présentée à Gabrielle Liénard. Du reste, Solange était déjà un nom de guerre connu seulement de Blaireau et de quelques-uns de ses intimes. Mademoiselle Solange se nommait Joséphine Charbonneau.

Blaireau n'était pas homme à perdre un temps précieux. Le soir même il se rendit rue de la Folie-Méricourt. Solange ne l'avait pas vu depuis cinq jours.

— Que se passe-t-il rue de Clichy? demanda-t-il à Solange.

— La situation est toujours la même.

— Alors tu vas pouvoir agir avec succès ?

— Je crois même que je réussirai assez facilement. La petite commence à s'apprivoiser; j'ai su lui inspirer de a confiance, elle me prend en amitié et m'a déjà fait quelques petites confidences.

— En ce cas, tout va bien.

— Est-ce que tu es prêt?

— Oui. Demain matin je te donne rendez-vous à Asnières.

— A quelle heure?

— Neuf heures. Je t'attendrai ou c'est toi qui m'attendras devant le pont. Je te montrerai la maison. Cela fait, nous déjeunerons ensemble au bord de l'eau. Je te remettrai les clefs de la maison. A midi, midi et demi, au plus tard, nous nous quitterons et tu pourras rentrer dans Paris, afin d'achever ce que tu as si bien commencé.

Si tu t'y prends bien, en un mot, si tu fais preuve de ton adresse habituelle, lundi, la petite et toi, vous serez installées rue Vieille-d'Argenteuil.

— C'est bien, répondit Solange, tu es prêt, je le suis aussi.

XIV

PAUVRE FILLE!

Le lendemain, à une heure moins quelques minutes, Solange arrivait avenue de Clichy. N'ayant pas trouvé de voiture, le temps étant d'ailleurs très-beau, elle était revenue d'Asnières à pied.

En même temps qu'elle grimpait l'escalier étroit du garni, une jeune fille assez jolie le descendait. Cette jeune fille, élégamment vêtue, ayant les pieds chaussés de bottines neuves et un chapeau coquet sur la tête, ne pouvait être une locataire de la maison.

— Elle vient de voir Gabrielle, se dit aussitôt Solange. Ah çà! est-ce qu'elle aurait l'intention de se mettre en travers de mon chemin?

Un peu émue, tant elle craignait que Gabrielle ne lui échappât, elle lança à la visiteuse un regard de colère et de dédain, quand celle-ci s'effaça pour la laisser passer.

Elle trouva Gabrielle très-agitée et pleurant à chaudes larmes.

— Qu'avez-vous donc, ma mignonne? lui demanda-t-elle, en la baisant au front; d'où vous vient ce grand chagrin?

— Oh! oui, c'est un grand chagrin, répondit la jeune fille, je suis tout à fait désolée.

— Pourquoi? Voyons, dites-moi tout, afin que je puisse vous consoler.

Gabrielle essuya les larmes qui remplissaient ses beaux yeux.

— Vous avez dû rencontrer une jeune fille dans l'escalier, dit-elle.

— Oui, en effet. Eh bien?

— Elle sortait d'ici.

— Je ne me suis pas trompée, pensa Solange.

— Cette jeune fille est une de mes amies, continua Gabrielle, elle est demoiselle de magasin, et nous étions ensemble dans la même maison. Aujourd'hui, à midi, comme d'habitude, je suis descendue pour acheter mon déjeuner et mon dîner. Je sortais de chez le charcutier lorsque Lucie s'est trouvée tout à coup en face de moi.

— Est-ce qu'elle vous cherchait? demanda Solange avec inquiétude.

7.

— Non, c'est le hasard qui a fait cela. Elle venait de voir une de ses parentes qui demeure à Clichy. Avant que je la voie, elle m'avait reconnue ; il ne m'a pas été possible de l'éviter. Elle s'est jetée à mon cou et puis elle m'a accablée de questions. J'étais bien embarrassée, je ne savais quoi répondre. Mais elle a vu facilement dans quelle position je suis et il m'a bien fallu avouer... J'espérais qu'elle allait me quitter et qu'ainsi elle ne saurais pas où je demeure ; mais non. J'ai eu beau faire, elle voulait voir comment je suis logée, et j'ai été obligée de l'amener ici.

— Et c'est parce que cette demoiselle est venue chez vous que vous pleuriez si fort quand je suis entrée ?

— Oui, c'est pour cela. Ah ! vous ne comprenez pas, vous ne pouvez pas comprendre... J'ai quitté le magasin sans rien dire à personne et je suis venue me réfugier ici, dans cette vilaine maison, croyant y être bien cachée. Je comptais être tranquille, que ceux qui me connaissent ne sauraient jamais... Maintenant, c'est fini, tout se saura.

Et Gabrielle se remit à pleurer.

— Tiens, tiens, se dit Solange, voyant le parti qu'elle pouvait tirer de la situation, je n'avais pas compté là-dessus. Décidément, le hasard tient aussi à me servir.

S'adressant à la jeune fille, elle reprit :

— S'il en est ainsi, ma chère belle, je comprends votre peine.

— Lucie m'a bien promis de ne rien dire, mais je la connais, elle ne pourra pas retenir sa langue.

— C'est un peu le défaut de toutes les jeunes filles et même de toutes les femmes, appuya Solange.

— Oui. Et demain, la première chose que fera Lucie, sans se douter seulement du mal qu'elle peut me faire, ce sera de tout raconter aux autres.

— Comme vous, ma mignonne, j'en suis convaincue.

— Et dans quelques jours toutes les demoiselles du magasin, mes anciennes compagnes, viendront ici l'une après l'autre pour me voir comme une chose curieuse... Oh! c'est affreux! gémit la jeune fille.

Et elle cacha son visage dans ses mains.

Solange souriait, en la couvrant de ce regard que devait avoir le démon tentateur quand il poussait Marguerite dans les bras de Faust.

Elle se rapprocha de Gabrielle, et, lui prenant la main :

— Il ne faut pas vous décourager, lui dit-elle, et surtout ne rien craindre de personne, puisque vous avez en moi une amie sincère disposée à vous protéger et à vous défendre. Assurément vos anciennes amies viendront ici amenées par la curiosité, ne serait-ce que pour se donner le plaisir de voir votre humiliation. Mais, rassurez-vous, vous n'aurez pas à rougir de honte devant elles, à répondre à leurs questions indiscrètes, à braver leurs regards et leurs sourires moqueurs.

La jeune fille releva la tête. Ses yeux humides se fixèrent sur Solange.

— Si mes amies viennent, dit-elle, je serai forcée de les recevoir.

— Non, car elles ne vous trouveront pas ici.

Gabrielle secoua tristement la tête.

— Hélas! où puis-je aller? dit-elle avec accablement. Je sais bien qu'il y a des hôtels où je serais mieux qu'ici ; mais partout il faut payer d'avance et...

— Vous n'avez plus d'argent.

Elle baissa les yeux en poussant un soupir.

— Enfant que vous êtes, reprit Solange, est-ce que je ne suis pas là, moi? Je me suis tout de suite intéressée à vous, après la sympathie est venue l'amitié, et maintenant je vous aime comme si vous étiez ma sœur.

— Oh! vous êtes bonne, je le sais, et je vous remercie de tout mon cœur ; mais je ne voudrais pas...

— Qu'est-ce que vous ne voudriez pas?

— Devenir une charge pour vous.

— Vous avez là, ma mignonne, une susceptibilité qui me cause vraiment de la peine. Voyons, ne suis-je pas votre amie? Laissez-moi donc faire pour vous aujourd'hui ce que j'aurais fait déjà si je n'eusse craint de froisser quelques-uns de vos sentiments. Vous ne pouvez plus rester ici, voilà le fait; votre position l'exige, indépendamment des ennuis et des contrariétés qui vous y attendent. Comme je vous le disais avant-hier, je ne vous y trouve nullement en sûreté. Votre voisinage m'épouvante. Je n'ose pas vous dire toute ma pensée sur les gens qui occupent les chambres de ce garni; ils ont des figures qui ne me reviennent pas du tout; on dirait que ce sont des échappés de prison. Je m'étonne qu'il n'y ait pas ici tous les huit jours une descente de police.

La jeune fille se sentit frissonner.

— Mais la police peut venir d'un moment à l'autre, continua Solange; jugez dans quelle situation vous vous trouveriez. Tenez, je frémis en pensant que vous pourriez être confondue avec des voleurs et des repris de justice.

— Oh! vous me faites peur! murmura Gabrielle.

— Il ne faut pas que ce nouveau malheur vous arrive, reprit Solange, il faut que vous retrouviez la tranquillité complète dont vous avez besoin. Je vous le répète, vous n'avez qu'un moyen d'éviter les nouveaux ennuis et les nouvelles douleurs qui vous menacent; c'est de quitter au plus vite cette affreuse maison.

— Si je ne suivais pas vos conseils, ce serait me montrer ingrate envers vous, répondit Gabrielle. Dites-moi où je dois aller. Malheureusement, j'ai payé hier ma deuxième quinzaine de loyer et il faudra payer une seconde fois.

— Vous savez bien que la question d'argent ne doit pas vous inquiéter. Mais une idée vient de me venir tout à coup, une idée que je trouve excellente. Comme je vous l'ai dit, depuis que j'ai eu le malheur de perdre mon mari, je vis seule et très-retirée; je ne suis pas bien riche, mais j'ai une petite rente qui me suffit pour vivre. Tous les ans, je passe l'été à la campagne, à Asnières, ce n'est pas loin d'ici. J'y loue une maisonnette avec un petit jardin. La maison est un peu isolée des autres habitations, elle est cachée dans les arbres et c'est à peine si on la voit de la rue en passant. Vivant seule et ne recevant jamais personne, il y a des instants où je sens venir l'ennui. C'est alors que, pour échapper à la tristesse, je me mets à la recherche d'une misère ou d'une souffrance à soulager. Avec mes seules ressources je ne pourrais pas faire beaucoup; mais l'excellente baronne si charitable, dont je vous ai parlé, a toujours sa bourse généreusement ouverte. Eh bien, ma chère Gabrielle, voici la proposition que je vous fais : venez demeurer avec moi dans ma petite maison d'Asnières.

— Quoi! s'écria la jeune fille, vous voulez...

— Oui. Vous aurez votre petite chambre, moi la mienne; nous ferons ensemble notre ménage, notre cuisine, et nous nous tiendrons mutuellement compagnie. Le jardin est petit, mais on peut s'y promener et s'y asseoir à l'ombre. Il y a des fleurs, les aimez-vous, les fleurs?

— Beaucoup. Mais non, c'est trop beau tout cela. Et puis, je serais pour vous une gêne.

— Vous ne me gênerez pas, ma mignonne, vous viendrez au contraire égayer ma solitude.

— Mais vous ne savez pas qui je suis, et c'est à peine si vous me connaissez.

— Gabrielle, je vous sais malheureuse ; ai-je besoin de vous connaître autrement afin de vous prouver la sympathie que j'ai pour vous ! Qui vous êtes? Est-ce que la délicatesse de vos sentiments ne me l'a pas dit déjà? Est-ce que je ne le vois pas dans le regard de vos beaux yeux si doux? Vos yeux, ma chérie, sont le miroir de votre âme, ils reflètent toutes vos pensées. Allez, je n'ai pas besoin de vous connaître davantage pour vous aimer. Plus tard, si vous en éprouvez le désir, si vous me jugez digne de votre confiance, vous me raconterez votre histoire. Mais, je vous le dis encore, ce que je sais me suffit, et je suis certaine d'avoir bien placé mon affection.

Un sourire doux et triste glissa sur les lèvres de la jeune fille.

— Eh bien ! c'est dit, vous acceptez? fit Solange.

— Mais vous êtes donc la Providence ! s'écria Gabrielle.

— La vôtre aujourd'hui, répondit la complice de Blaireau, qui avait toutes les audaces.

— Je ne veux pas vous refuser, reprit la jeune fille ; je ferai comme vous voudrez ; seulement...

— Dites.

— Je veux vous être à charge le moins possible, vous me ferez travailler.

— C'est déjà convenu, nous travaillerons ensemble.

— Ah ! je ne pourrai jamais m'acquitter envers vous,

dit la jeune fille ; comment reconnaître tant de bontés ?

— En m'aimant un peu, répliqua Solange.

— Je vous aime déjà beaucoup, fit timidement Gabrielle.

— Enfin, s'écria Solange avec une joie et une émotion parfaitement jouées, je vais donc avoir une amie, une véritable amie !

Et elle ouvrit ses bras à la jeune fille.

Gabrielle se jeta à son cou et se mit aussitôt à sangloter.

Au bout d'un instant, quand la jeune fille fut un peu calmée, Solange lui dit :

— Ma chère Gabrielle, vous n'avez plus que la nuit prochaine à passer dans ce bouge ; dès ce soir ou demain matin vous rassemblerez vos petites affaires et les mettrez dans votre malle. Si vous le jugez nécessaire, vous préviendrez le logeur de votre départ. S'il vous questionne, le plus simple sera de ne pas lui répondre. Je viendrai vous chercher demain avec une voiture. Je ne peux pas vous dire à quelle heure je serai ici, mais vous pourrez m'attendre à partir de cinq heures.

— Mes préparatifs ne seront pas longs à faire, répondit Gabrielle. Demain, à cinq heures, je serai prête à partir.

N'ayant plus rien à dire, Solange quitta Gabrielle, enchantée d'avoir si bien réussi.

Elle prit le premier fiacre vide qu'elle rencontra dans la rue et se fit reconduire chez elle.

Elle avait, elle aussi, à remplir une malle des choses qui lui étaient indispensables pendant son séjour à Asnières. Elle n'avait pas de temps à perdre, car il fallait qu'elle eût pris possession de la maison quelques heures au moins avant d'y amener Gabrielle.

Elle fermait la malle remplie, bourrée d'objets divers, lorsque Blaireau arriva, impatient de savoir le résultat de la visite de sa complice à Gabrielle.

— Demain nous serons installées à Asnières, lui dit-elle joyeusement.

— Bravo! fit Blaireau en se frottant les mains.

— Tu vois, je n'ai pas perdu de temps, ma malle est faite.

— Quand pars-tu?

— Demain matin. Il faut que j'aie le temps de ranger mes affaires et de visiter la maison avant d'aller chercher la petite.

— C'est absolument nécessaire. Mais pourquoi ne pars-tu pas ce soir même?

— Ce soir! Est-ce que tu ne vois pas qu'il est nuit?...

— Ma chère, répliqua vivement Blaireau, il n'y a aucune mesure de prudence qui ne soit bonne à prendre. Il y a certaines choses qu'il est préférable de faire la nuit, précisément parce que l'on y voit moins clair que dans le jour. Les concierges sont généralement curieux, as-tu prévenu les tiens?

— Oui, je me suis inventé une tante à Bordeaux, et je leur ai dit que j'allais aller passer trois ou quatre mois près d'elle.

— Très-bien, j'approuve l'invention. Est-ce qu'elle est lourde, cette malle? dit Blaireau, en la soulevant par un bout.

— Elle ne doit pas être légère. Comme je ne veux pas revenir ici dans quinze jours, j'ai mis dedans toutes les choses dont je pourrai avoir besoin.

— Excellente précaution, fit Blaireau. Eh bien, ma chère, continua-t-il, nous allons à nous deux descendre ta malle, nous la porterons jusqu'à la plus proche station de voitures de place, et tu iras coucher cette nuit dans la maison d'Asnières.

— Du moment que tu le désires, je n'ai pas d'objection à faire.

— Tu t'installeras ainsi sans bruit et sans éveiller l'attention du voisinage. De plus, tu auras l'avantage d'avoir toute ta journée de demain pour te reconnaître, faire l'inventaire du mobilier, mettre les clefs dans les serrures, ouvrir et refermer les portes, et te préparer enfin à recevoir notre chère Gabrielle.

— Je vais être éloignée de Paris pendant plusieurs mois. Comment nous verrons-nous?

— J'ai pensé à cela, répondit Blaireau. Tous les dimanches, le soir, j'irai à Asnières. Outre la porte d'entrée sur la rue, il y a une autre petite porte au fond du jardin, laquelle ouvre sur des terrains incultes. C'est là que je t'attendrai tous les dimanches, entre dix heures et demie et onze heures du soir. Plus tard, quand le moment de la délivrance approchera, je viendrai plus souvent, tous les jours, s'il le faut.

— C'est bien, dit Solange.

Elle prit son chapeau, se coiffa devant une glace, puis se retourna du côté de Blaireau, en lui disant :

— Je suis prête.

Un quart d'heure après, une voiture à deux chevaux emportait Solange dans la direction d'Asnières. Blaireau, les deux mains dans ses poches, un cigare entre les dents, s'acheminait tranquillement vers les boulevards, comme un brave et honnête bourgeois qui va faire une promenade après son dîner.

XV

A ASNIÈRES

Le lendemain, à la nuit tombante, une voiture s'arrêtait devant la maison de la rue Vieille-d'Argenteuil. Solange arrivait avec Gabrielle.

— C'est ici, dit Solange à la jeune fille.

Elle ouvrit la portière, mit pied à terre et tendit la main à Gabrielle pour l'aider à descendre.

— On ne saurait prendre trop de précautions, dit-elle, un accident est si vite arrivé.

Elle paya le cocher, et pendant que celui-ci déchargeait la malle de la jeune fille, elle ouvrit la porte d'entrée. Le cocher, complaisant, porta la malle jusque dans le corridor de la maison.

— Maintenant, ma chérie, vous pouvez être tout à fait tranquille, dit Solange à la jeune fille quand le cocher fut parti, vos amies ne viendront pas vous chercher ici.

Elles entrèrent dans la salle à manger, il y avait sur la table deux couverts, des radis roses, une tranche de foie gras, un poulet rôti et une assiette de fraises.

— Voilà notre dîner de ce soir, dit Solange, un dîner froid comme vous voyez : nous nous soignerons mieux à l'avenir.

La pauvre Gabrielle, qui vivait si mal, depuis quelque temps surtout, trouvait que ce dîner, présenté comme trop modeste, allait être un véritable festin. Elles se mirent à table. Encouragée par Solange, qui suivait en cela les instructions de Blaireau, la jeune fille mangea avec beaucoup d'appétit. Elle avait faim. La malheureuse enfant n'avait peut-être pas mangé la veille, ni déjeuné le matin. Elle but un peu de vin. Cela fit du bien à son estomac délabré.

— Il y a longtemps que je n'ai fait un si bon repas, dit-elle ; vraiment, je suis honteuse de tant manger.

— Comme vous êtes enfant ! Vous n'avez pas supposé que vous continueriez ici votre existence de privations, je pense. Moi, je ne suis pas gourmande, mais il me faut chaque jour une nourriture convenable ; bien vivre est nécessaire à la santé. Je vois que vous aimez les fraises.

— Oui, beaucoup.

— Nous en mangerons souvent. En attendant, vous allez me faire le plaisir de ne pas laisser celles qui restent sur l'assiette.

Comment résister à tant d'amabilité et de prévenance ? Gabrielle mangea les dernières fraises.

— Maintenant, dit Solange en se levant, je vais vous faire voir la maison.

De la salle à manger elles passèrent dans la cuisine et ensuite dans le salon.

— Tiens, s'écria Gabrielle, vous avez un piano !

— Vous voyez.

— Alors vous êtes musicienne ?

— Non, répondit Solange un peu interloquée, c'était le piano de mon mari, je l'ai gardé... un souvenir.

— Je comprends cela, fit Gabrielle, rêveuse.

Elle s'approcha de l'instrument et l'ouvrit.

— Me permettez-vous ? dit-elle d'une voix hésitante.

— Certainement, répondit Solange, laissant voir son étonnement.

La jeune fille toucha doucement le clavier, comme pour faire connaissance avec lui, puis ses doigts agiles se mirent à courir sur les touches d'ivoire, et brillamment, avec un sentiment exquis, elle exécuta de mémoire un *andante* de Mozart.

Cette fois, la surprise de Solange se changea en ahurissement.

— Décidément, je me suis trompée, se disait-elle, cette jeune fille n'est pas une de ces malheureuses comme il y en a tant. Mais qu'est-elle et d'où vient-elle ?

— Autrefois, lui dit Gabrielle, j'adorais la musique. Si cela ne vous contrarie pas, vous me permettrez de jouer quelquefois.

— Tous les jours, ma mignonne, tous les jours, tant que vous voudrez.

Elles montèrent au premier.

— Voilà ma chambre, dit Solange à Gabrielle, en lui montrant une porte; et voici la vôtre, ajouta-t-elle en ouvrant une seconde porte qui faisait face à la première.

Elles entrèrent. D'un coup d'œil la jeune fille vit tout. Elle adressa à Solange un long regard qui disait toute sa gratitude.

— C'est trop beau, fit-elle vivement émue, je vais être ici comme dans un paradis.

— Nous serons toujours seules, puisque je ne reçois personne; mais je ferai tout ce que je pourrai pour vous égayer, et j'espère que vous ne vous ennuierez pas.

— J'aimerai, au contraire, cette solitude où je vais me trouver, et puis je ne saurais m'ennuyer étant occupée. Vous ne m'avez pas dit ce que vous me donneriez à faire.

— Soyez tranquille, nous ne serons pas oisives. Nous

ferons la grasse matinée, c'est dans mes habitudes. Pendant que j'irai au marché acheter nos provisions de la journée, vous vous occuperez du ménage. Nous déjeunerons tous les jours à onze heures et demie. Il y a des livres dans la bibliothèque, nous lirons et puis vous ferez de la musique.

— Mais ce n'est pas travailler, cela.

— Vous savez coudre, connaissez-vous le crochet, le tricot?

— Oui.

— Eh bien, dès demain, nous achèterons des étoffes, de la laine, du coton, toutes les choses nécessaires pour confectionner une jolie layette, il faut que vous pensiez au cher bébé qui va venir bientôt. Vous voyez que vous ne manquerez pas d'ouvrage.

Gabrielle poussa un profond soupir.

— Nous aurons aussi de l'occupation dans le jardin ; il n'est pas grand, ce sera presque un amusement, un travail repose d'un autre.

La jeune fille ne trouva pas d'objections à faire. Elle s'était livrée à Solange, elle ne pouvait qu'accepter ce qu'elle voulait.

Elle employa le reste de la soirée à placer son linge et ses menus objets de toilette dans les tiroirs d'une commode. Il y avait dans le cabinet de toilette des patères, auxquelles elle accrocha ses jupes, ses jupons et ses robes.

Dès le lendemain, leur existence à Asnières commença ainsi que Solange l'avait indiqué.

Au bout de quelques jours, Gabrielle avait dans les mains tout ce qu'il lui fallait pour préparer les langes, les petites chemises, les petits bonnets de l'enfant. Elle se mit à l'ouvrage presque joyeusement. Elle ne s'était certainement pas débarrassée de toutes les tristes pensées qu'avait fait naître le souci de l'avenir; mais elle se faisait violence pour les concentrer en elle et se montrer satisfaite et heureuse. Sa reconnaissance envers Solange lui imposait ce généreux mensonge. En s'occupant constamment elle trouvait cependant le moyen de se distraire de ses noires appréhensions et d'adoucir ses amertumes.

Elle avait une activité étonnante, un peu fiévreuse. Solange était souvent obligée de modérer son ardeur. Évidemment l'intérêt de Gabrielle n'entrait pour rien dans cette grande sollicitude de Solange; elle redoutait qu'un accident imprévu ne vînt au dernier moment, après s'être donnée tant de peine, réduire à néant les projets de Blaireau.

Solange sortait tous les jours pour aller aux provisions et faire les achats d'objets dont elle et Gabrielle avaient besoin; mais ses absences n'étaient jamais longues, encore avait-elle la précaution de fermer soigneusement la porte d'entrée du jardin. Quant à l'autre petite porte, dont nous avons parlé, elle en avait toujours la clef sur elle. Elle n'avait pas à craindre que Gabrielle prît la fuite, elle se mettait en garde contre les éventualités d'une visite indiscrète quelconque.

La jeune fille avait retrouvé un repos relatif qu'elle devait à son isolement. Elle ne voulait voir personne et redoutait d'être vue, aussi ne franchissait-elle jamais le mur de clôture. Les voisins savaient que deux femmes habitaient la maison, mais aucun n'aurait pu dire si la compagne de Solange était jeune ou vieille, et qu'il eût aperçu seulement le haut de sa tête.

En dehors du temps qu'elle consacrait au ménage et des soins qu'elle donnait à la cuisine, Gabrielle cousait, brodait, tricotait, faisait des ouvrages au crochet. Dans le jardin, avec Solange, elle arrachait les mauvaises herbes et arrosait les plantes vivaces qui s'y trouvaient. On soignait les arbustes, c'était un délassement et cela aidait à passer le temps. Le soir Gabrielle faisait un peu de musique, ou bien elles prenaient chacune un livre et lisaient.

Les journées se passaient ainsi, et si l'une des deux trouvait cette existence monotone et s'ennuyait, ce n'était pas Gabrielle.

Elle avait l'air vivifiant de la campagne, de la verdure sous les yeux, des chants d'oiseaux à sa fenêtre, de la lumière et du soleil autant qu'elle en voulait. Comme elle l'avait dit le premier jour, elle se trouvait dans un paradis.

En raison des privations qu'elle avait été forcée de s'imposer, avenue de Clichy, elle avait dépéri et sa santé était compromise; au bout de deux mois de séjour à Asnières, elle n'était plus reconnaissable. Solange n'avait pu voir ce changement physique sans éprouver une sorte d'admiration.

La vie reprenait possession de ce corps délicat et charmant que la souffrance avait brisé et qu'elle aurait détruit peut-être. Les formes toujours gracieuses s'étaient plus fermement accusées. Les yeux avaient retrouvé leur éclat, et le regard sa douce et ravissante expression. La physionomie était moins tourmentée; les joues s'étaient arrondies et avaient repris leur rose velouté. Le rire, la gaieté de la jeunesse heureuse ne revenaient pas; mais, parfois, un délicieux sourire se dessinait sur les lèvres.

Toutefois, elle avait encore des heures d'insurmontable tristesse. Chaque jour qui s'écoulait la rapprochait du moment critique. Bientôt elle put se dire : C'est dans un mois, c'est dans trois semaines. Elle redevint rêveuse, inquiète, et elle fut de nouveau assaillie par les préoccupations et les terreurs de l'avenir. Pour le présent, elle était tranquille, elle n'avait rien à désirer. Mais après ? C'était l'inconnu. Et elle s'effrayait en présence de cet inconnu redoutable : l'avenir ! L'espérance essayait en vain de lui en cacher les couleurs sombres. Elle ne pouvait s'empêcher de frissonner quand elle avait le courage de regarder un peu loin devant elle.

Un jour Solange la surprit essuyant les larmes qu'elle voulait lui cacher.

— Ma chère Gabrielle, depuis quelque temps je m'aperçois que vous êtes triste, lui dit Solange ; tout à l'heure vous pleuriez, ce n'est pas la première fois que cela vous arrive. Si je ne vois pas vos larmes, vos yeux rouges vous trahissent. Voyons, pourquoi pleurez-vous?

— Vous excuserez cette faiblesse bien naturelle, répondit tristement la jeune fille ; c'est vrai, je pleure quelquefois en pensant au petit être que bientôt je vais mettre au monde.

— Eh bien, parlons-en aujourd'hui de ce cher petit. Vous avez dû penser déjà à ce que vous ferez ; quelles sont vos intentions ? Je ne vous ai pas interrogée plus tôt à ce sujet parce que je craignais de vous faire de la peine. Mais, puisque vous songez à votre enfant, dites-moi quelles sont vos pensées. Avez-vous décidé quelque chose?

— Non, rien encore. A tout ce que je voudrais faire je trouve des empêchements. Je suis très-inquiète, très-tourmentée, tout m'effraye ; je ne sais pas ce qui se passe en moi...

— Examinons votre situation. Vous avez bien voulu me raconter toute votre histoire, qui est malheureusement celle de beaucoup de jeunes filles. Vous avez été séduite et ensuite abandonnée; c'est un grand malheur, mais il n'est pas irréparable. Vous avez dix-huit ans ; c'est à votre âge que la vie commence. Vous ne devez donc pas désespérer de l'avenir.

Un jour, regrettant de vous avoir témoigné si peu de tendresse, votre père peut vous rappeler près de lui.

— Oh ! jamais, jamais je n'oserai...

— Vous êtes toujours aussi enfant, reprit Solange. Laissez-moi dire. Si votre père vous rappelle, vous retournerez à Orléans, dans cette maison où vous avez des droits, et il faut que vous y rentriez la tête haute et non comme une coupable qui garde sur son front la honte de sa faute. Si vous ne retournez pas chez votre père, vous rentrerez à Paris, et facilement, connaissant le commerce, vous retrouverez une place meilleure que celle que vous avez quittée.

Qui donc, je vous le demande, pourra seulement soupçonner que vous avez une faute à vous reprocher? Elle n'est pas écrite sur votre front ; croyez-moi, votre secret sera bien caché. Il y a vos amies. Est-ce que chacune d'elles n'a pas aussi quelque chose à faire oublier, à se faire pardonner ? D'ailleurs, rien ne vous obligera à les revoir. Croyez-vous donc qu'à Paris on s'occupe tant que cela des affaires des autres ? Je vous le répète, vous y rentrerez et y reprendrez votre place au grand jour, comme si vous n'aviez pas eu votre accident, et vous serez pour tout le monde aussi charmante et aussi sage qu'il y a deux ans quand vous y êtes arrivée, sortant de la maison de votre père.

— Ce sera tromper et mentir toujours, hasarda Gabrielle.

— Oh! si votre délicatesse allait jusque-là, répliqua assez brusquement Solange, elle serait complètement ridicule, permettez-moi de vous le dire. Appelez-vous tromperie de ne pas dire aux gens des choses qui ne regardent que vous ? Le mensonge qui ne nuit à personne n'en est pas un. Vraiment, ce serait trop bête de se nuire à soi-même sous le prétexte de rendre hommage à la vérité.

Ces paroles furent suivies d'un moment de silence.

— Et mon enfant ? demanda tout à coup Gabrielle, vous ne me parlez pas de mon enfant !

— Je pense à vous, d'abord, répondit Solange. Mais je n'oublie pas votre enfant. L'élever vous serait matériellement impossible ; il ne faut donc pas y songer.

La tête de la jeune fille s'inclina sur sa poitrine.

— N'ayez, toutefois, aucune inquiétude à son sujet. Plus heureux que beaucoup d'autres, il ne sera pas abandonné. Dans quelques jours sa nourrice sera retenue, et, dès que vous l'aurez mis au monde, le jour même ou le lendemain, il lui sera envoyé. A partir de ce moment la Société de bienfaisance, dont madame la baronne est la fondatrice, le prendra sous sa protection. Elevé aux frais de la société, il grandira à l'abri de bien des misères. Il recevra une instruction convenable et on lui fera apprendre un état qui lui permettra, que ce soit une fille ou un garçon, de faire son chemin dans la vie. Eh bien, que pouvez-vous désirer de mieux? N'êtes-vous pas entièrement satisfaite?

— Comment, ne le serais-je pas ? répondit Gabrielle en pleurant. Ah! je suis trop heureuse de vous avoir trouvée pour me secourir... C'est le bon Dieu protectour des malheureux qui vous a conduite vers moi !...

— Si Blaireau l'entendait, pensa Solange, il serait bien étonné de s'entendre appeler le bon Dieu.

— Vous avez réussi à me tranquilliser, reprit Gabrielle ; il me semble que je ne vais plus avoir d'inquiétudes. Mais je ne serai pas séparée de mon enfant pour toujours, n'est-ce pas ? On me permettra de le voir ?

— Sans aucun doute, et cela aussi souvent que vous le désirerez.

Pendant quelques jours, la jeune fille parut, en effet, plus tranquille ; les paroles de Solange avaient fait pénétrer en elle un rayon d'espoir ; elle reprenait courage et elle s'effrayait moins de l'avenir.

Mais subitement, du jour au lendemain, il s'opéra dans tout son être un phénomène psychologique que Blaireau et Solange n'avaient pas prévu et auquel ils étaient loin de s'attendre.

Pour la première fois, Gabrielle avait senti qu'elle était mère. Aussitôt, une émotion indéfinissable remua ses entrailles, traversa son cœur comme une flamme et éclaira sa pensée. Cette chose admirable, divine, le sentiment de la maternité, venait de naître et de se développer. Instantanément il s'était emparé d'elle et il l'étreignait avec une extrême violence.

XVI

MATERNITÉ

Un matin, pendant qu'elles déjeunaient, Solange dit à Gabrielle :

— Je ne puis résister au désir que j'ai de vous faire un compliment ; jamais je ne vous ai trouvée aussi fraîche, aussi jolie ; vous êtes ravissante. Vous ne pleurez plus et votre tristesse s'est envolée par la fenêtre pour aller se perdre dans les nuages. Depuis trois jours, surtout, je vois sur votre visage épanoui, et dans votre regard je ne sais quel rayonnement.

— C'est probablement la satisfaction que j'éprouve d'être devenue raisonnable, répondit la jeune fille.

— Ma mignonne, vous y gagnez de toutes les manières.

Gabrielle laissa tomber la conversation. Elle réfléchissait.

Au bout d'un instant elles se levèrent de table et passèrent dans le salon.

— Ma chère Gabrielle, vous allez vous mettre au piano, dit Solange, c'est aujourd'hui dimanche, nous ne travaillons pas.

— Oui, tout à l'heure, répondit la jeune fille ; mais avant je voudrais vous dire quelque chose.

— Eh bien, dites, je vous écoute.

— Depuis notre longue conversation de l'autre jour, j'ai beaucoup réfléchi.

— Alors ?

— D'abord, vos raisons m'avaient convaincue, ensuite je n'ai plus vu les choses de la même manière.

Solange fit un brusque mouvement.

— Que voulez-vous dire ? demanda-t-elle.

— Je me sens dominée par une puissance plus forte que tout ce que j'ai vainement essayé de lui opposer, reprit Gabrielle ; il y a en moi une voix intime et mystérieuse qui me crie sans cesse que je ne dois pas me séparer de mon enfant, qu'il faut que je l'élève moi-même.

Solange eut un frémissement nerveux, et une lueur sombre passa dans son regard.

— Mais c'est de la folie ! s'écria-t-elle.

— Oh ! je ne me fais pas d'illusions, continua la jeune fille, je sais quelle lourde tâche je vais m'imposer ; mais en pensant seulement que mon enfant sera confié à une autre, que ce n'est pas moi qui le nourrirai, que cette autre femme aura ses premiers regards, ses premiers sourires, ses premiers baisers, il me semble qu'une main de fer m'arrache le cœur.

Solange était devenue blême. Cette déclaration, à laquelle elle s'attendait si peu, la stupéfiait.

— Depuis quelques jours je ne suis plus la même, poursuivit Gabrielle, je ne me vois plus aussi malheureuse et je me sens pleine de force et de courage. Ce qui me causait de si grandes terreurs ne m'effraye plus. Pour mon enfant je suis prête à tous les sacrifices ! J'ai été trompée, je ne craindrai pas de le dire ; je me cachais, je n'aurai plus peur de me montrer ; j'étais timide, je suis devenue hardie...

Pendant longtemps encore je pourrai regretter la faute que j'ai commise ; mais en remplissant dignement mon devoir de mère, j'aurai moins à en rougir. La véritable honte serait de manquer de courage et de ne pas mériter ce doux nom de mère qui va m'appartenir et que je veux conserver.

— Tout cela est fort bien, dit Solange, sans pouvoir cacher entièrement son dépit, mais comment ferez-vous ?

— Je travaillerai. Vous m'avez dit vous-même que j'étais adroite et habile ; je me mettrai facilement à n'importe quel travail. Rien ne me répugnera, car c'est la vie de mon enfant que j'aurai à gagner. Je chercherai, j'irai partout, je trouverai de l'ouvrage... Il y a dans Paris des indifférents et aussi des méchants ; mais on y trouve également des âmes compatissantes, vous en êtes la preuve, madame. Je compte sur la bienveillance des bons et aussi sur Dieu, qui m'aidera ! D'ailleurs, pour moi, je ne suis pas exigeante, et puis il faut si peu à un enfant !

— Ma chère, répliqua Solange d'un ton légèrement ironique, vous n'avez pas encore suffisamment réfléchi ; laissez-moi vous dire que vous allez tout simplement vous plonger dans la misère jusqu'au cou.

Gabrielle eut un doux sourire.

— Je vois ma peine, les difficultés de la tâche, répondit-elle ; mais je me sens le courage de les supporter.

Solange reprit avec aigreur :

— Je reviens à ma première pensée : vous êtes folle !

— Non, dit la jeune fille avec un sourire ineffable, je suis mère !

Solange se mordit les lèvres.

— Ainsi, répliqua-t-elle, il est impossible de vous faire entendre la voix de la raison...

— J'écoute celle de mon cœur.

— Vous renoncez à tout le bien qu'on voulait faire à votre enfant?

— Je renonce à me séparer de lui. Je veux le garder pour l'élever, l'entourer de soins, le voir grandir et l'aimer ! Pour lui, rien ne me coûtera. Je lui sacrifierai ma jeunesse, mon avenir, mon bonheur... et s'il le fallait, pour son bonheur à lui, je donnerais ma vie.

— Ayant de semblables idées, je comprends que vous calculiez si mal. Enfin, vous gardez votre enfant, et, lui sacrifiant tout, vous allez chercher les moyens de l'élever tant bien que mal, c'est-à-dire plus ou moins misérablement; vous êtes intelligente, courageuse, je ne peux pas dire que vous ne parviendrez point, à force d'énergie et de volonté, à suffire aux plus impérieux besoins de la vie; mais, pour le moment, vous êtes sans ouvrage et vous n'avez pas d'argent pour attendre que vous en trouviez. Dans quinze jours ou trois semaines vous allez partir d'ici, emportant votre enfant. Sans argent, sans logement, où irez-vous? que ferez-vous? Je suis sûre que vous n'avez pas pensé à cela.

— Si, si, j'y ai pensé.

— Eh bien?

— Je me suis dit que vous comprendriez que je voulusse garder mon enfant et que vous et madame la baronne, qui avez été si bonnes pour moi, ne m'abandonneriez pas immédiatement.

Une réponse furieuse vint sur les lèvres de Solange; mais, pensant aussitôt que la jeune fille pouvait encore lui échapper si un doute entrait dans son esprit, elle jugea prudent de se contenir.

— Certainement, dit-elle, nous ne vous abandonnerons pas.

— Oh! je n'abuserai pas de vos bontés, reprit Gabrielle; je sais qu'il y a d'autres malheureux que moi. Je vous prierai de m'avancer une petite somme qui me permettra de me loger et d'attendre que j'aie trouvé du travail; je vous la rendrai le plus tôt possible, car je m'arrangerai pour faire des économies.

— C'est bien, dit Solange, nous reparlerons de cela. C'est égal, Gabrielle, vous avez tort.

La jeune fille secoua la tête.

— Ma chère petite, ajouta Solange, vous le reconnaîtrez bientôt; mais alors il sera trop tard.

Ces paroles exprimaient cette fois toute la pensée de Solange.

Gabrielle ne pouvait pas deviner la terrible menace qu'elles contenaient.

La jeune fille se couchait tous les soirs de bonne heure et quelquefois aussitôt après avoir dîné, lorsqu'elle se sentait fatiguée. C'est ce qui lui arriva ce jour-là. Un peu avant onze heures, Solange entr'ouvrit doucement la porte de la chambre de la jeune fille, et put s'assurer qu'elle dormait d'un profond sommeil. N'ayant plus à craindre d'éveiller l'attention de Gabrielle, elle referma la porte et descendit sans faire de bruit. Elle sortit de la maison, puis, se glissant à pas de loup à travers les massifs noirs, elle arriva à la petite porte au fond du jardin.

Depuis un instant déjà Blaireau l'attendait.

— Je suis furieuse, lui dit-elle.

— Hein! pourquoi cela?

— La stupide créature ne s'est-elle pas fourré dans la tête qu'elle devait garder son enfant?

— Diable, diable, fit Blaireau en se pinçant le nez. Et tu ne l'as pas fait changer d'idées?

— Impossible de lui faire rien entendre.

Brièvement elle raconta à Blaireau sa conversation du tantôt avec Gabrielle.

— Eh bien, tant pis pour elle, dit-il ; elle ne veut pas nous donner son enfant, nous le prendrons! J'avais déjà tout préparé; il va falloir modifier mon plan. Combien avons-nous encore de temps devant nous?

— Il ne faut pas compter sur plus de huit ou dix jours.

— C'est plus qu'il ne m'en faut. Ah! continua-t-il, voilà un changement à vue qui nous prouve une fois de plus qu'on doit toujours prendre ses précautions et que l'excès de prudence n'est jamais un défaut.

— C'est vrai, approuva Solange.

Après avoir réfléchi un instant, Blaireau reprit :

— Il faut que dans huit jours il ne reste rien de ce qui t'appartient dans la maison.

— C'est facile. Je n'ai qu'à tout remettre dans ma malle et à la faire enlever.

— Mauvais moyen, fit Blaireau; on ne peut pas faire venir une voiture, ce serait un danger.

— Comment faire alors?

— La semaine prochaine je ferai tous les soirs le voyage d'Asnières; tu me prépareras chaque jour un petit paquet que j'emporterai sous mon bras.

— Oui, oui, c'est cela. Et la malle?

— A la rigueur tu pourrais la laisser, mais tu feras mieux de la brûler et d'en jeter la ferrure dans les champs.

— Ce sera fait.

— Je n'ai pas d'autres instructions à te donner aujourd'hui.

— Qu'est-ce que j'ai donc à te demander? Faudra-t-il faire venir une sage-femme?

— Si l'on pouvait s'en passer ce serait parfait; mais cela n'est guère possible; nous ne devons pas nous exposer à courir certains risques. C'est un enfant vivant et bien portant qu'il nous faut. D'ailleurs, tout bien examiné, je ne vois pas qu'il y ait un grand inconvénient à appeler une sage-femme au dernier moment. Son opération terminée, on la paye, elle s'en va et tout est dit.

— Faudra-t-il acheter un berceau?

— Oh! quant à ça, c'est absolument inutile, répondit Blaireau avec un petit rire sec.

— Cela pourra surprendre la petite, dit Solange ; elle a beaucoup de pénétration, à chaque instant je tremble qu'elle n'arrive à soupçonner la vérité.

— Alors achète un panier d'osier de quarante sous, que tu trouveras facilement au marché.

Sur ces mots, les deux complices se séparèrent.

Le lendemain, Blaireau écrivit à Sosthène de Perny :

« Nous touchons au dénoûment, lui disait-il ; il est « urgent que nous nous entendions sur les dernières « dispositions à prendre. Nous devons être également « prêts à l'heure, à l'instant. Les gens sages ne doivent « jamais être pris au dépourvu. Je vous attends le plus « tôt possible. Venez le matin. »

A la suite de cette lettre, Sosthène eut une conférence d'une heure avec Blaireau, et tout ce qui devait être fait fut convenu entre eux.

Ces deux misérables s'entendaient d'ailleurs parfaitement ensemble. Unis pour commettre le même crime, ils n'avaient pas à être défiants ; la sûreté de l'un assurait celle de l'autre.

Depuis le marché qu'ils avaient conclu, Sosthène avait vu Blaireau plusieurs fois. Sans lui dire autre chose que ce qu'il voulait, ce dernier l'avait mis au courant de l'affaire, qui marchait aussi bien qu'on pouvait le désirer.

Non moins scrupuleux que son associé, Sosthène avait rempli avec exactitude son premier engagement, en remettant à Blaireau, à la fin du deuxième mois, la somme de dix mille francs.

Où prenait-il cet argent ? Depuis le mariage de sa sœur il n'avait certainement pas économisé cinquante mille francs sur la somme annuelle que lui allouait M. de Coulange, en récompense de ses services. Nous pouvons donc supposer qu'il ne se faisait aucun scrupule de puiser à pleines mains dans la caisse du marquis. D'ailleurs ne considérait-il pas déjà la fortune de son beau-frère comme étant la sienne? Il ne se préoccupait nullement des comptes à rendre de sa gestion. Le marquis allait mourir ; on ne rend pas de comptes à un mort. Quant à la marquise, elle n'existait pas pour lui.

Sosthène ne s'inquiétait pas davantage de cet enfant d'une pauvre fille, que sa volonté, son crime allait faire héritier d'une immense fortune.

— C'est moi qui l'aurai créé, cet héritier d'occasion, s'était-il dit ; plus tard, s'il me gêne... Eh bien, je le ferai rentrer dans le néant d'où il sera sorti !

Sous tous les dehors séduisants d'un véritable homme du monde, il eût été difficile, comme on le voit, de trouver un scélérat mieux accompli que ne l'était M. Sosthène de Perny.

XVII

LA DOULEUR

Pour le moment, M. de Perny était seul à l'hôtel de Coulange.

Dès la fin d'avril, madame de Perny et sa fille avaient quitté Paris pour aller s'installer au château de Coulange.

Le séjour à la campagne offrait à la mère deux avantages :

D'abord, elle n'avait plus à répondre aux questions des importuns ; ensuite elle écartait d'un seul coup certaines difficultés qu'il eût été assez difficile de vaincre au dernier moment. Il est évident que pour arriver à son but, sans faire naître le moindre doute, il lui était infiniment plus facile de s'entourer de mystère à la campagne qu'à Paris.

Le château de Coulange est à environ vingt-cinq lieues de Paris sur la limite du département de Seine-et-Marne, et à quelques kilomètres de l'ancienne route de Paris à Strasbourg. Il est bâti au bord d'une verte colline sur laquelle s'étend le parc, qui n'a pas moins d'une demi-lieue de longueur. Le village se trouve à gauche, le site est pittoresque, ravissant, au milieu d'une végétation splendide. Il n'y a nulle part peut-être des platanes et des sycomores plus beaux.

Le château regarde le midi. Au nord, les grands arbres lui font une couronne de verdure, et plus loin, faisant suite au parc, s'étend une magnifique forêt, dépendante du domaine. La Marne, dont l'eau verte semble refléter ses ombrages, la Marne coule au pied du château.

Les jardins sont de toute beauté; ils sont arrosés par de petites rivières capricieusement méandrées, que nourrissent les eaux qui jaillissent des hauteurs et descendent en cascades. Toutes ces eaux vives se réunissent et forment un petit lac dont le trop plein se précipite dans un canal souterrain qui a son embouchure sur la rive droite de la Marne.

Il n'y avait rien de changé dans la situation de la marquise. La malheureuse jeune femme était prisonnière dans son château, comme elle l'avait été dans son hôtel à Paris. C'était toujours autour d'elle le même système d'espionnage, et la surveillance de sa mère n'était pas moins active. Madame de Perny ne permettait même plus à aucun domestique d'approcher de sa fille. N'étant sûre que d'elle-même, elle s'était condamnée à servir la marquise, et se faisait en quelque sorte sa femme de chambre.

Les gens du château, qui y mettaient, d'ailleurs, beaucoup de bonne volonté, admiraient chez madame de Perny cet excès de tendresse maternelle. Ils ne savaient pas le premier mot de l'épouvantable drame qui se jouait sous leurs yeux. Assurément, ils ne regardaient pas les choses de bien près. Du reste, bien payés, vivant grassement et n'ayant presque rien à faire, ils ne demandaient pas mieux que de fermer les yeux et de se boucher les oreilles.

La marquise paraissait complètement anéantie. Elle ne pleurait plus. Peut-être n'avait-elle plus de larmes. Sa tranquillité apparente avait quelque chose de navrant. Elle restait de longues heures, des journées entières, sans faire un mouvement, affaissée sur un fauteuil ou étendue sur un canapé. Et elle n'essayait même pas de faire un effort pour secouer sa torpeur.

Il y avait un balcon devant la fenêtre de sa chambre. Parfois elle venait s'y accouder. Mais, comme toujours, elle restait immobile, pareille à une statue. Les oiseaux chantaient joyeusement comme s'ils eussent voulu l'égayer; elle ne les entendait point. Ses yeux erraient vaguement sur les pelouses fleuries et à travers les massifs, ou bien, devenus fixes, elle avait l'air de contempler l'azur, le regard perdu dans l'infini.

A la voir ainsi on l'aurait prise pour un corps sans âme.

La marquise de Coulange était bien un peu cela.

En quittant Paris, le marquis avait emporté avec lui l'âme et la pensée de sa femme.

Pendant ses heures de prostration et de longues rêvortes, c'est avec son mari qu'elle était, c'est lui qu'elle voyait, c'est sa voix qu'elle entendait. Alors, si sa bouche restait muette, c'est son cœur qui parlait. Elle disait au marquis ses souffrances, ses angoisses, elle ne craignait plus d'accuser sa mère et son frère, elle avait le courage de lui tout dire et elle le suppliait de lui pardonner.

C'était toujours le même rêve qu'elle recommençait et qu'elle n'achevait jamais.

Les nouvelles qu'on recevait du marquis n'étaient nullement rassurantes.

Dès les premiers jours de son installation dans l'île de Madère il avait eu une crise terrible, qui avait failli le tuer.

Le docteur Gendron écrivit alors :

« J'ai cru un instant que tout était fini ; la mort était
« déjà à son chevet ; mais grâce aux soins que nous lui
« avons prodigués, son vieux domestique et moi, nous
« avons eu le bonheur de sortir vainqueurs de cette lutte
« suprême contre la mort. Mais la position de notre
« cher malade ne s'est pas améliorée, loin de là. Comme
« j'ai eu l'honneur de vous le dire à Paris, il y a lieu de
« craindre que M. de Coulange n'ait consenti trop tard
« à se rendre dans le Midi. Je redoute constamment
« qu'il ne s'éteigne dans mes bras au milieu d'une crise
« nouvelle. »

Madame de Perny n'avait pas manqué de mettre cette lettre alarmante sous les yeux de la marquise.

Depuis, de huit jours en huit jours, d'autres lettres étaient venues. Elles annonçaient que l'état du malade était toujours le même et que, s'il vivait encore, il le devait certainement à l'influence du climat.

Loin de chercher à atténuer vis-à-vis de sa fille la

gravité de ces lettres, madame de Perny s'efforçait au contraire d'en exagérer le sens peu rassurant. Elle mettait à cela de la cruauté. On aurait dit qu'elle éprouvait du plaisir à meurtrir, à déchirer le cœur saignant de la malheureuse jeune femme.

— Tu n'as plus d'espoir à conserver de ce côté, lui disait-elle, bientôt tu seras veuve et tu pourras te donner une existence plus heureuse. Si tu avais encore une illusion, si tu avais encore l'idée que tu reverras ton mari, ce serait de la folie. M. Gendron et son domestique te le ramèneront dans un cercueil.

A ces odieuses paroles, la marquise ne répondait pas. Elle ne daignait pas même laisser deviner à sa mère son atroce douleur.

Pendant un temps la pauvre Mathilde fut poursuivie par l'idée fixe du suicide. Elle avait même pensé au moyen de se procurer un poison violent et sûr.

— Mourir, c'est cesser de souffrir, se disait-elle.

Mais, si désespérée qu'elle fût, elle s'arrêta sur la pente fatale, en pensant à son mari. Ce lien solide : l'amour, attachait solidement sa vie à celle du marquis.

— J'attendrai, se dit-elle ; tant qu'il lui restera un souffle de vie, je vivrai. Sa mort sera le signal de la mienne. Et quand on le ramènera dans son cercueil, on trouvera, l'attendant, un second cercueil. Je détruirai ainsi tous les calculs infâmes. Ah ! ce sera ma dernière joie.

Madame de Perny avait compris qu'il était difficile d'empêcher la marquise d'écrire à son mari ; c'eût été d'ailleurs fort imprudent. Elle avait donc décidé que Mathilde écrirait régulièrement au marquis deux fois par mois. Cela se faisait. Seulement, toutes les lettres de la jeune femme étaient écrites sous l'œil de madame de Perny et dictées par elle. Ce n'était pas la marquise, mais une machine qui écrivait.

Un matin, vers onze heures, M. de Perny arriva au château.

La mère et le fils s'enfermèrent ensemble.

— L'heure approche, dit Sosthène; j'ai été prévenu ce matin et j'accours pour t'avertir, afin que tu aies le temps de prendre les dispositions nécessaires.

— Est-ce que l'enfant est né?

— A cette heure, peut-être. Dans tous les cas, et selon toutes les probabilités, c'est pour aujourd'hui. Nous arriverons donc dans la nuit ou demain dans le jour, mais à la première heure. J'ai calculé que nous ne mettrions guère plus de six heures à faire le trajet. Pour éviter les regards des gens trop curieux qu'on peut rencontrer, nous entrerons par la grille du parc du côté des Loches.

Il faut que j'en aie la clef.

— Tu vas retourner à Paris?

— Tout de suite après avoir déjeuné.

— Eh bien, tu traverseras le parc et tu sortiras par la grille des Loches. Je vais envoyer prendre la clef chez le jardinier.

— Oui, c'est cela.

— Et la nourrice?

— Avant de quitter Paris ce matin, je lui ai fait dire de se tenir prête à partir demain de bonne heure. Elle arrivera ici peu de temps après nous, amenée par mon valet de chambre. Tu sais que je l'ai retenue il y a plus d'un mois. Depuis huit ou dix jours elle devrait avoir quitté son nourrisson, qu'on veut sevrer; mais, pour être agréable à madame de Coulange, on a facilement consenti à retarder le sevrage de quelques jours.

— Alors tout est pour le mieux.

Sans songer à faire une visite à sa sœur, qu'il n'avait pas vue depuis plus d'un mois, sans même demander des nouvelles de sa santé, Sosthène se mit à table, déjeuna très-vite, et à une heure il reprenait la route de Paris.

Un instant après, madame de Perny appela les domestiques.

En dehors du jardinier, de sa femme et de l'aide-jardinier, dont l'habitation était assez éloignée, il n'y avait en ce moment au château que quatre serviteurs : la femme de chambre de madame de Perny, la cuisinière, le cocher et un valet de pied.

Madame de Perny leur tint ce petit discours d'un ton maternel :

— Mes enfants, depuis au moins deux mois vous m'avez témoigné tous les quatre le désir de faire un petit voyage à Paris. A mon grand regret je n'ai pu vous accorder les permissions demandées. Mais je sais que vous avez tous à Paris des parents, des amis ou des connaissances qu'il vous serait agréable de voir, et aussi des affaires d'intérêt qui peuvent souffrir de votre trop long éloignement. Eh bien, mes enfants, je veux vous donner satisfaction à tous. Aujourd'hui je vous accorde un congé jusqu'à demain soir. Seulement, il faut que vous me promettiez d'être de retour à Coulange au moins avant qu'il soit nuit noire.

— Nous vous le promettons, madame, dirent les domestiques tous ensemble.

Madame de Perny continua :

— Vous connaissez la position intéressante dans laquelle se trouve madame la marquise de Coulange ; nous attendons pour la nuit prochaine ou au plus tard pour demain l'heureux évènement. Vous êtes les bons et fidèles serviteurs de la maison de Coulange, vous partagerez notre joie.

Vous avez vu arriver et repartir immédiatement pour Paris M. de Perny, mon fils. Il venait avec l'intention de passer quelques jours au château; mais je l'ai prié de s'en retourner vite et de revenir le plus tôt possible avec une sage-femme et la nourrice que nous avons choisie il y a déjà quelque temps. Nous sommes aujourd'hui dans l'allégresse et j'ai voulu que ce beau jour soit aussi pour vous un jour de fête.

Et, tirant de sa poche une petite bourse de soie :

— Au nom de madame la marquise, poursuivit-elle, je remets vingt-cinq francs à chacun de vous. Allez donc passer vingt-quatre heures à Paris, mes amis, et amusez-vous bien. Pendant ce temps le jardinier et sa femme vous remplaceront, si nous avons besoin d'eux.

Les domestiques empochèrent la gratification qui leur était si gracieusement donnée, se confondirent en remerciements et s'empressèrent d'aller s'habiller afin de se trouver à la plus proche station du chemin de fer avant le passage du train.

Debout devant une fenêtre, madame de Perny les vit partir.

Alors ses yeux se remplirent d'éclairs; la joie du triomphe éclatait dans son regard.

Elle eut un mouvement de tête superbe, et regardant fièrement le ciel, elle eut l'air de lancer un défi à la puissance divine.

XVIII

C'EST UN GARÇON

Solange, ayant l'assentiment de Blaireau, était allée trouver une sage-femme qu'il ne lui avait pas été difficile de découvrir à Asnières.

— Dans quelques jours, madame, j'aurai besoin de vos services, lui dit-elle ; je viens vous demander si je puis compter sur vous.

— Mais sans aucun doute. Je me dois à tous ceux qui ont besoin de moi, riches ou pauvres.

— Je vous remercie. Aussitôt que votre présence sera nécessaire, je viendrai vous chercher.

— A toute heure du jour ou de la nuit, je serai à votre disposition, à moins, cependant, que je n'aie déjà été appelée ailleurs.

— Cela se comprend, fit Solange.

— Vous demeurez loin ?

— Rue Vieille-d'Argenteuil.

— C'est à côté.

— J'ai loué là une maison avec jardin, où je me suis installée avec ma nièce pour tout l'été.

— Alors c'est madame votre nièce ?...

— Oui.

— Elle est jeune ?

— A peine dix-huit ans, il n'y a pas encore un an qu'elle est mariée. Son mari, qui est voyageur de commerce, n'est pas avec nous en ce moment ; je lui ai écrit avant-hier, et nous l'attendons.

— Il faut espérer qu'il arrivera assez tôt. Dans ces circonstances, pour une toute jeune femme surtout, la présence du mari est toujours désirable. Il donne à sa femme le courage et la force qui lui sont si nécessaires au milieu de ses souffrances.

— Donc, madame, à bientôt, dit Solange en se retirant.

Six jours après, vers neuf heures du soir, au moment de se mettre au lit, Gabrielle fut prise subitement par les premières douleurs.

Solange courut chercher la sage-femme.

Celle-ci, n'étant pas retenue, vint aussitôt.

Après avoir examiné la jeune fille et causé un instant avec elle, elle dit à Solange :

— Ce n'est pas pour cette nuit, mais certainement pour demain avant midi. Il est inutile que je reste avec vous plus longtemps.

Je vais aller prendre du repos, et demain matin je reviendrai de bonne heure.

Solange l'accompagna jusque dans la rue.

Avant de remonter près de Gabrielle, elle courut au fond du jardin. Blaireau s'y trouvait.

— La sage-femme est venue, lui dit-elle, mais elle n'a pas jugé utile de rester ; elle vient de s'en aller. Toutefois, elle est certaine que c'est pour demain.

— En ce cas, je n'ai plus rien à faire ce soir à Asnières, je rentre à Paris. Je ne pourrai pas te voir demain dans la journée. Tu n'as pas oublié ce qui est convenu ?

— Non. Demain soir à dix heures au bord de la Seine.

— Très-bien. Je vais donner à l'affaire mes derniers soins. Bonne nuit et à demain soir !

Le lendemain, la sage-femme arriva à sept heures.

Gabrielle avait horriblement souffert toute la nuit. Les douleurs étaient devenues intolérables; elle se tordait convulsivement sur son lit. La pauvre enfant souffrait d'autant plus qu'elle retenait ses plaintes et étouffait ses cris dans sa poitrine.

La sage-femme ne la quitta plus. A une heure elle était délivrée. Mais à la douleur succédait l'anéantissement. Maintenant elle gisait sur sa couche, brisée, sans force et blanche comme un lis. Tout ce qu'il y avait de vie en elle semblait être dans ses yeux étincelants. Son regard était lumineux.

Quand la sage-femme prononça ces mots:

« C'est un garçon! » son front devint rayonnant et sa physionomie prit une expression de joie indicible.

Elle leva ses mains blanches et tremblantes, et, comme en extase, elle murmura:

— Un garçon! c'était mon désir secret.... Mon Dieu, je vous remercie de l'avoir exaucé!

Elle resta un moment silencieuse, puis tendant ses bras, elle reprit:

— Oh! donnez-le moi que je l'embrasse!

On lui mit son enfant dans les bras.

Elle le regarda d'abord avec un ravissement inexprimable, puis des larmes jaillirent de ses yeux et elle le couvrit de baisers en sanglotant.

— Je connais ça, dit tout bas la sage-femme à l'oreille de Solange; elle pense au père en embrassant l'enfant.

Elle reprit le petit être, en déclarant que c'était le plus bel enfant qu'elle eût vu venir au monde, et se mit en devoir de le mettre dans ses langes.

Pendant ce temps, sur son ordre, Solange avait préparé un verre d'eau sucrée.

Elle en fit avaler trois ou quatre petites cuillerées à

l'enfant, qui témoigna tout de suite sa satisfaction par un petit bruit que fit sa langue au bord de ses lèvres.

— Oh! le petit gourmand, l'entendez-vous? dit-elle gaiement. Par exemple on ne dira pas que celui-là n'a pas envie de vivre!

Elle allait le coucher dans la corbeille d'osier.

— Je voudrais bien l'avoir près de moi, dit Gabrielle.

— Il ne faut pas qu'on vous contrarie, répondit la sage-femme.

Et elle coucha l'enfant à côté de la jeune mère.

— Il va dormir cinq ou six bonnes heures, reprit-elle; je reviendrai ce soir à six heures, nous lui donnerons encore un peu d'eau sucrée, et demain il prendra le sein comme un petit glouton qu'il est.

Elle se retira après avoir donné ses instructions à Solange pour les soins que réclamait la malade.

Toute la journée, la complice de Blaireau se montra très-affectueuse vis-à-vis de Gabrielle. Elle eut un redoublement d'attentions et de prévenances.

Quand la sage-femme revint, elle trouva la malade aussi bien que possible.

— Elle n'a pas encore dormi, lui dit Solange.

— Soyez tranquille, répondit-elle, le sommeil viendra.

Elle prit l'enfant, le fit boire, le mit dans d'autres langes, l'emmaillota, et, cette fois, le coucha dans le berceau.

Elle donna elle-même une tasse de bouillon à Gabrielle et arrangea sa tête sur les oreillers.

— Vos yeux se ferment, lui dit-elle en souriant, vous allez passer une bonne nuit.

En effet, la jeune mère était vaincue par le sommeil.

La nuit était venue, une nuit magnifique, splendidement étoilée.

En accompagnant la sage-femme jusqu'à la porte du jardin, Solange lui mit cinquante francs dans la main.

— Mais vous auriez pu me payer dans quelques jours lui dit-elle.

— Qu'est-ce que cela fait? J'aime autant que ce soit aujourd'hui.

— Avez-vous des nouvelles de votre neveu?

— Il arrivera très-probablement demain matin.

— Tant mieux! Vous lui ménagez une heureuse surprise.

La sage-femme s'en alla. Solange ferma soigneusement la porte.

Elle revint dans la chambre de Gabrielle. La jeune mère dormait d'un sommeil profond. L'enfant dormait aussi.

Il était plus de neuf heures.

— Je n'ai que juste le temps nécessaire, se dit-elle.

Elle passa dans sa chambre et acheva de s'habiller. Ensuite elle regarda partout.

— Non, je ne laisse rien, murmura-t-elle.

Elle prit une couverture de laine, placée d'avance sur un meuble et rentra dans l'autre chambre. Gabrielle n'avait pas fait un mouvement. Au milieu du silence profond on entendait le bruit régulier de sa respiration.

A la lueur pâle et indécise de la veilleuse, Solange regarda un instant ce charmant et doux visage. En pensant aux chagrins, aux douleurs réservés à cette malheureuse enfant, dont elle avait pu apprécier les qualités exquises du cœur, elle se sentit vivement émue. Tant il est vrai qu'à de certains moments les plus mauvaises natures peuvent se laisser attendrir.

Mais il y avait derrière elle le terrible Blaireau, son

maître ; elle était sa complice, elle était son esclave, elle ne pouvait plus reculer.

Cependant sa compassion se traduisit par un acte de générosité que Blaireau aurait certainement blâmé. Elle tira sa bourse et la mit dans un vide-poche sur la cheminée.

Au moment où elle se baissait pour prendre le petit, elle entendit la mère qui disait :

— Mon enfant !

Elle se redressa aussitôt avec effarement.

Gabrielle dormait toujours. Elle rêvait.

Solange eut un brusque mouvement de tête.

— Il le faut, murmura-t-elle.

Elle prit l'enfant, l'enveloppa rapidement dans la couverture de laine et sortit sans bruit de la chambre dont elle referma la porte.

Un instant après, elle était hors du jardin. Elle suivit un sentier à travers champs et arriva bientôt à une des rues qui aboutissent sur la place du Marché. Elle traversa la place sans rencontrer personne, et se dirigea rapidement vers la Seine.

Sur le chemin de halage, en face la pointe de l'île des Ravageurs, devenue si célèbre depuis le roman d'Eugène Sue, stationnait un coupé de maître attelé de deux chevaux superbes. Le cocher était sur son siège, enveloppé dans un ample manteau de couleur sombre, et la figure à demi cachée sous un chapeau de feutre à larges bords. Il avait quelque peine à maintenir ses deux bêtes qui piaffaient d'impatience.

Ce cocher n'était autre que Sosthène de Perny.

Un homme se trouvait dans le coupé. C'était Blaireau.

Avant que Solange fût arrivée près du coupé, la portière s'ouvrit.

— Vite, vite, dépêchons-nous, prononça la voix de Blaireau.

Solange lui tendit l'enfant et sauta dans la voiture. La portière se referma. Sosthène secoua les rênes, et les deux chevaux partirent avec la rapidité d'une flèche.

La voiture traversa le pont, suivit un instant la route d'Asnières et s'engagea sur celle de la Révolte pour aller rejoindre à Pantin la route de Meaux.

En vue de Noisy-le-Sec, les chevaux s'arrêtèrent.

Blaireau mit pied à terre pendant que Sosthène descendait de son siège.

— Eh bien, fit M. de Perny, quel sexe?

— Un gros garçon, répondit Blaireau.

— Ma foi, j'en suis bien aise!

— Il n'a pas poussé un cri et il dort comme un bienheureux... Hé! hé, continua-t-il en ricanant, ce fils d'une rien du tout ne se doute guère que nous en faisons un petit marquis.

Sosthène tressaillit.

— Quoi! fit-il stupéfié, vous savez?...

— Mon Dieu, oui, cher monsieur, je sais à peu près tout ce que vous n'avez pas eu l'amabilité de me dire. Mais soyez sans effroi, je ne suis pas homme à abuser du secret si intéressant de madame la marquise, votre sœur. Vous avez les vingt mille francs?

— Les voilà, répondit Sosthène, en remettant des billets de banque à Blaireau.

— J'ai confiance en vous, dit ce dernier, fourrant la liasse dans sa poche, je compterai plus tard. Maintenant, continua-t-il, vous n'avez plus besoin de moi. Il ne me reste qu'à vous souhaiter bonne chance.

— Merci!

— Vous pouvez avoir une confiance entière dans la

personne qui va jouer là-bas le rôle de sage-femme. A propos, n'oubliez pas qu'elle a droit à une petite gratification.

— Elle n'aura pas à se plaindre.

— On ne peut mieux dire. Allons, bon voyage ! Moi je retourne à Paris sur mes deux jambes.

Sosthène remonta sur son siége, et les deux coureurs, aux jarrets d'acier, reprirent leur course rapide.

Blaireau se redressa au milieu de la route et jeta autour de lui un regard dominateur, qui révélait son profond dédain pour l'humanité.

— Voilà une affaire terminée, murmura-t-il. A une autre !

Et un petit rire sec, aigu, éclata entre ses grosses lèvres.

XIX

LA CHAMBRE DE LA NOURRICE

Il était jour lorsque la voiture entra dans le parc de Coulange par la grille des Loches.

Le soleil commençait à plonger ses rayons dans la vallée, qu'il inondait de lumière. L'air était encore imprégné des parfums de la nuit. Sur la prairie, couverte d'une rosée étincelante, se mariaient les douces couleurs de l'arc-en-ciel. Au chant des oiseaux dans les arbres et les buissons se mêlaient les bourdonnements des insectes, les rumeurs lointaines, insaisissables du réveil de la nature. C'était un véritable concert.

Madame de Perny était déjà debout, aux aguets ; elle

entendit le roulement de la voiture sur le sable de l'allée. Elle accourut au-devant des voyageurs. Elle entraîna vivement Solange, pendant que son fils s'occupait des chevaux et de la voiture.

Personne ne l'avait vue arriver. Sur l'ordre de madame de Perny, le jardinier et son aide faisaient un travail à l'autre extrémité du parc. La femme du premier n'était pas encore levée.

Solange fut introduite dans une grande et belle chambre où il y avait un lit, et près du lit une jolie berceonnette. Cette chambre était destinée à la nourrice.

Madame de Perny ouvrit des tiroirs et montra à Solange tout ce qui compose ordinairement la layette d'un enfant riche.

— Vous le débarrasserez de tout ce qu'il a sur lui, dit-elle, et vous l'arrangerez avec ceci.

L'enfant s'était réveillé, il commençait à ouvrir ses jolis petits yeux, et, entre ses lèvres qui remuaient, on voyait les mouvements de sa petite langue rose.

Solange fit ce qu'elle avait vu faire à la sage-femme d'Asnières; elle prépara un verre d'eau sucrée et fit boire l'enfant. Ensuite, après l'avoir dépouillé de ses langes, qu'elle enveloppa dans le maillot, elle l'arrangea ainsi que madame de Perny le lui avait ordonné.

— Une belle destinée l'attend, il sera heureux, se disait-elle. Mais sa mère, sa mère !...

Peu après, l'enfant se rendormit. Elle le coucha dans le berceau et resta assise près de lui. Depuis un instant madame de Perny l'avait quittée. Au bout d'une demi-heure, Solange la vit reparaître amenant avec elle une jeune femme dont la pâleur étrange et le regard douloureux la frappèrent.

— On dirait une statue qui marche, pensa-t-elle.

Madame de Perny poussa la marquise jusque devant le berceau. Les yeux de la jeune femme tombèrent sur le visage de l'enfant. Aussitôt elle se rejeta en arrière en poussant un cri rauque. Puis, se tournant vers sa mère, ayant dans le regard une expression intraduisible :

— Vous êtes allés jusqu'au bout, dit-elle d'une voix sourde ; rien ne vous a fait reculer, et sans honte et sans remords vous avez accompli ce crime !

— Ma fille, dans quelques jours vous nous remercierez.

— De mon malheur, n'est-ce pas, ma mère ? et de l'effroyable responsabilité qui va peser sur moi ?

Après être restée un moment accablée, elle se redressa.

— Ainsi, reprit-elle avec une énergie farouche, il y a quelque part une misérable femme, une mère, qui a été assez lâche, assez infâme pour vous vendre son enfant !

Un sanglot déchirant s'échappa de sa poitrine, et elle sortit brusquement de la chambre.

Madame de Perny s'approcha de Solange stupéfiée, et, lui mettant la main sur l'épaule, elle lui dit d'un ton impérieux :

— Ne répétez jamais à qui que ce soit, vous entendez, jamais, ce que vous venez d'entendre.

— Je serai muette, répondit Solange.

— D'ailleurs, il s'agit de votre sûreté, ajouta madame de Perny.

Sur ces mots elle se retira.

— Par exemple, je ne m'attendais guère à pareille aventure, pensait Solange, ne pouvant se remettre de sa surprise ; tout cela est bien mystérieux ; que se passe-t-il donc ici ?

Elle n'eut pas le temps de se livrer longtemps à ses réflexions. Une des deux portes de la chambre s'ouvrit sans bruit, et la marquise s'avança vers elle en glissant comme une ombre.

— C'est vous qui avez apporté cet enfant? lui demanda-t-elle à voix basse.

— Oui, madame, répondit Solange sur le même ton.

— Dites-moi où vous l'avez pris.

Solange interloquée se troubla.

— Mais, madame... balbutia-t-elle.

— Vous connaissez la mère?

— Non, madame, répondit Solange, retrouvant subitement son aplomb.

— Alors je répète ma première question : Où avez-vous pris cet enfant?

— On me l'a remis hier soir.

— Qui?

— Un homme.

— Quel est cet homme?

— Je ne le connais pas.

— Mais qui donc vous paye?

— Je ne le sais pas encore.

— Ah!

— Je ne suis pas riche, reprit Solange avec l'accent de la sincérité, l'homme inconnu est venu me trouver hier soir et m'a dit, en me remettant l'enfant: « Il faut le conduire à vingt-cinq ou trente lieues de Paris ; partez immédiatement, vous trouverez au coin de la rue une voiture qui vous attend. Je n'ai pas besoin de vous dire, ajouta l'inconnu, que vous serez généreusement récompensée du service que vous allez rendre. » J'ai obéi, continua Solange, comptant sur la récompense que l'homme inconnu m'a promise.

— Ainsi, vous ne savez rien ?
— Absolument rien, madame, je vous le jure !
— Comment vous appelez-vous ?
— Rosine Dubois, répondit Solange sans hésiter.
— Et vous demeurez à Paris ?
— Oui, madame.
— Donnez-moi votre adresse ?
— Rue Saint-Denis, n° 70.
— C'est bien.

Après avoir réfléchi un instant, la marquise reprit :
— On a eu ici la précaution d'acheter une layette pour cet enfant.
— Et très-belle, madame.
— Vous allez remplacer toutes les choses qu'il a sur lui.
— Je l'ai déjà fait, madame, d'après les ordres que l'autre dame m'a donnés.
— Ah !... Où tout cela est-il ?
— J'en ai fait le petit paquet que voilà.

La marquise le prit en disant :
— C'est pour moi.

Solange se leva brusquement.
— Pardon, madame, dit-elle ; mais, tout à l'heure, si la vieille dame me demande ces objets, ce qui est probable, que devrai-je lui répondre ?
— C'est juste, je ne pensais pas à cela. Eh bien, vous lui direz que, croyant bien faire, vous les avez brûlés.
— Elle n'aura qu'à regarder dans la cheminée pour découvrir mon mensonge.
— Non, elle vous croira, attendez-moi une minute.

La marquise sortit précipitamment, emportant les langes de l'enfant, et revint au bout d'un instant avec des allumettes et une brassée de linge. Elle n'avait pas pris le temps de choisir dans sa lingerie. C'étaient des serviettes fines, des mouchoirs de batiste délicieusement brodés, de la dentelle, des guipures...

De tout cela, sous les yeux ébahis de la Solange, elle fit un feu de joie. Et quand les dernières parcelles furent brûlées et qu'elle eut suffisamment remué les cendres, elle se redressa en disant :

— C'est fait !

Un doigt sur ses lèvres, recommandant ainsi à Solange d'être discrète, elle recula lentement jusqu'à la porte et disparut.

— Décidément, c'est de plus en plus étrange, murmura Solange. Je vois ce qu'elle veut. Je crois bien que la petite chemise est marquée G L, mais si c'est avec cela qu'elle espère trouver la mère du petit, elle cherchera longtemps.

A sept heures, la femme du jardinier, investie momentanément des fonctions de cordon bleu, vint prendre les ordres de madame de Perny. Celle-ci, paraissant très-affairée, très-émue, lui annonça que, le matin même, au jour naissant, madame la marquise de Coulange avait heureusement mis un fils au monde.

La brave femme poussa des exclamations joyeuses. C'était commandé par la circonstance, mais le cœur y était. Un instant après elle alla faire des commissions au village ; elle ne manqua pas d'annoncer partout la bonne nouvelle.

Le village fut aussitôt en grand émoi. Tous les paysans, les riches comme les pauvres, voulurent montrer qu'ils n'étaient pas insensibles à la joie du château.

A neuf heures la nourrice arriva. Elle fut immédiatement installée dans sa chambre.

— C'est cette chambre que nous avons choisie pour

vous, lui dit madame de Perny, j'espère qu'elle vous plaira et que vous vous y trouverez à votre aise.

— Oui, madame, je serai parfaitement bien ici.

— Du reste, dans trois mois au plus tard, vers le 15 novembre, nous rentrerons à Paris.

La nourrice s'approcha du berceau et regarda l'enfant.

— Oh ! comme il est beau ! exclama-t-elle.

Elle le prit dans ses bras et lui mit un baiser sur le front.

— Je sens que je l'aime déjà, dit-elle.

Madame de Perny souriait.

Pendant ce temps, n'ayant plus ses soins à donner à l'enfant, mademoiselle Solange déjeunait. Quand elle eut fini, et comme elle quittait la table, le domestique qui était arrivé avec la nourrice, vint la prendre et la conduisit dans l'appartement de madame de Perny.

— Je sors de la chambre de la nourrice, lui dit madame de Perny, je n'y ai pas retrouvé le maillot que l'enfant avait sur lui, où donc l'avez-vous placé ?

— Je ne sais pas si j'ai eu tort, madame, répondit humblement Solange ; croyant avoir deviné votre intention, j'ai brûlé les langes dans la cheminée.

— Allons, vous êtes une personne prudente ; vous avez fait ce que je voulais faire moi-même. C'est bien. Vous avez eu, je le sais, un rôle très-actif dans toute cette affaire, et vous avez droit à notre reconnaissance. Je tiens, personnellement, à vous témoigner ma satisfaction. Prenez ceci.

Et elle mit un billet de mille francs dans la main de Solange.

— Nous allons vous garder encore deux ou trois jours au château, reprit-elle ; ensuite vous pourrez retourner à Paris. Nos domestiques, que j'ai cru devoir éloigner en leur donnant un congé, reviendront ce soir ; je n'ai pas besoin de vous recommander la plus grande discrétion. Vous ne devez pas oublier, surtout, que pour tout le monde ici vous êtes la sage-femme.

— Vous pouvez être tranquille, madame.

— D'ailleurs, ajouta madame de Perny, je ne veux pas vous tenir prisonnière dans une chambre ; les jardins et le parc sont très-beaux, il ne tient qu'à vous de les visiter, si vous en avez le désir.

— Je vous remercie, madame, de la permission que vous me donnez.

— En dehors des instants que vous devez avoir l'air de consacrer à votre malade, vous êtes entièrement libre.

Solange quitta madame de Perny pour aller prendre l'air au milieu des jardins.

Dans la journée, Sosthène de Perny se présenta à la mairie de Coulange, accompagné de deux témoins : l'un était le notaire de l'endroit, l'autre un des fermiers du marquis.

M. de Perny déclara au maire que ce jour même, à cinq heures du matin, il était né au château de Coulange un enfant du sexe masculin, ayant pour père et mère Charles-Édouard, marquis de Coulange, et Louise Eugénie-Mathilde de Perny, marquise de Coulange. Il ajouta qu'on donnait à l'enfant les prénoms de Eugène-Charles.

Acte de la déclaration fut pris séance tenante, et au bas, sur le registre, signèrent le maire, M. Sosthène de Perny et les témoins.

Le papier laisse écrire, les hommes les plus honorables peuvent être trompés.

Un acte de l'état civil légalisait le crime !

Madame de Perny écrivit une longue lettre au marquis de Coulange pour lui annoncer la naissance de son fils. Elle ne manqua pas de lui dire que sa fille l'avait appelé à grands cris, qu'elle le réclamait sans cesse, et qu'on espérait apprendre bientôt que le séjour à Madère donnait enfin les bons résultats attendus.

Elle n'oublia pas non plus de terminer son épître par le cliché consacré : « La mère et l'enfant se portent bien. »

De son côté, Sosthène écrivit au docteur Gendron. Il éprouvait le besoin de lui apprendre qu'à Coulange, au château et au village, tout le monde était dans la joie.

XX

LE RÉVEIL DE GABRIELLE

Gabrielle s'était endormie vers neuf heures du soir, elle ne fit qu'un somme jusqu'à six heures du matin. Quand elle ouvrit les yeux elle se sentit reposée et déjà moins faible. Sa première pensée fut pour son enfant, et un doux sourire s'épanouit sur ses lèvres.

Bien qu'il fît grand jour, la chambre se trouvait dans une demi-obscurité. La veilleuse s'était noyée dans l'huile et la jalousie de la fenêtre était baissée. Toutefois, quelques rayons de soleil se glissaient à travers les planchettes pour pénétrer jusqu'au milieu de la chambre et piquer les rideaux du lit.

— Il ne doit pas être de bonne heure ; comme j'ai dormi longtemps ! murmura la jeune mère.

Les yeux fixés sur le berceau d'osier, elle se souleva sur son lit. Elle ne pouvait voir que la pièce de mousseline qui recouvrait le berceau. Mais si l'étoffe arrêtait sa vue, elle laissait passer son âme. Et Gabrielle, toute souriante, croyait contempler son enfant endormi.

On lui avait vivement recommandé de ne pas faire d'imprudence, surtout de rester couchée. Malgré le grand désir qu'elle avait d'embrasser le cher trésor, elle n'osait pas descendre du lit pour le prendre.

Autour d'elle tout était silencieux ; rien ne bougeait dans la maison.

— Félicie est allée faire ses commissions, pensa-t-elle.

La tête penchée vers le berceau, l'oreille tendue, elle cherchait à écouter la respiration de l'enfant. Elle entendit le bourdonnement d'une mouche, qui voletait sous le plafond, et dans le jardin le petit cri d'une mésange.

Elle attendit assez patiemment pendant une demi-heure.

C'était toujours le même silence dans la maison : elle n'entendait point crier sous le pied le sable des allées.

Il me semble qu'elle reste bien longtemps ! dit-elle.

Elle attendit encore, mais avec un commencement d'agitation et un peu inquiète sans savoir pourquoi. Une seconde demi-heure s'était écoulée.

Perdant subitement patience, et son cœur lui faisant oublier toutes les recommandations, elle se mit sur son séant et glissa ses jambes hors du lit. Les deux pieds nus touchèrent le parquet, elle était debout.

Frémissante, le sein bondissant, elle marcha vers le

berceau. Elle s'inclina, et, d'une main impatiente, elle enleva le rideau de mousseline.

Aussitôt, voyant le berceau vide, elle se redressa en poussant un cri de surprise.

Elle ne comprenait pas encore.

Elle ouvrit la fenêtre, releva la jalousie et plongea avidement son regard dans le jardin. Elle ne vit personne.

La chambre s'était soudainement remplie de lumière.

Elle revint au milieu de la pièce et regarda autour d'elle comme hébétée. Elle vit la bourse sur le vide-poche, elle la prit machinalement. Elle reconnut que c'était la bourse de celle qui se nommait pour elle Félicie Trélat. Elle la rejeta sur le marbre.

— Mais où donc est-elle avec mon enfant ? s'écria-t-elle.

Et aussitôt elle se mit à appeler de toutes ses forces :
— Madame Félicie ! Madame Félicie !

Aucune voix ne lui répondit.

— C'est étrange, murmura-t-elle, les mains appuyées sur son front ; qu'est-ce que cela signifie ? Mon Dieu, il me semble que j'ai peur !

Elle appela de nouveau, plus fort que la première fois. Ce fut le même silence effrayant. Une douleur poignante pénétra dans son cœur. Éperdue, sans savoir ce qu'elle faisait, répondant sans doute à l'instinct de la pudeur, elle serra un jupon autour de ses hanches, mit ses pieds dans des pantoufles, jeta un fichu sur ses épaules, s'élança hors de sa chambre et se précipita, affolée, dans celle que Solange avait occupée.

D'abord elle resta un instant immobile, les yeux hagards, sans rien voir et comme n'ayant aucune pensée. Mais bientôt elle s'aperçut que tout était en désordre dans la chambre. Elle entra dans le cabinet. Il n'y avait plus un seul vêtement. Elle revint dans la chambre et ouvrit une armoire. Comme dans le cabinet, il n'y avait plus rien dans l'armoire.

Soudain, une affreuse lumière éclaira la pensée de la malheureuse enfant, et elle vit sortir des ténèbres de son cerveau l'épouvantable vérité.

Elle poussa un cri horrible. Puis, haletante, les yeux sortant de leur orbite, les traits contractés, elle tourna sur elle-même prête à tomber. Elle s'accrocha au bouton de la fenêtre sur lequel ses deux mains se crispèrent.

— Mon enfant ! elle m'a volé mon enfant ! exclama-t-elle d'une voix qui n'avait plus rien d'humain.

Faisant un suprême effort, elle parvint à ouvrir la fenêtre. Alors elle se mit à crier :

— Mon enfant ! rendez-moi mon enfant !... Au secours, au secours !...

Ses dernières forces étaient épuisées : ses jambes fléchirent, elle tomba à la renverse, en poussant un sourd gémissement, et elle resta étendue sans mouvement sur le parquet.

Depuis plus d'un quart d'heure, la sage-femme était dans la rue devant la porte d'entrée du jardin. Ayant trouvé cette porte fermée, et, supposant que madame Trélat était sortie pour faire quelques achats, elle attendait son retour.

Les cris de Gabrielle et son appel désespéré la glacèrent de terreur. Elle ne douta pas qu'un malheur ne fût arrivé.

Non loin de là, deux hommes travaillaient dans un champ. Elle les appela à grands cris. Ils accoururent.

— Messieurs, leur dit-elle, je vous en supplie, tâchez

de m'ouvrir cette porte ; je ne sais pas ce qui se passe dans cette maison, mais il s'agit certainement d'un épouvantable malheur.

La serrure était solide, les hommes essayèrent vainement de la forcer.

D'autres personnes arrivèrent.

— Il y a une autre porte dans le mur du jardin, dit une femme ; celle-là n'est peut-être pas fermée.

On y courut. En effet, la porte était entr'ouverte, Solange n'ayant pas pris le temps de la fermer.

La sage-femme se dirigea rapidement vers la maison, les autres la suivirent. Elle entra d'abord dans la chambre de Gabrielle, dont elle sortit aussitôt, en voyant que le lit et le berceau étaient vides.

Mais, déjà, les quatre ou cinq femmes qui étaient là poussaient de grandes exclamations pendant qu'un homme robuste relevait Gabrielle, qui ne donnait plus signe de vie. La sage-femme dit à l'homme :

— Portez-la dans son lit ; vite, vite, voilà sa chambre.

Et quand la jeune fille fut couchée, la brave femme se mit en devoir de lui donner des soins empressés. Pour le moment elle ne pensait pas à l'enfant disparu.

— Oh ! la pauvre enfant ! répétait-elle à chaque instant, elle est capable d'en mourir !

Au bout d'un quart d'heure ou vingt minutes d'affreuse inquiétude, Gabrielle revint à la vie. Ses yeux égarés se fixèrent sur la sage-femme d'abord, ensuite sur les autres personnes qui entouraient le lit.

— Ma bonne amie, me reconnaissez-vous ? lui demanda la sage-femme d'une voix anxieuse.

La jeune fille sursauta et passa rapidement sa main sur son front et sur ses yeux. Puis se dressant sur son lit :

— Mon enfant ! rendez-moi mon enfant ! s'écria-t-elle d'un ton farouche. Vous m'avez trompée, misérable !... Ah ! voleuse, voleuse d'enfant !...

Les témoins de cette scène se regardèrent avec stupeur.

— C'est ça, dit une femme, on lui a pris son enfant à cette pauvre petite.

— Oui, son enfant qui est né d'hier, ajouta la sage-femme.

Ce fut une indignation générale, il y eut des imprécations et des cris de fureur.

— Silence ! ordonna la sage-femme ; ne comprenez-vous pas que vous l'effrayez ?... Il faut qu'un de vous aille prévenir le commissaire de police.

— J'y cours, dit un homme.

La sage-femme se pencha vers Gabrielle.

— M'entendez-vous ? lui demanda-t-elle.

La jeune fille répondit par un signe de tête affirmatif.

— Dites-moi donc qui vous accusez de vous avoir volé votre enfant.

Les yeux de Gabrielle lancèrent des éclairs. Elle répondit :

— Elle ! Oui, c'est elle, la femme qui m'a amenée ici !

— Votre tante ?

— Mensonge ! Elle n'est pas ma tante... je ne la connaissais pas il y a six mois !

— Oh ! je commence à comprendre, murmura la sage-femme en frissonnant.

Elle reprit :

— Votre mari va venir, vous l'attendez ?

La figure de la malheureuse prit une expression que rien ne saurait rendre.

— Je n'ai pas de mari, je ne suis pas mariée, prononça-t-elle avec égarement, je suis une fille séduite, abandonnée, perdue, perdue !...

Et repoussant la sage-femme avec une sorte de violence :

— Allez-vous-en, reprit-elle, laissez-moi mourir !

Elle fit entendre une plainte, semblable à un râle, et sa tête tomba lourdement sur le traversin.

Elle resta immobile, les yeux fixes, démesurément ouverts. On aurait dit qu'elle était morte.

— C'est affreux !... murmura la sage-femme.

Puis s'adressant à une des femmes :

— Je vous en prie, lui dit-elle, allez vite chercher un médecin.

La femme partit.

Peu de temps après, le commissaire de police arriva. Il était accompagné de son secrétaire et d'un agent de la sûreté.

La sage-femme lui montra la jeune fille étendue sans mouvement. Ensuite, elle lui raconta très-vite l'accouchement de la veille, et comment, venant voir la jeune mère le matin, elle avait entendu ses cris désespérés, lesquels étaient provoqués par la disparition de son enfant.

— Cette malheureuse, continua-t-elle, habitait ici depuis quelques mois avec une femme plus âgée qu'elle, qui s'est présentée chez moi sous le nom de Félicie Trélat. Est-ce son véritable nom ? Je ne saurais le dire. Elle se disait la tante de sa compagne. Or, cette pauvre enfant nous a déclaré tout à l'heure que c'était un mensonge, et qu'il y a six mois elle ne connaissait pas Félicie Trélat. Cette femme a disparu, monsieur le commissaire ; évidemment, c'est elle qui a enlevé l'enfant.

— Ce fait est d'une gravité exceptionnelle, dit le commissaire de police. Nous allons procéder à une enquête sérieuse qui, je l'espère, éclairera la justice.

Il s'approcha de Gabrielle.

— Mon enfant, lui dit-il d'un ton affectueux, je voudrais vous interroger.

Elle n'eut pas l'air d'avoir entendu.

Il lui prit la main et répéta les mêmes paroles.

Gabrielle resta dans son effrayante immobilité.

Le magistrat hocha la tête. Puis se retournant vers la sage-femme :

— Comment, lui dit-il avec sévérité, il n'y a pas de médecin ici !

— Monsieur le commissaire, j'en ai envoyé chercher un ; il ne peut pas tarder à arriver.

— En ce cas, je n'ai pas de reproches à vous faire.

Il fit passer tout le monde dans l'autre chambre, à l'exception de la sage-femme, qui resta près de Gabrielle. Il y avait une dizaine de personnes, des habitants de la rue, voisins et voisines. Le commissaire les interrogea. Voici à peu près ce qu'il recueillit :

C'est dans les premiers jours de mai que la dame Félicie Trélat était venue s'installer dans la maison. On la voyait presque tous les jours quand elle sortait pour faire ses provisions. Elle ne parlait jamais à personne, ne recevait aucun visiteur ; la porte du jardin restait constamment fermée. On ignorait absolument qu'elle vécût en compagnie d'une autre femme, car on n'avait jamais vu sa compagne.

Parfois on entendait, le soir, le son du piano ; la maison ayant déjà été habitée par des artistes, on supposait que la dame mystérieuse était aussi une artiste. Grande, encore jolie, toujours bien vêtue, elle avait l'apparence d'une rentière.

10.

En multipliant ses questions le magistrat parvint faire tracer, aussi exactement que possible, le signalement de la soi-disant dame Trélat.

Mais il ne se dissimulait pas les difficultés de la tâche qui lui incombait. Il était en présence d'un mystère étrange, et il comprenait que l'enlèvement de l'enfant avait été l'objet d'une longue préméditation, que tout avait été préparé, calculé ; la location de la maison, la jeune fille cachée à tous les yeux en étaient la preuve. Evidemment, la chose avait été conduite avec une grande habileté, et on avait certainement pris toutes les mesures nécessaires pour ne pas avoir à redouter les investigations de la justice.

Il ne lui resta aucun doute à cet égard lorsqu'il eut constaté que la femme avait emporté tout ce qui lui appartenait, ne laissant ainsi aucune trace de son séjour dans la maison.

— Décidément nous avons à faire à forte partie, dit le magistrat.

— Oui, monsieur le commissaire, répondit l'inspecteur de police ; mais la femme n'était pas seule, elle avait plusieurs complices. Ces gens-là sont des malins ; ils n'en sont certainement pas à leur coup d'essai.

Cet agent de la sûreté, que le hasard avait amené ce jour-là à Asnières, était un homme de trente-cinq ans. Il se nommait Morlot. Il avait le front intelligent, les yeux brillants, le regard profond, méditatif, les traits accentués, et sur le visage une sorte de rudesse qui révélait l'homme énergique et la puissance de sa volonté.

— Vous êtes servi à souhait, Morlot, lui dit le commissaire, vous voilà le premier sur la piste d'un crime qui n'est pas moins épouvantable qu'un assassinat. Si vous découvrez les coupables, si vous parvenez à percer ce mystère, vous sortez immédiatement de l'obscurité, et votre légitime ambition est satisfaite.

Les yeux du policier étincelèrent.

— Mes chefs connaissent mon activité, mon zèle, mon désir de bien faire, je ferai tout ce qui dépendra de moi pour les contenter, répondit-il modestement.

Il ajouta :

— La jeune dame malade va probablement nous fournir de précieux renseignements.

— Je le pense. Espérons qu'elle va pouvoir répondre à mes questions.

Depuis un instant le médecin était près de Gabrielle. Le commissaire, son secrétaire et l'agent revinrent dans la chambre de la jeune mère.

— Comment va-t-elle ? demanda le magistrat au docteur.

Celui-ci secoua la tête.

— Sa vie n'est pas menacée ? s'écria le commissaire.

— Je ne peux rien dire, monsieur, répondit le médecin; la malheureuse a reçu un coup terrible.

— Puis-je l'interroger ?

— Elle n'a pas prononcé un mot depuis que je lui donne mes soins, mais vous pouvez essayer.

Grâce aux remèdes que lui avait administrés le docteur, Gabrielle était sortie de son engourdissement. Maintenant elle regardait autour d'elle.

— Ma chère enfant, lui dit le commissaire, une misérable femme vous a pris votre enfant; mais si vous me répondez, nous le retrouverons, et il vous sera rendu.

Les yeux de Gabrielle s'arrêtèrent sur le magistrat et s'animèrent.

— Mon enfant! Mon enfant! prononça-t-elle d'une voix dolente et douce, il était là, dans son berceau..., il était petit, mignon et tout rose... Et puis, vous ne savez pas, c'était un garçon !... Je l'ai vu ; avec ses petits yeux qui s'ouvraient à peine, il m'a regardée, et moi je l'ai embrassé... Pauvre petit !... Je vais vous dire, il n'avait pas de papa... Alors les anges sont venus et ils l'ont emporté bien loin, bien loin, jusque là-bas, au fond du ciel bleu, au milieu des étoiles...

— Eh bien, les anges vous le rapporteront, fit le commissaire. Comment vous appelez-vous ?

Elle secoua la tête.

— Voyons, mon enfant, dites-nous votre nom, dites-nous où vous demeuriez avant de venir à Asnières.

Gabrielle resta un moment silencieuse, ayant l'air de chercher quelque chose dans sa mémoire ; puis, prenant sa tête entre ses deux mains, elle répondit :

— Je ne sais pas.

— Je vous en prie, faites un effort, souvenez-vous.

— Je ne sais pas, murmura-t-elle encore.

— Monsieur le commissaire, dit tristement le médecin, n'insistez plus, elle ne vous répondra pas. Il y a un grand trouble dans son cerveau ; hélas ! je voudrais me tromper, je crains que ce ne soit le commencement d'une fièvre cérébrale.

Le magistrat s'éloigna à regret du lit. Quant à l'agent Morlot, il ne cherchait pas à cacher son désappointement.

XXI

L'AGENT MORLOT

Avant de se retirer, le commissaire de police fit une visite minutieuse dans la chambre. Il eut beau fouiller tous les tiroirs de la commode, dans les placards, dans les effets de la malade, partout, il ne découvrit rien qui pût l'aider seulement à établir l'identité de la jeune fille. Ce n'était pas assez de la marque G. L. sur le linge. Toutefois il en prit note, et Morlot mit les deux lettres sur un feuillet de son carnet.

— Il est certain, pensait l'inspecteur de police, que si elle avait des papiers et autre chose de nature à compromettre les coupables, ceux-ci ont pris la précaution de les faire disparaître.

Son raisonnement lui paraissait d'autant mieux fondé qu'il était facile de voir qu'on avait fait tout récemment du feu dans l'autre chambre.

— Généralement, se disait judicieusement l'agent, quand au mois d'août on fait du feu dans une chambre à coucher, c'est qu'on a quelque chose qui gêne et qu'on veut détruire en le brûlant.

En trouvant la bourse sur le marbre de la cheminée, le commissaire compta ce qu'elle contenait, — trois cent vingt francs, — sous les yeux du médecin et de la sage-femme. Ensuite il mit la bourse dans sa poche, en disant :

— Cette pauvre enfant est placée maintenant sous la protection de la justice ; c'est moi qui payerai toutes les dépenses qu'on fera ici pour elle jusqu'à sa guérison.

Une femme s'étant offerte pour rester près de la jeune fille, le commissaire lui confia cette mission, à condition qu'elle ne quitterait pas la malade d'un instant et qu'elle coucherait dans la maison.

Il se réservait, d'ailleurs, d'établir autour de la maison une active surveillance.

Avant de s'en aller, il dit au médecin :

— Monsieur le docteur, je puis compter sur vous,

n'est-ce pas? Vous donnerez à votre intéressante malade tous les soins que réclame sa triste position.

— Monsieur le commissaire, je vous le promets, répondit le médecin.

— Je vous la recommande également, madame, dit-il à la sage-femme.

Celle-ci était une digne et honnête femme qui remplissait scrupuleusement tous les devoirs de sa profession. Dès l'arrivée du médecin, elle s'était mise à ses ordres avec empressement.

Le commissaire de police avait appris qu'un homme d'affaires, demeurant à Asnières, avait été chargé de louer la maison. Tenant à poursuivre sans retard son enquête, il envoya chercher l'homme d'affaires. Celui-ci ne savait rien encore. Il se présenta au bureau de police, un peu effrayé peut-être d'être appelé par le commissaire.

— Monsieur, lui dit le magistrat, vous êtes un intermédiaire entre certains propriétaires de la ville et les personnes qui veulent acheter ou louer des maisons?

— Qui, monsieur le commissaire.

— Vous avez loué, il y a quelques mois, une maison avec jardin, rue Vieille-d'Argenteuil?

— En effet, monsieur.

— Veuillez avoir l'obligeance de me dire comment et à qui vous avez fait cette location?

— J'ai loué la maison, toute meublée, pour six mois, c'est-à-dire pour la saison d'été, moyennant la somme de quinze cents francs qui m'a été payée comptant et dont j'ai donné quittance.

— A qui avez-vous loué?

— A une dame veuve, madame Trélat, qui désirait passer l'été à Asnières avec sa fille un peu malade.

— Est-ce que vous la connaissez, cette dame Trélat?

— Nullement, monsieur le commissaire; je puis même vous dire que je ne l'ai vue qu'une seule fois, quinze jours ou trois semaines après son installation à Asnières.

— Mais ce n'est donc pas à elle que vous avez loué?

— Je vous demande pardon, monsieur le commissaire, c'est bien à cette dame que j'ai loué, puisque j'ai délivré la quittance à son nom. Seulement, c'est à un homme à qui j'ai eu affaire...

Le magistrat fit un mouvement et Morlot se rapprocha vivement pour mieux entendre.

— Alors, cet homme? reprit le commissaire...

— Je ne le connais pas plus que madame Trélat, dont il m'a dit qu'il était le frère.

— De sorte que vous ignorez qui il est, ce qu'il fait, où il demeure?

— Absolument, monsieur le commissaire.

Le magistrat et l'agent échangèrent un regard qui signifiait :

— Nous n'apprendrons rien.

— Pouvez-vous nous donner à peu près le signalement de cet homme? demanda le commissaire.

— Ne l'ayant vu qu'une seule fois, cela me serait difficile. Cependant, j'ai remarqué qu'il pouvait avoir quarante ans, qu'il était petit, trapu, large des épaules et déjà chauve ; qu'il avait le cou très-court et qu'il était fort laid. Très-bien mis, il me parut être un homme riche, occupant dans le monde une belle position.

— C'est bien, monsieur; malheureusement vous ne nous donnez que des renseignements bien insuffisants... En quelle circonstance avez-vous vu la dame Trélat?

— En allant lui faire une visite. Bien que je ne doutasse point de sa parfaite honorabilité, ma responsabilité de mandataire m'obligeait à voir par moi-même ce qui se passait dans la maison. Je fus satisfait de ma visite et je me retirai convaincu que j'avais trouvé une locataire tout à fait convenable.

— Et vous vous êtes borné à cette seule visite?

— Oui, monsieur, dans la crainte d'être indiscret ou importun.

— Dans cette visite, avez-vous vu la personne qu'on vous avait désignée comme étant la fille de la dame Trélat?

— Non, monsieur, je ne fus pas présenté à cette demoiselle. — « Ma fille repose en ce moment, me dit madame Trélat, sa santé est toujours mauvaise. »

— Eh bien, monsieur, reprit le commissaire, il est fort heureux pour vous que le loyer de la maison vous ait été payé d'avance ; sans cela vous l'auriez perdu.

— Que voulez-vous dire, monsieur le commissaire?

— Que la femme à qui vous avez loué ne se nomme probablement pas Trélat, que vous avez eu affaire à deux aventuriers, à deux misérables qui sont en ce moment l'objet des recherches de la justice.

L'homme d'affaires était stupéfié.

En quelques mots, le commissaire lui apprit ce qui s'était passé rue Vieille-d'Argenteuil. Il ajouta :

— Si le hasard vous faisait découvrir quelque chose, monsieur, ne manquez pas de venir me trouver immédiatement.

Quand l'homme d'affaires se fut retiré, le commissaire se tourna vers l'inspecteur de police.

— Eh bien, Morlot, lui demanda-t-il, que pensez-vous de tout cela?

L'agent était sombre. Il tordait fiévreusement sa moustache.

— Monsieur le commissaire, répondit-il, je pense que nous sommes entourés de ténèbres épaisses ; pour moi, je n'y vois goutte ; c'est comme si vous aviez à chercher une aiguille dans un champ de blé. Mais il ne faut jamais se décourager ; plus ce mystère est profond, plus nous devons garder l'espoir de le pénétrer. D'ailleurs, vous n'avez pas encore les renseignements que peut vous fournir la mère de l'enfant. Qui sait s'ils ne vous mettront pas sur la trace des misérables ?

— Ils ont certainement pris vis-à-vis d'elle les mêmes précautions afin d'échapper à toutes les recherches.

— Je le crois, fit Morlot.

— Et puis la malheureuse jeune fille peut mourir.

— C'est vrai.

— En ce qui me concerne, quant à présent du moins, l'enquête est terminée ; je vais rédiger mon rapport et l'envoyer à Paris.

Morlot approuva par un mouvement de tête, et il prit congé du commissaire de police.

Les deux mains dans ses poches, la tête penchée, le front rêveur, tout en marchant lentement, il réfléchissait.

— Un G. un L., deux initiales, se disait-il, une jeune fille séduite, pêchée au fond du gouffre de Paris, un homme laid paraissant riche qui loue une maison, une femme qui cache la jeune fille pendant plusieurs mois pour lui voler son enfant, qu'est-ce que c'est que cela ? Rien... Eh bien, n'importe, je chercherai quand même, et ne serait-ce que dans cinq ans, dans dix ans, dans vingt ans, si j'y suis encore, de ce rien il faudra que je fasse sortir quelque chose.

Le vol de l'enfant a été prémédité, préparé, cela n'est

pas douteux. Mais pourquoi prendre un enfant à sa mère ? Dans quel intérêt ? Dans quel but ? Enormes questions ! On peut leur répondre de cent manières différentes. D'abord, il y a des gens riches dans cette affaire ; des malheureux n'auraient pu louer une maison à Asnières en payant quinze cents francs d'avance, sans compter les dépenses faites depuis.

Voyons, c'est peut-être le père de l'enfant qui l'a fait enlever à la mère ?... Un amant ? Pourquoi non ? Ce pourrait être aussi la famille de ce dernier pour l'empêcher de le reconnaître, pour mettre obstacle au mariage ou pour tout autre motif, qui a voulu faire disparaître l'enfant... Oui, c'est possible. Mais ce sont là des suppositions, et j'en pourrais faire bien d'autres. Ce qu'il me faut, c'est une certitude. Où la chercher ? Comment la trouver ?... Ainsi que je le disais tout à l'heure, le mystère est profond, je suis dans la nuit !

Heureusement, il y a la mère. Oui, tout mon espoir est en elle. Pourvu qu'elle vive !

Morlot en était là de son monologue, lorsqu'il s'arrêta devant un groupe de douze à quinze personnes qui causaient avec beaucoup d'animation.

Le vol de l'enfant était déjà connu dans tout Asnières, et les hommes et les femmes, parmi lesquels se mêla l'inspecteur de police, se livraient à toutes sortes de commentaires sur la mystérieuse affaire.

— C'est clair comme le jour, disait une femme, la coquinerie était combinée d'avance.

— Mais la jeune fille ne se doutait donc de rien ?

— Il faut le croire. Dans tous les cas, on ne peut rien savoir d'elle, puisque ce matin, en ne retrouvant plus son enfant, elle est devenue folle. Vous comprenez, une révolution pareille...

— C'est épouvantable! s'écria une mère qui tenait dans ses bras un bébé de cinq ou six mois.

— Ainsi, reprit une autre, c'est la nuit dernière que le coup a été fait?

— Oui, puisque l'enfant est né hier après midi.

— A quelle heure? demanda un homme.

— Dame, personne n'était là pour le dire, et il est probable que la mère dormait.

— Ce ne peut être qu'après le départ de la sage-femme, qui était encore dans la maison à neuf heures.

— Alors, reprit l'homme qui venait de parler, je ne crois pas me tromper en disant que c'est vers dix heures que l'enfant a été enlevé.

Morlot s'approcha de lui.

— Vers dix heures, dites-vous? l'interrogea-t-il.

— Oui.

— Vous avez donc vu ou entendu quelque chose?

— Je n'ai rien entendu, mais j'ai vu...

— Eh bien, vous avez vu?

— Oui, dites-nous ce que vous avez vu, crièrent plusieurs voix.

— Voilà : Hier soir, je passais au bord de la Seine ; il pouvait être neuf heures et demie; je remarquai une belle voiture qui était arrêtée au bord de l'eau; elle était attelée de deux chevaux, deux superbes bêtes, ma foi... Le cocher, dont je ne pus voir que le bas du visage, était sur son siège. Un peu avant dix heures je repassai ; la voiture se trouvait à la même place, le cocher était toujours sur le siège. Je trouvai étonnant qu'une voiture de maître restât si longtemps à la même place, surtout à pareille heure. La curiosité me prit et je voulus savoir ce que la voiture attendait et si elle resterait encore là longtemps. Je m'éloignai un peu, puis je revins, en me rasant et à petits pas, me cacher derrière un buisson.

Au bout d'un instant je vis apparaître une femme, qui me parut grande et qui était vêtue de noir. Elle marcha rapidement vers la voiture.

En même temps j'entendis une grosse voix d'homme qui disait : « Allons donc. » Je pus voir très-bien que la femme portait quelque chose dans ses bras.

— C'était le pauvre petit, dit une femme.

— J'en suis presque sûr maintenant, continua l'homme. Bref, la femme noire monta dans la voiture, et aussitôt les chevaux filèrent comme si le diable les emportait.

— Quelle direction la voiture a-t-elle prise ? demanda Morlot.

— La direction de Paris, je suppose, car, après avoir traversé le pont, je l'ai encore entendue rouler sur la route d'Asnières.

— La voix qui a dit : « Allons donc, » était-ce celle du cocher ?

— Sans pouvoir l'affirmer, je crois que la voix sortait de la voiture.

— Voilà encore un renseignement dont je dois prendre note, se dit Morlot en s'éloignant; s'il ne m'apprend pas grand'chose, il me confirme que ce sont des gens riches qui ont machiné l'enlèvement. C'est avec des riens entassés les uns sur les autres et bien analysés qu'on arrive souvent à faire d'importantes découvertes.

Adresse, intelligence, patience et persévérance, voilà ce qu'il nous faut à nous autres. Je ne sais pas encore de quelle intelligence je suis doué ; mais adroit, je le suis. Quant à la patience, j'en ai autant et même plus que pas un.

Satisfait d'avoir fait son éloge à lui-même, il s'en alla

demander des nouvelles de Gabrielle, avant de retourner à Paris.

XXII

LA MÈRE DES MALHEUREUX

Les soins ne manquèrent pas à Gabrielle. Mais pendant près d'un mois elle fut entre la vie et la mort. Le médecin et la sage-femme firent preuve du plus grand dévouement. Ils luttèrent contre la maladie avec le plus grand courage, prenant à peine le repos qui leur était nécessaire. Ils ne se lassèrent point, car ils ne perdirent pas un instant l'espoir de la sauver.

Dès les premiers jours, elle avait été l'objet de nombreuses sympathies. On la plaignait, on souhaitait sa guérison, on faisait des vœux pour que les recherches auxquelles se livrait la police fussent couronnées de succès. Chaque jour plus de vingt personnes se présentaient à la maison de la rue Vieille-d'Argenteuil pour avoir de ses nouvelles.

Sa mort eût été en quelque sorte un deuil public. Aussi la joie fut-elle grande quand on apprit qu'elle allait mieux, que les forces lui revenaient et que le médecin avait déclaré que sa vie n'était plus en danger.

Cette satisfaction donnée à ceux qui s'intéressaient si vivement à la jeune fille, se changea bientôt en consternation lorsqu'on sut que si l'on n'avait plus à craindre pour sa vie, il n'en était pas de même de ses facultés intellectuelles.

En effet, le médecin ne pouvait plus douter de l'affection cérébrale qui s'était déclarée à la suite de la commotion violente éprouvée par la malheureuse enfant. Toutefois, les désordres produits dans le système nerveux central n'étaient peut-être pas aussi graves qu'on pouvait le supposer ; mais il paraissait difficile de déterminer, pour le moment, quelles étaient les altérations organiques du cerveau. Dans tous les cas, il y avait aliénation mentale ; la raison était éteinte, sinon pour toujours, mais pour un temps plus ou moins long.

Il y eut pour Gabrielle une recrudescence de sympathie ; son malheur, le mystère qui l'entourait, défrayaient toutes les conversations, et les plus indifférents eux-mêmes ne parlaient d'elle qu'avec un sentiment profond de compassion.

On se préoccupait de plus en plus des recherches que faisait la police ; on en attendait les résultats avec anxiété.

On disait :

« Pour la guérir, il faudrait qu'on lui rendît son enfant.

Ce sont de bien grands misérables, ceux qui l'ont mise dans un pareil état.

La police a des yeux et des oreilles partout, elle saura les trouver.

Pour de tels crimes il faut un châtiment exemplaire.

Le bagne ne serait pas une punition suffisante ; de pareils scélérats doivent monter sur l'échafaud. »

Ainsi se révélaient l'indignation et la colère du public.

La Préfecture de police avait mis en campagne de nombreux agents. Malgré l'intelligence de quelques-uns, le zèle et l'activité de tous, aucune lumière ne se faisait. Les agents se virent obligés de déclarer les uns après les autres qu'ils étaient complètement découragés et qu'ils avaient perdu l'espoir de rien découvrir avant les révélations que la jeune fille pourrait faire plus tard. Celui qui éprouvait le plus de peine à reconnaître son impuissance, c'était Morlot.

Il était désolé. Il avait rempli plusieurs pages de son carnet des vagues renseignements qu'il recueillait. Chaque jour, avec un air piteux, il consultait longuement ses notes. Mais il se torturait inutilement l'esprit, car à une idée qui lui venait, une autre idée succédait, et toujours il se heurtait à l'impossible ou il s'apercevait que sa pensée voyageait dans le vide.

Il se disait amèrement :

— C'est comme si, après avoir visité la place où la voiture a stationné au bord de la Seine, j'avais voulu suivre la trace des roues sur la route jusqu'à l'endroit où elle s'est arrêtée.

Toutefois, son amour-propre n'avait pas trop à souffrir. Il essayait de se consoler en se disant que ses collègues, reconnus pour les plus habiles, étaient obligés, comme lui, de se reconnaître impuissants.

Certes, si un autre plus heureux que lui était parvenu à soulever seulement un coin du voile qui cachait le mystère, il se serait imaginé qu'il était à jamais frappé d'incapacité, qu'il n'avait plus qu'à aller cacher sa honte dans quelque retraite ignorée, ou à aller vivre seul dans une île déserte, comme un autre Robinson.

A la fin de septembre, sous le rapport physique, Gabrielle était complètement rétablie. Elle était encore très-pâle, mais elle avait recouvré toutes ses forces, et les fonctions de la vie animale et végétative s'accomplissaient en elle régulièrement.

Elle causait, parfois même elle répondait à certaines questions qui lui étaient adressées ; mais la pensée était absente et elle avait entièrement perdu la mémoire. Les organes de la sensibilité étaient paralysés et son esprit restait plongé dans les ténèbres.

L'administration décida qu'elle serait placée dans un hospice.

Un matin une voiture vint la prendre et elle fut conduite à la Salpêtrière.

. . . .

Madame de Perny et son fils étaient satisfaits, car l'audacieuse conception de ce dernier avait réussi au gré de leurs désirs. Cette fortune qu'ils avaient convoitée, même avant le mariage de Mathilde, ils la tenaient, elle ne pouvait plus leur échapper.

Incapables d'avoir des remords, ils avaient la conscience tranquille. Ils ne pensaient même pas qu'il y a tôt ou tard un châtiment pour le crime et que ceux qui parviennent à se soustraire à la justice des hommes ne peuvent pas éviter celle de Dieu.

Quelques jours après le départ de Solange, qui avait convenablement joué son rôle de sage-femme, madame de Perny rendit à sa fille sa liberté à peu près complète. Sûre qu'elle n'avait plus rien à redouter de la marquise, qui était devenue forcément sa complice, en cessant de la retenir prisonnière dans son appartement, elle se relevait elle-même des fonctions de geôlière qu'elle s'était imposées.

En s'apercevant qu'il n'y avait plus autour d'elle des yeux d'espions prêts à surprendre ses mouvements, ses gestes, et qu'elle pouvait aller et venir sans que sa mère se jetât brusquement devant elle pour l'arrêter, la marquise poussa un soupir de soulagement.

Le premier emploi qu'elle fit de sa liberté fut de visiter les jardins et le parc, qu'elle connaissait à peine. Ensuite elle fit à pied et d'autres fois en voiture d'assez longues promenades aux environs de Coulange, dont elle ne pouvait se lasser d'admirer les ravissants paysages. C'était une diversion à ses sombres pensées. Elle se laissait aller à sa mélancolie avec une sorte de charme et s'abandonnait plus complètement à sa rêverie. Et puis elle s'éloignait de cet enfant qu'on lui avait donné, dont elle ne voulait pas, et surtout de sa mère qui lui inspirait une terreur invincible.

La plupart des habitants de Coulange ne l'avaient jamais vue; aussi la regarda-t-on beaucoup la première fois que, accompagnée de madame de Perny, elle se rendit à l'église pour assister à la messe. La curiosité des paysans ne pouvait l'offenser, ni la contrarier, car il lui fut facile de remarquer combien tous étaient heureux de la voir. En effet, dans tous ces regards de braves gens qui semblaient chercher le sien, il y avait réellement plus d'affection que de curiosité.

Les plus hardis s'approchèrent d'elle et lui adressèrent des compliments dans lesquels le marquis n'était pas oublié. Lui parler de son mari ne pouvait manquer de l'émouvoir. C'est avec des larmes dans les yeux qu'elle répondit avec sa bienveillance et sa grâce habituelles.

Chaque fois qu'elle sortait à pied et qu'elle traversait le village, après s'être renseignée, elle ne manquait jamais d'entrer dans les plus pauvres maisons où il y avait un peu de bien à faire, un encouragement à donner, une misère à soulager.

Elle apprit, non sans étonnement, que depuis qu'elle était au château, elle avait comblé la commune de ses

11.

bienfaits, et qu'elle était devenue la providence de tous les malheureux.

Elle devina sans peine que sa mère, dans un but facile à expliquer, avait fait en son nom de grandes largesses.

— Lorsque la mère de M. le marquis est morte, lui dit-on, le village a fait une grande perte; mais elle est réparée aujourd'hui, car nous la retrouvons en vous, madame la marquise. Nous l'appelions la mère des malheureux, et déjà nous vous avons donné ce même nom. Il y a à Coulange une tradition, madame la marquise. Elle dit : « Les marquis de Coulange sont toujours généreux et nos marquises toujours bonnes. »

Bien moins pour sa fille sans doute que pour sa satisfaction personnelle, madame de Perny ouvrit les portes du château à quelques visiteurs. Le curé de Coulange, entre autres, se montra très-empressé auprès de madame de Perny et fit de fréquentes visites au château.

La santé de l'enfant était excellente, et il venait à ravir. La marquise ne parlait jamais de lui et ne s'en occupait d'aucune manière. Son indifférence était remarquée; pour les gens de la maison comme pour les étrangers elle était inexplicable; toutefois, l'effet produit n'allait pas plus loin que l'étonnement.

En dépit des conseils et des observations de madame de Perny, la marquise tenait l'enfant constamment éloigné d'elle, et faisait certainement des efforts pour penser à lui le moins possible.

La nourrice ne quittait presque pas sa chambre. Lorsqu'elle sortait avec l'enfant dans ses bras elle évitait avec soin de rencontrer la marquise.

Un jour, peu de temps après son arrivée à Coulange, croyant remplir son devoir, elle vint trouver la marquise et lui présenta l'enfant pour qu'elle pût l'embrasser.

La marquise se recula brusquement, son visage prit une expression étrange et elle détourna la tête.

— Madame la marquise ne regarde pas comme il est joli, hasarda la nourrice.

— Non, répondit-elle d'un ton sec.

Puis elle reprit vivement :

— Elevez-le, ayez-en le plus grand soin, voilà votre devoir et c'est tout ce qu'on vous demande.

La nourrice se retira sans oser répliquer.

Et quand elle fut dans sa chambre, elle embrassa l'enfant à plusieurs reprises.

— Pauvre petit, murmura-t-elle, ta mère ne t'aime pas ! Mais, va, je t'aimerai, moi !

Et elle l'embrassa encore.

Elle avait de grosses larmes dans les yeux.

Depuis, elle n'avait pas eu la hardiesse de tenter une nouvelle épreuve.

Elle éprouvait une joie intime en voyant que l'enfant lui était complètement abandonné, elle s'attacha à lui davantage et le pauvre petit eut au moins le bonheur de trouver dans sa nourrice l'affection et la tendresse d'une véritable mère.

Dans les premiers jours du mois de septembre on apprit à Coulange la mort de la duchesse de Chesnel-Tanguy. Elle venait de s'éteindre doucement, à l'âge de quatre-vingt-huit ans, dans son vieux manoir des Pyrénées, qu'elle n'avait pas quitté depuis plus de quinze ans.

C'est le notaire qui écrivait. Sa lettre était adressée à la marquise de Coulange, il disait :

« Rien ne nous faisait prévoir la fin prochaine de

« madame la duchesse, dont j'étais le conseiller, le no-
« taire et l'ami. Elle est morte presque subitement
« d'une attaque de paralysie. Il y a quinze jours elle
« avait éprouvé une grande joie, sa dernière, en appre-
« nant la naissance de votre fils, par la lettre que lui a
« écrite madame de Perny, votre honorée mère.

« Vous n'ignorez pas, madame la marquise, combien
« elle aimait M. le marquis; elle était très-affectée du
« mauvais état de sa santé, mais la naissance de votre
« enfant était venue adoucir son chagrin. — Je suis une
« Coulange, me dit-elle avec une sorte d'enthousiasme,
« et je suis heureuse, oui, bien heureuse de savoir,
« avant de mourir, que notre nom ne s'éteindra pas !
« — Peut-être pressentait-elle alors qu'elle n'avait plus
« que quelques jours à vivre. En effet, dès le lende-
« main, elle voulut ajouter un codicile à son testament
« qui instituait M. le marquis de Coulange son légataire
« universel.

« Madame la duchesse a donc pris une disposition
« nouvelle en léguant à son arrière-petit-neveu, Eugène-
« Charles de Coulange, 1° une somme de quinze cent
« mille francs; 2° son beau domaine sur l'Allier, évalué
« à plus d'un million, dont le légataire jouira dès qu'il
« aura accompli sa vingtième année.

« L'héritage de madame la duchesse de Chesnel-Tan-
« guy dépasse neuf millions sur lesquels il y a à pren-
« dre cinq cent mille francs pour divers legs particu-
« liers. »

Le reste de la lettre du notaire contenait des vœux
pour le rétablissement du marquis, des compliments à
la marquise, l'offre de ses services et l'assurance de son
dévouement.

Sosthène et sa mère triomphaient sur toute la ligne.

C'était un rêve féerique qui se réalisait pour eux. Leur joie, leur ravissement devenait du délire. Ils étaient éblouis.

— Comprenez-vous, maintenant, dit madame de Perny à sa fille, comprenez-vous ?... Vous portez un beau nom, et vous allez avoir, que dis-je, vous possédez dès aujourd'hui une des plus grandes fortunes de France... Ingrate, voilà ce que votre frère et moi avons fait pour vous, voilà ce que nous vous avons donné !...

La marquise répondit d'une voix sourde :

— Oui, voilà ce que vous avez fait pour moi; oui, voilà ce que vous m'avez donné : la fortune augmente et l'infamie grandit.

XXIII

LA LETTRE DE FIRMIN

Sosthène de Perny ne perdit pas de temps. Le soir même, il boucla sa valise et se mit en route pour les Pyrénées afin de prendre possession de l'héritage de la duchesse de Chesnel-Tanguy.

Il avait en poche la procuration notariée de son beau-frère, laquelle lui donnait les pleins pouvoirs d'agir, en toute circonstance, aux lieu et place du marquis de Coulange.

— Je serai probablement de retour dans quinze jours, avait-il dit à sa mère, en la quittant.

— Reste là-bas le moins longtemps possible, avait répondu madame de Perny. Dans tous les cas, si nous recevons la nouvelle de la mort du marquis, je te préviendrai aussitôt par une dépêche.

Depuis plus de quinze jours, aucune lettre venant de Madère n'était arrivée à Coulange. La lettre de madame de Perny, annonçant au marquis la naissance de son fils, était restée sans réponse.

Cela avait fait supposer, à Sosthène et à sa mère, que le marquis était à la dernière extrémité.

Mathilde, elle aussi, avait cette pensée, et elle attendait des nouvelles de son mari avec une angoisse mortelle.

Huit jours après le départ de Sosthène, aucune lettre n'étant venue la rassurer, la marquise était toujours en proie à sa douloureuse inquiétude.

Un matin elle remarqua que sa mère n'était plus la même que la veille et les jours précédents.

Madame de Perny paraissait soucieuse ; son front s'était assombri, il y avait quelque chose d'amer dans le pli de ses lèvres, et son regard n'avait plus la même expression de dédain et de hauteur.

Madame de Coulange comprit que quelque chose de grave préoccupait sa mère. Elle sentit son cœur se serrer.

— Ma mère a reçu une mauvaise nouvelle, pensa-t-elle ; oh ! je devine, mon mari va plus mal... Mon Dieu ! il est mort, peut-être !...

Elle ne pouvait rester dans une aussi cruelle incertitude.

— Ma mère, demanda-t-elle à madame de Perny, est-ce que vous avez reçu une lettre de Madère ?

— Pourquoi m'adressez-vous cette question ?

— Parce que je vous vois préoccupée, inquiète, dit Mathilde.

— Ma fille, vous voyez mal, je suis toujours la même.

— Non, non, je ne me trompe pas, répliqua vivement la marquise, je suis sûre que vous me cachez quelque chose.

Madame de Perny eut un mouvement brusque des épaules.

— Que pourrais-je donc vous cacher? répliqua-t-elle avec humeur.

— Je ne sais pas, balbutia Mathilde; mais mon cœur me dit que vous avez reçu une mauvaise nouvelle.

Madame de Perny fronça les sourcils, en haussant de nouveau les épaules.

— Vous avez une lettre de Madère, reprit la marquise.

Madame de Perny resta silencieuse.

— Ah! vous ne voulez pas me le dire, s'écria la marquise d'une voix déchirante, mon mari est mort!

— Décidément, vous êtes folle, répondit durement madame de Perny; c'est vous-même qui créez les fantômes qui vous effrayent; défiez-vous de votre imagination.

Sur ces mots, elle quitta brusquement sa fille.

— Elle n'a voulu me rien dire, se dit la jeune femme, mais elle n'a pas pu me tromper; je le sens là, elle me cache quelque chose.

La marquise passa le reste de la journée dans une agitation fiévreuse. La nuit elle ne dormit presque pas, et encore ses quelques instants de sommeil furent-ils tourmentés par des songes sinistres.

Elle se leva de bonne heure, s'habilla vite et descendit dans les jardins. Elle éprouvait le besoin de marcher et de respirer au grand air. D'ailleurs le temps était superbe.

Elle alla jusqu'à la maison du jardinier et causa un

instant avec la femme. Ensuite elle s'enfonça dans une allée qui la conduisit à une petite porte qui s'ouvre sur la Marne. Elle sortit du parc. Rêveuse, la tête lourde de pensées, elle continua sa promenade en suivant le bord de la rivière. Elle revint ainsi à la grande grille du château.

Elle se disposait à rentrer lorsque sur le chemin, venant de son côté, elle aperçut un homme dans lequel elle reconnut le facteur rural.

Machinalement, elle se remit à marcher comme si elle allait au-devant de l'agent des postes. Au bout d'un instant ils se rencontrèrent. Le facteur s'arrêta devant la marquise en ôtant respectueusement sa casquette.

— Est-ce que vous avez aujourd'hui des lettres pour le château? demanda-t-elle.

— Oui, madame la marquise, plusieurs, et les journaux comme d'habitude.

— C'est singulier, pensa la jeune femme, depuis un mois je n'ai pas vu un seul journal au château.

Elle reprit tout haut :

— Toutes ces lettres sont pour madame de Perny, sans doute?

— Je ne sais pas, madame la marquise, je n'ai pas encore bien regardé.

Le facteur ouvrit son sac de cuir à plusieurs compartiments.

— Deux lettres de Paris pour madame de Perny.

— Alors vous n'en avez pas portant un timbre étranger?

— Si, madame, en voici une qui vient de Madère...

La marquise tressaillit.

— Toujours pour madame de Perny? fit elle.

— Non, madame la marquise, celle-ci vous est adressée.

— A moi ?
— Parfaitement, madame la marquise.
— Vous voulez bien me la donner ?
— Certainement, répondit-il en lui tendant la lettre.
Elle la prit d'une main tremblante, en disant :
— Merci.

Le facteur referma son sac, salua la marquise et poursuivit son chemin. Il était déjà assez loin lorsque la marquise le rappela en marchant précipitamment vers lui.

— C'est une petite recommandation que je veux vous faire, lui dit-elle ; si vous voyez madame de Perny, ne lui dites pas que vous m'avez rencontrée, je désire qu'on ne sache pas au château que vous aviez ce matin une lettre pour moi.

— Madame la marquise peut être sûre de mon silence, répondit le facteur ; mon métier m'oblige à être discret.

La jeune femme avait glissé la lettre dans son corsage.

Elle revint rapidement sur ses pas, en passant devant la grande grille sans s'arrêter, et elle rentra dans le parc par la petite porte qu'elle avait ouverte pour en sortir.

Quand elle se trouva dans un endroit solitaire, certaine de n'avoir à redouter aucun regard indiscret, elle s'arrêta. Elle était vivement émue. Son cœur battait violemment et elle sentait que ses yeux se mouillaient de larmes. Elle tira lentement la lettre de son sein.

— Mon Dieu, que vais-je apprendre ? soupira-t-elle.

Elle tenait le papier entre ses doigts frémissants. Les yeux fixés sur l'enveloppe, elle murmura :

— C'est l'écriture de Firmin ; brave et bon serviteur, c'est lui qui m'écrit.

Cependant elle était toujours hésitante ; elle n'osait pas briser le cachet, elle avait peur.

— Ah ! il faut que je sorte de cette horrible incertitude ! s'écria-t-elle.

Elle laissa échapper un nouveau soupir, et elle déchira l'enveloppe. D'abord, il lui fut impossible de lire ; les larmes qui roulaient dans ses yeux éteignaient sa vue. Elle les essuya. Alors, le dos appuyé contre un arbre, ayant autour d'elle un épais rideau de feuillages encore verts, elle lut les lignes suivantes :

« Madame la marquise,

« Depuis quatre jours, tous les matins, je prenais la
« plume pour vous écrire, mais impossible, ma main
« tremblait si fort que la plume me tombait des doigts.
« Je suis dans un état dont on ne peut se faire une
« idée. En ce moment encore je pleure comme un en-
« fant. Oh ! ne vous effrayez pas, madame la marquise,
« c'est de joie et de bonheur que je pleure.

« Il est sauvé, madame la marquise, il est sauvé !

« Le docteur Gendron a déclaré que le mal était ar-
« rêté, vaincu, que la guérison de mon bon et cher maî-
« tre était certaine. Madame la marquise, cet homme-
« là est plus qu'un grand médecin, c'est un Dieu !... Je
« me suis mis à genoux devant lui et je lui ai embrassé
« les mains. Alors il m'a dit : — Mon cher Firmin, —
« oui, madame la marquise, il m'appelle son cher Fir-
« min, — ce n'est pas moi qu'il faut remercier, c'est
« Dieu, qui a guéri votre maître. — Et moi je lui ai
« répondu : — Docteur, c'est vous alors qui êtes le bon
« Dieu.

« — Voyez-vous, madame la marquise, je crois bien
« que je n'ai plus du tout la tête à moi ; je vas, je viens,

« je cours ; à chaque instant je me mets à danser tout
« seul comme un fou, ou bien je chante je ne sais pas
« vraiment quelles chansons, de vieux airs du pays bour-
« guignon qui, tout à coup, me sont revenus à la mé-
« moire. Ça, c'est la joie, madame la marquise.

« Depuis quelques jours déjà M. le marquis est entré
« en convalescence ; heure par heure on le voit repren-
« dre ses forces ; il faut prendre encore de grandes pré-
« cautions et l'entourer de beaucoup de soins ; mais il
« n'y a plus à craindre pour sa vie ; il est sauvé !

« Il commençait à être moins faible ; appuyé au bras
« du docteur ou au mien, en allant bien doucement, il
« faisait au soleil le tour de notre jardin qui n'est que
« roses et jasmins.

« Mais lorsqu'il apprit que vous aviez heureusement
« donné le jour à un fils, ce fut un changement à vue
« comme dans ces pièces si drôles et qui font tant rire,
« qu'on joue au théâtre. Ses yeux ont retrouvé subite-
« ment une clarté qu'ils ont gardée depuis. Mainte-
« nant, madame la marquise, mon cher maître fait seul
« deux fois le tour du jardin sans s'arrêter, en s'ap-
« puyant seulement sur un bâton.

« Il parle constamment de vous, madame la mar-
« quise, et il désire vivement vous revoir. Il y a huit
« jours, il avait décidé que vous viendriez le retrouver
« à Madère, si votre santé vous permettait de faire ce
« long voyage ; mais il a brusquement changé d'i-
« dées il y a trois jours, à la suite d'une conversation
« qu'il a eue avec le docteur.

« Que s'est-il passé entre eux ? Je ne l'ai pas en-
« tendu, et ils ne me l'ont pas dit ; mais je l'ai deviné.
« Pour vous, madame la marquise, et pour la première
« fois de ma vie, je trahis un secret de mon maître.

« Madame la marquise, vous ne viendrez pas à Ma-
« dôre, parce que c'est M. le marquis qui ira vous re-
« trouver à Coulange.

« Je suis, madame la marquise, avec le plus profond
« respect, votre très-humble, très-obéissant et très-dé-
« voué serviteur,

« FIRMIN BRUGELLE. »

En achevant sa lecture, la jeune femme se mit à sangloter, et de douces larmes inondèrent ses joues, mais son front s'était irradié, et une joie immense rayonnait en elle.

Elle porta la lettre à ses lèvres. C'était un baiser qu'elle envoyait à son mari.

— Ah! je ne suis pas au bout de mes souffrances! s'écria-t-elle; mais il m'est rendu, j'ai eu raison de vouloir vivre!

Quand elle se sentit plus calme, elle essuya son visage et ses yeux, et reprit le chemin du château.

Le tantôt, elle s'enferma dans sa chambre et écrivit deux lettres; une de quelques lignes au vieux serviteur pour le remercier; l'autre très-longue au marquis de Coulange. Cette fois, n'ayant plus à subir la volonté de sa mère, elle ne craignit point de laisser déborder sa tendresse et son amour. La lettre terminée, elle s'aperçut qu'elle n'avait pas dit un mot de l'enfant. Un frisson passa dans tous ses membres.

— Oh! c'est épouvantable! s'écria-t-elle avec désespoir.

Après avoir réfléchi un instant, elle se décida à écrire : « l'enfant se porte bien. »

— Ainsi, reprit-elle, d'un ton douloureux, me voilà pour toujours condamnée à mentir! Où donc est ma fierté? Où donc est ma conscience? Qui donc me retirera de l'offroyable abîme où ils m'ont précipitée?

Ils devaient m'aimer, me soutenir, me protéger; au lieu de cela, ils ont brisé ma vie, broyé mon cœur! C'est ma mère, c'est mon frère... Oh! je les hais!

Elle sortit dans la soirée, et porta elle-même ses deux lettres au bureau de poste.

XXIV

VOILA LE CALICE

Cinq jours après, Sosthène était de retour à Coulange. Il était parti joyeux, rayonnant, il revenait sombre et triste. Evidemment, madame de Perny lui avait fait part des nouvelles qu'elle avait reçues de Madère. Le marquis de Coulange recouvrant la santé, c'était voir s'en aller en fumée le magnifique rêve qu'ils avaient fait. Après de si belles combinaisons, de si brillantes espérances, après s'être donné tant de soucis, tant de peine, se retrouver devant rien, c'était pour tous les deux un coup terrible.

Et puis, comme tous les criminels, ils n'étaient pas tranquilles, ils ne pouvaient pas l'être. Si endurcis qu'ils fussent, ils sentaient, ils voyaient les dangers qui les menaçaient. Chez les plus grands coupables, il y a toujours un instant où la conscience se révolte et fait entendre sa voix courroucée.

Sosthène et sa mère n'en étaient pas encore là, sans doute; mais ils ne se dissimulaient pas toute la gravité qu'il y avait pour eux dans la situation nouvelle.

Il était facile de lire sur le visage de Sosthène sa contrariété, son dépit, son désappointement, ses inquiétudes. Un crime sans profit pour lui, c'est-à-dire devenu inutile, tous ses merveilleux projets détruits, démolis comme un château de cartes, quel écroulement autour de lui ! Insatiable dans son ambition, il avait déjà grimpé sur toutes les hauteurs ; retomber dans la pauvreté, dans la boue, quelle chute !

Il serait revenu enchanté de son voyage s'il avait pu se dire encore qu'en s'occupant des affaires de son beau-frère et de sa sœur il travaillait pour lui.

En dehors des formalités légales, aucune difficulté ne se présentait pour empêcher ou retarder l'entrée en possession du superbe héritage de la duchesse de Chesnel-Tanguy. L'affaire était en bon chemin et marchait rapidement, grâce à l'activité du notaire, que la duchesse avait nommé son exécuteur testamentaire.

La majeure partie de la fortune de la défunte était en propriétés foncières, lesquelles n'étaient grevées d'aucune hypothèque. Il y avait tout près de trois millions de valeurs déposées à la Banque de France. Cette somme énorme représentait les économies faites par la duchesse dans les vingt années précédentes.

Sosthène et sa mère tinrent conseil. Ils se tracèrent un nouveau plan de conduite et cherchèrent à se rassurer réciproquement.

Compromise par son silence et plus encore par les lettres qu'elle avait écrites à son mari, ils ne devaient rien craindre du côté de la marquise. Elle était bel et bien leur complice. En supposant qu'elle fût poursuivie par le remords et l'horreur de tromper le marquis, ils n'admettaient pas qu'elle eût le courage de se faire leur dénonciatrice. D'ailleurs, en révélant le crime, en accusant sa mère et son frère, ce qui leur semblait une monstruosité, ne s'accusait-elle pas elle-même?

La mère et le fils, si dignes l'un de l'autre, décidèrent donc qu'ils attendraient les évènements, en se tenant sur leur garde, c'est-à-dire constamment prêts à se défendre contre n'importe quel danger.

Un mois s'écoula. On était arrivé à la fin d'octobre.

Un matin, vers dix heures, on sonna à la grille du château. Aussitôt tout le monde fut sur pied. Un domestique courut ouvrir. Une chaise de poste, traînée par deux chevaux vigoureux, entra et vint s'arrêter devant le grand escalier.

C'était le marquis de Coulange qui arrivait accompagné du docteur Gendron et de son vieux valet de chambre.

Madame de Perny et son fils, devançant la marquise, se précipitèrent au-devant des voyageurs.

M. Gendron mit pied à terre le premier et tendit la main au marquis pour l'aider à descendre.

M. de Coulange n'était plus reconnaissable. Assurément, il était toujours très-faible et réclamait encore beaucoup de soins avant qu'on pût espérer sa guérison complète; mais il n'avait plus ce teint livide et jaunâtre et cette maigreur affreuse qui, naguère encore, le faisaient ressembler à un cadavre.

Avant qu'il eût eu le temps de jeter un regard autour de lui, il se trouva dans les bras de madame de Perny. Il l'embrassa affectueusement. Ensuite ce fut le tour de son beau-frère. Le marquis était très-ému.

— Je sais tout ce que je vous dois, leur dit-il, je vous montrerai bientôt ma reconnaissance.

Puis voyant apparaître la marquise :

— Ah! Mathilde! s'écria-t-il, en ouvrant ses bras.

La jeune femme était venue lentement ; car elle se soutenait à peine sur ses jambes fléchissantes. Toute en larmes, elle se jeta au cou du marquis.

Ce fut une délicieuse étreinte, pleine de tendresse et d'amour.

Pour Mathilde, c'était plus que le retour de l'époux aimé après une longue absence. Elle avait vu partir le pauvre condamné à mort, c'est un ressuscité qu'elle voyait revenir !

— Edouard, dit-elle, ne te fatigue pas, appuie-toi sur moi.

— Oh ! je suis plus grand garçon que cela, répondit le marquis d'un ton joyeux, n'est-ce pas, docteur? Je marche seul maintenant et, si je me sers encore d'une canne, c'est uniquement pour faire le coquet.

Pourtant, ma chère Mathilde, continua-t-il, je prends ta main pour que tu me conduises près de notre enfant.

La marquise sentit comme une griffe de fer labourer sa poitrine. Une sueur froide mouilla son front et elle crut qu'elle allait défaillir. Mais elle se remit assez promptement et, sa main dans celle du marquis, elle monta es marches de l'escalier.

Tout bas elle se disait :

— Voilà le calice, voilà mon martyre !

Elle mena le marquis dans la chambre de la nourrice. Madme de Perny, Sosthène, le docteur et Firmin y entrèrent derrière eux.

Sosthène et sa mère étaient pâles et agités. C'était le moment de la dernière et suprême épreuve, et, certes, ils étaient loin d'être tranquilles.

La nourrice tenait le petit sur ses genoux. Elle se leva. Le marquis s'approcha. Pendant un instant, il regarda l'enfant, ayant dans le regard une indicible ivresse. Puis il le prit dans ses bras, l'éleva à la hauteur de ses lèvres et lui mit un baiser sur le front.

— Cher petit être, dit-il d'une voix vibrante d'émotion, tu auras, je l'espère, le cœur, la noblesse, la grandeur, les sentiments généreux, toutes les hautes vertus de tes ancêtres !

Puis, se tournant vers la marquise :

— Mathilde, chère Mathilde, reprit-il, cet enfant, ce fils que tu m'as donné est le gage de mon éternel amour. Il n'est pas seulement l'espoir de notre maison, nos joies les plus pures reposent sur sa tête, et par lui notre vie aura tous les rayonnements.

La marquise ne répondit pas. Elle ne pouvait rien dire. Elle s'était un peu éloignée et elle tenait sa tête baissée pour cacher son trouble.

Cette fois, M. de Coulange s'aperçut de l'attitude embarrassée de la jeune femme. Il se disposait à faire sa remarque tout haut, lorsque madame de Perny s'empressa de lui dire à voix basse :

— Ne faites pas attention, tantôt je vous expliquerai cela.

Puis, élevant la voix, elle reprit audacieusement :

— N'est-ce pas qu'il est gentil comme un chérubin, monsieur le marquis ? Sosthène prétend qu'il ressemble à Mathilde ; mais je ne suis pas de son avis. Monsieur le marquis, ne trouvez-vous pas comme moi que c'est à vous qu'il ressemble ?

— Nous verrons cela plus tard, répondit M. de Coulange en souriant.

Et il remit l'enfant dans les bras de la nourrice.

A ce moment un domestique vint annoncer que le déjeuner était servi. On passa dans la salle à manger et on se mit à table. Le repas terminé, madame de Porny prit le bras du marquis et l'emmena dans sa chambre.

— J'avais hâte de me trouver seul avec vous, lui dit M. de Coulange. Je n'ai pas à me plaindre de l'accueil qui m'a été fait ; mais je vois, je sens que ce n'est point là la joie et le bonheur auxquels je m'attendais. J'avais déjà remarqué autrefois qu'il y a en Mathilde un fond de tristesse, dont j'ai vainement cherché à pénétrer la cause. Aujourd'hui, cette tristesse inexplicable est devenue plus apparente ; on la voit dans son regard, dans son attitude, on la sent dans l'expression de sa physionomie. Je vous en prie, ne me cachez pas la vérité ; que se passe-t-il ?

— Rien qui soit de nature à vous alarmer, monsieur le marquis. Vous savez combien votre femme est sensible, et vous comprendrez qu'il reste encore des traces de ce qu'elle a souffert pendant ces longs mois passés loin de vous dans des inquiétudes mortelles. Sa santé s'est affaiblie et le moral a été un peu atteint. Pour ne vous rien cacher, je dois vous dire que nous avons craint en même temps pour ses jours et pour sa raison. Mais j'étais près d'elle, je lui ai donné mes soins, et j'ai eu le bonheur de la mettre à l'abri d'un danger et de triompher de l'autre. Avec le temps, entourée de votre affection, Mathilde retrouvera sa gaieté des jours heureux ; vous verrez peu à peu disparaître cette langueur qui vous inquiète. A votre arrivée, avec quelle joie elle s'est jetée dans vos bras !... Monsieur le marquis, je peux bien vous le dire, votre femme vous aime trop !

— Oui, oui, elle m'aime... Oh ! je n'ai jamais douté de sa tendresse !

— Vous êtes tout pour elle, monsieur le marquis ; seul, constamment, vous occupez toute sa pensée ; il semble que son amour pour vous ait étouffé dans son cœur tous les autres sentiments d'affection. Sosthène et moi, nous lui sommes devenus presque indifférents ; on pourrait croire qu'elle ne nous aime pas. Je dirai plus, monsieur le marquis, son enfant lui-même...

— Ainsi, c'est vrai, s'écria douloureusement M. de Coulange, elle n'aime pas son enfant !

— Je ne dis pas cela, monsieur le marquis, et je ne voudrais même pas le supposer ; mais elle s'occupe si peu de lui, elle lui témoigne une telle indifférence, que j'en éprouve un véritable chagrin. Elle aime certainement son enfant, s'il en était autrement, ce serait contre nature ; mais si je m'en rapporte à ce que j'ai observé, je crois qu'elle aurait peur de ne plus vous aimer assez, si elle lui donnait une part de sa tendresse. N'est-ce pas étrange, monsieur le marquis?

— Oui, c'est étrange !

— Je me suis déjà demandé plus d'une fois s'il n'y avait pas là une maladie.

— Une maladie, répéta le marquis ; oui, c'est bien possible.

— Alors vous êtes de mon avis ?

— Il le faut bien, puisque c'est la seule manière d'expliquer la conduite bizarre de Mathilde.

— Ce serait donc une monomanie ?

— Hélas ! oui, une affection cérébrale produite par les tourments que je lui ai causés... Pauvre Mathilde !... Ah ! ce n'est pas ainsi que je devrais la retrouver ! Je revenais si heureux !... Dieu ne veut pas que mon bonheur soit complet. Mais nous la guérirons. Je ne ferai jamais assez pour elle et je n'aurai pas trop de mon amour pour lui faire oublier tout ce qu'elle a souffert pour moi. Comme vous le disiez tout à l'heure, ma mère, je l'entourerai de tant d'affection, de soins et de tendresse, qu'elle retrouvera son sourire et sa gaieté des jours heureux.

— Pour Mathilde, monsieur le marquis, votre tendresse sera le meilleur médecin.

— J'ai cet espoir. Mais, dites-moi, quand vous vous êtes aperçu de cette indifférence qu'elle a pour son enfant, ne lui avez-vous pas fait des observations ?

— Je n'ai pu lui cacher mon étonnement et je me suis même permis de lui faire des reproches.

— Eh bien ?

— Eh bien, monsieur le marquis, elle m'a répondu par des larmes, des sanglots. Un jour que j'avais été un peu vive, trop sévère peut-être, elle a été prise d'une crise nerveuse qui m'a beaucoup effrayée. J'ai compris que je la tourmentais inutilement, que je la faisais cruellement souffrir et que, dans l'intérêt de son repos et de sa santé, je devais renoncer à lui parler de son enfant.

Le marquis avait des larmes dans les yeux, il était désolé.

— Monsieur le marquis, me pemettez-vous de vous donner un conseil ? reprit madame de Perny de sa voix hypocrite.

— Certainement.

— Eh bien, il faut que vous évitiez, avec le plus grand soin, de contrarier votre femme ; laissez-la libre d'agir selon ses idées, et ne lui faites jamais sentir que vous vous apercevez de sa froideur pour son enfant.

— Ce sera dur pour moi, répondit le marquis ; mais vous avez raison, je ferai ce sacrifice ; c'est un devoir que je dois m'imposer.

— Oui, laissez faire le temps, reprit l'astucieuse

femme ; je suis convaincue qu'il y aurait un danger sérieux à lui faire des reproches ou des remontrances, car nous ne devons pas perdre de vue que Mathilde est une sensitive. Elle réfléchira, alors ses sentiments changeront et elle reconnaîtra ses torts.

Voilà, monsieur le marquis, ce que je tenais à vous dire, l'explication que je devais vous donner.

— Vous avez bien fait de me prévenir, et je vous en remercie, répondit M. de Coulange.

Le soir, Sosthène dit à sa mère :

— Vous avez longtemps causé avec le marquis ; que s'est-il passé entre vous ?

— Je me suis jetée au-devant du danger qui nous menaçait et je l'ai conjuré, répondit-elle. Maintenant, nous pouvons être tranquilles, M. de Coulange ne s'étonnera de rien.

— Comment avez-vous fait ?

Madame de Perny se mit à rire. Puis elle répondit :

— Je lui ai mis un bandeau sur les yeux.

DEUXIÈME PARTIE

LA FIGURE DE CIRE

I

DANS LES JARDINS

Vingt mois se sont écoulés depuis les évènements que nous venons de raconter.

Nous sommes au mois de juin.

Nous retrouvons les principaux personnages de notre histoire au château de Coulange.

Le marquis, parfaitement rétabli, est redevenu tel qu'il était avant son mariage. De cette cruelle et longue maladie qui l'a conduit à un doigt de la tombe, il ne reste maintenant que le souvenir d'une grande déception pour M. de Perny et sa mère, d'angoisses et de douleurs pour les autres. Plein de santé et de vie après avoir vu la mort de si près, riche, aimé, jouissant d'une grande considération et se croyant le père d'un fils qu'il adore, M. le marquis de Coulange se trouverait complètement heureux s'il n'était pas tourmenté à son tour par les inquiétudes que lui cause la santé de la marquise.

Fidèle à la promesse qu'il a faite à sa belle-mère, il a toujours évité avec soin de faire aucune allusion à l'indifférence de la jeune femme, à sa froideur, à son éloignement pour l'enfant. Et pourtant ce serait pour lui une joie bien vive si Mathilde avait pour le pauvre petit la tendresse d'une mère. Il sent ce que cette espèce d'antipathie inexplicable a de pénible, de douloureux, et les conséquences qu'elle peut avoir plus tard, touchant l'éducation de son fils ; aussi a-t-il pour l'enfant la tendresse la plus excessive.

— Il faut que je l'aime pour deux ! s'est-il dit.

La marquise n'a guère changé. Elle a gardé sa tristesse et beaucoup de ses sombres pensées. Elle a encore de longues heures de rêveries ; c'est toujours avec terreur quelle regarde dans l'avenir ; souvent elle verse des larmes secrètes.

Son mari ne lui parle jamais de l'enfant ; elle a facilement deviné qu'il suivait en cela les conseils de sa mère. Madame de Perny lui a évité ainsi une horrible torture ; elle ne lui en sait aucun gré ; mais, dans son cœur, elle remercie le marquis.

Se voyant entourée des soins les plus affectueux et mieux aimée que jamais, elle voudrait oublier afin de répondre à tant d'attentions et de prévenances ; mais, même dans la plus grande intimité, elle se sent glacée par l'épouvante qui est en elle. Oui, elle voudrait oublier et elle ne peut pas... Elle voit le bonheur facile et il lui est défendu. Son existence est empoisonnée. Son amour si grand, si pur, est profané, il est comme enveloppé d'un suaire. Chaque fois qu'elle pense à cet enfant sur la tête duquel le marquis a déjà placé de si belles espérances, elle sent un frisson courir dans tous ses membres, son sang se fige dans ses veines.

Parfois, cependant, reconnaissante et émue du redoublement de tendresse que son mari a pour elle, il lui semble que son horizon s'agrandit et qu'il se fait une clarté soudaine dans l'ombre qui l'entoure. C'est dans le ciel noir une échappée de soleil. Alors elle s'anime, son regard brille, sa poitrine se dilate et son délicieux sourire d'autrefois reparaît sur ses lèvres.

Pour le marquis c'est un signe d'espérance, c'est une joie!

Mais, hélas! ce n'est qu'un éclair de gaieté, l'oubli de la souffrance pendant quelques minutes. La jeune femme est vite reprise par ses sombres pensées, et elle se replonge dans sa nuit.

Madame de Perny et son fils sont toujours là. Leur situation est la même. Le marquis continue à être la dupe de leur hypocrisie, de leur fausse amitié.

Sosthène conserve ses fonctions d'intendant. Si le marquis y regardait de plus près, il s'apercevrait peut-être que son beau-frère ne se gêne pas beaucoup pour abuser de sa confiance en lui faisant approuver des comptes dont l'exactitude n'est pas parfaite. Mais M. de Coulange est tellement riche, que c'est à peine s'il dépense dans l'année le tiers de ses revenus. Cela permet à Sosthène de troubler les eaux et d'y pêcher à son aise. Car M. de Perny est resté un viveur, un homme de plaisir, et il a ses passions à satisfaire. Et puis il est bon de dire qu'il n'a pas renoncé complètement à ses prétentions sur la fortune de son beau-frère. En attendant mieux il fait ce qu'il peut, ou plutôt il prend ce qu'il veut.

Il est quatre heures de l'après-midi : le soleil commence à descendre vers le couchant; la chaleur est moins grande et il y a plus d'ombrage; l'air est encore rafraîchi par une brise embaumée qui passe dans les arbres, en faisant chanter les feuilles.

Les habitants du château viennent de descendre dans les jardins.

Assise sous une coupole de jasmins, la marquise cause avec une châtelaine du voisinage qui est venue lui faire une visite.

M. de Coulange et Ernest Gendron se promènent gravement dans une allée. Le jeune docteur est resté le médecin du marquis, mais il est aussi devenu son ami.

Madame de Perny lit un journal à l'ombre d'un magnifique polonia.

Sosthène, couché dans un hamac, fume un excellent régalia, en regardant le ciel bleu.

L'enfant se roule sur un gazon doux et fin comme un duvet, pendant que Fanor, le chien de chasse favori du marquis, fait autour de lui des bonds joyeux. Pour le moment, le petit Eugène s'amuse et prend ses ébats sous les yeux du vieux Firmin. C'est presque toujours le brave serviteur qui se charge de veiller sur le jeune maître en l'absence de la nourrice. Celle-ci n'a pas voulu se séparer de son cher nourrisson, dont elle est devenue la gouvernante.

Au bout d'un instant, voulant sans doute inviter le joyeux Fanor à un autre jeu, l'enfant se releva et se mit à courir du côté d'un bassin creusé à l'extrémité de la pelouse.

Firmin, craignant que l'enfant ne tombât dans l'eau, s'élança pour le retenir en criant :

— Monsieur le comte, prenez garde, arrêtez-vous, l'eau, l'eau !

Un éclat de rire du petit garçon lui répondit.

Plus agile que Firmin, Fanor s'était déjà précipité au-devant de l'enfant et couché sur le dos en le tenant dans ses pattes. Du reste, il n'y avait pas eu l'ombre d'un danger, car l'enfant était encore à une assez grande distance du bassin.

Le marquis avait entendu Firmin. Il l'appela.

— Firmin, lui dit-il d'un air contrarié, tu viens encore de retomber dans ton vieux péché.

— C'est vrai, monsieur le marquis, balbutia le serviteur.

— En bien, Firmin, je m'étonne que tu ne tiennes aucun compte de mes observations. Encore une fois, je te défends de parler ainsi à mon fils. Docteur, vous devez être de mon avis : Entendre un homme de l'âge de Firmin appeler un enfant, un bambin qui n'a pas encore deux ans « monsieur le comte », n'est-ce pas ridicule?

— Vous avez raison, monsieur le marquis, répondit le docteur.

— Je ne veux pas élever mon fils sottement, à l'école des vieux préjugés, reprit vivement le marquis ; je ne veux pas qu'il grossisse un jour la masse de ces gandins pommadés qui traînent partout leur vie inutile et qui dépensent follement la fortune de leur père sans aucun profit pour personne. Je tiens à faire de mon fils un homme, un homme qui n'ait pas de fausses idées. Pour cela, il faut qu'il sache de bonne heure qu'un titre n'est rien, que la richesse n'est qu'un dépôt dont on doit faire un noble emploi, et qu'avant d'être quelque chose par ses ancêtres, il faut être d'abord quelque chose par soi-même.

— J'ai oublié, dit Firmin, excusez-moi, monsieur le marquis ; voyez-vous, c'est plus fort que moi, l'habitude.

—Va, mon brave, je ne t'en veux pas, et je te pardonne, reprit le marquis, en posant sa main sur l'épaule du vieux domestique ; mais souviens-toi mieux de mes paroles et pénètre-toi bien qu'il s'agit de l'éducation que je veux donner à mon fils. Appelle-le tout simplement Eugène. A toi comme aux autres, je ne demande qu'une chose, c'est qu'on ait pour lui le respect qu'on doit à l'enfance.

Le marquis reprit le bras du docteur, et ils s'éloignèrent pour renouer leur conversation, interrompue par le vieux serviteur.

Un instant après, madame de Perny, ayant fini de lire son journal, alla s'asseoir près de sa fille et de la visiteuse, dans la gloriette de jasmins. Bientôt une assez vive discussion s'engagea entre cette dernière et madame de Perny, sur l'acclimatation en France des fleurs et des arbustes exotiques.

La marquise, qui n'était pas fâchée de n'avoir plus à répondre aux questions de la visiteuse, s'empressa de profiter de l'occasion qui lui était offerte de reprendre sa liberté. Elle se leva en disant :

— Je vous laisse causer ensemble.

Et elle alla rejoindre son mari et le docteur.

— Ma chère Mathilde, lui dit le marquis, tu désires peut-être consulter notre ami Gendron. Eh bien, tu vas me remplacer auprès de lui pendant que je vais tenir compagnie à ces dames.

Sur ces mots il s'éloigna rapidement.

La marquise arrêta sur le médecin son regard interrogateur.

— Docteur, dit-elle, n'est-ce pas plutôt mon mari qui désire que vous fassiez sur moi une expérience de votre savoir? Vous savez combien je vous estime, et la véritable amitié que j'ai pour vous : dites-moi la vérité.

— Eh bien, madame la marquise, c'est vrai, vous avez deviné. M. de Coulange est persuadé que vous êtes un peu malade. Il voudrait que je découvrisse la cause de votre tristesse, de vos préoccupations constantes, et que je trouvasse le moyen de les faire disparaître.

— Que lui avez-vous répondu? demanda-t-elle.

— Que vous n'êtes pas une malade ordinaire, madame la marquise, que l'esprit ne se laisse pas consulter comme le corps, que pour vous guérir, enfin, son amour était plus puissant à lui seul que la science de tous les médecins réunis.

La jeune femme baissa tristement la tête.

— Ah! madame la marquise, reprit le docteur, quand vous aurez chassé loin de vous ces idées noires qui vous assiègent sans cesse et brisent votre volonté, le jour où vous rouvrirez votre cœur au bonheur qui vous vient de toute part, aux joies intimes de la famille; ce jour-là, M. de Coulange vous reverra telle qu'il vous a connue quelques mois après votre mariage, souriante, joyeuse, ensoleillée, et il sera alors le plus heureux des hommes!

La marquise resta silencieuse; mais le docteur entendit le bruit d'un soupir étouffé, et il vit que deux larmes roulaient dans ses yeux.

— Madame la marquise, dit-il, voici un banc à l'ombre, si vous voulez vous asseoir...

— Non, non, répondit-elle vivement; la grande chaleur est passée: marchons, au contraire, cela me fera du bien.

— Désirez-vous vous appuyer sur mon bras?

Sans rien répondre, elle prit le bras du docteur.

Quand ils eurent fait une vingtaine de pas, la marquise reprit la parole.

— Ainsi, dit-elle, pendant tout ce temps que vous avez causé avec mon mari, vous avez parlé de moi?

— Uniquement de vous, madame la marquise. Comme toujours il m'a fait part de ses inquiétudes. Vous êtes tout pour lui; pour vous savoir heureuse, que ne ferait-il pas?

— Ses inquiétudes! oui, oui, je les comprends... Docteur, je sais qu'il souffre et qu'il n'est pas plus heureux que moi. Ah! si je pouvais... Mais, non, je ne peux rien!

— Parce que vous ne cherchez pas à secouer votre torpeur. Ce sont des distractions sans cesse renouvelées qu'il vous faut. Permettez-moi de vous le dire, madame la marquise, vous avez eu tort, l'hiver dernier, de ne pas céder aux sollicitations de M. le marquis qui voulait que vous allassiez dans le monde. Si vous ne l'avez pas oublié, c'est le conseil que je vous donnais.

— J'ai horreur du monde, docteur; à tout je préfère la solitude et je cherche l'isolement.

— Parce que vous vous y enfermez avec vos pensées, vos rêves; eh bien, c'est précisément pour cela que la solitude vous est nuisible et que vous devez accepter, même comme un sacrifice à faire, tous les moyens de distraction qu'on vous offre.

Elle secoua la tête. Puis, répondant à ses secrètes pensées, elle murmura:

— Je ne pourrai jamais.

— Quand il le peut, reprit M. Gendron, le médecin guérit les maladies du corps; Dieu guérit celles de l'âme. Vous aimez votre mari, madame la marquise, vous devez faire quelque chose pour lui.

— Oui, docteur, je dois faire beaucoup.

— Il serait tout à fait désolé s'il n'y avait pas en lui l'espoir ardent.

— Ah ! il espère ? fit-elle.
— Oui.
— Et vous, docteur ?
— J'espère aussi.
— Sur quoi fondez-vous votre espoir ?
— Sur plusieurs choses, madame la marquise; une entre autres, qui existe aujourd'hui, et sur laquelle je compte absolument.
— Et cette chose, docteur ?
— C'est une découverte que j'ai faite; je n'ai point cru devoir en parler à M. de Coulange, bien que j'eusse été certain de lui causer une très-grande joie.
— Je ne comprends pas. Vos paroles ressemblent à une énigme.
— Elles ne peuvent être une énigme pour vous, madame la marquise.
— Si, du moment que je ne les comprends point. Mais pourquoi, puisque vous pouviez faire plaisir à mon mari, ne lui avez-vous pas parlé de votre découverte ?
— Parce qu'il y a certains secrets de femme qu'un médecin même doit respecter.
La jeune femme ne put se défendre d'un mouvement d'effroi.
— Que voulez-vous dire ? s'écria-t-elle.
M. Gendron la regarda en souriant.
— Je ne vous ai pas trahie, dit-il; du moment que vous n'avez rien dit encore à M. de Coulange, j'ai compris qu'il était de mon devoir de garder le silence.
— Mais encore une fois, docteur, je vous dis que je ne vous comprends pas. Que se passe-t-il donc ?
— S'il en est ainsi, madame la marquise, je vous prie de m'excuser. Pourtant, je suis bien sûr de ne pas me tromper.

— Ah ! monsieur, sans le vouloir ni vous en douter, sans doute, vous me faites bien souffrir ; en quoi donc êtes-vous si sûr de ne pas vous tromper ?

— Ainsi, madame la marquise, répondit gravement le médecin, vous ne savez pas encore que vous allez être mère pour la seconde fois !

La marquise s'arrêta brusquement.

— Mère ! je vais être mère, moi ! exclama-t-elle.

Le docteur répondit par un mouvement de tête.

— Et vous êtes sûr, bien sûr ? reprit-elle...

— Absolument sûr, madame la marquise.

— Mère ! mère ! dit-elle éperdue, je vais être mère ! Et je l'ignorais et je ne m'en doutais pas... Oh ! mon Dieu, merci, merci !

De grosses larmes jaillirent de ses yeux.

Puis, saisissant les deux mains du docteur :

— C'est bien la vérité, n'est-ce pas ? continua-t-elle ; ce n'est pas une expérience que vous faites, vous ne cherchez pas à me tromper ?

— Oh ! madame ! protesta le docteur.

— Oui, oui, reprit-elle vivement, je vous crois. Mais vous comprenez, c'est une si grande joie ; un pareil bonheur pour moi... je n'osais pas y croire, j'avais peur... Ah ! docteur, si vous saviez quel bien-être se fait en moi ! qu'elle douce sensation vient de pénétrer mon cœur !... Tenez, poursuivit-elle en pleurant, je crois que vous aviez raison tout à l'heure quand vous disiez que vous et mon mari conserviez l'espoir de me guérir... Je vais peut-être pouvoir échapper à mes tristes pensées, à mon tourment... Je ferai, pour cela, tout ce qui dépendra de moi...

Elle tourna vers le ciel son front radieux et son regard dans lequel éclatait sa joie infinie.

— Un coin de ce beau ciel d'azur vient de s'ouvrir pour moi ! prononça-t-elle dans une sorte d'extase.

Le docteur la regardait avec étonnement et réfléchissait.

— C'est bien étrange, se disait-il ; qu'a-t-elle donc à oublier ? Il est impossible de sonder sa pensée ; mais plus que jamais je suis convaincu que quelque secret terrible pèse sur son existence.

II

UNE CHAINE ROMPUE

Le soir, aussitôt après le dîner, la marquise se retira dans sa chambre. Elle éprouvait le besoin de se trouver seule avec ses nouvelles pensées.

Oh ! cette fois, elle n'était plus environnée de ténèbres; elle se trouvait en pleine lumière, car l'éblouissante clarté qui rayonnait en elle se répandait sur toutes les choses et traçait une ligne lumineuse à travers l'avenir. Elle sortait brusquement de son affaissement et sentait qu'une nouvelle vie allait commencer pour elle.

Sa volonté venait de renaître et elle retrouvait en même temps la force et le courage prêts à tout braver. A la faiblesse succédait l'énergie.

— Je n'oublierai pas, je n'oublierai jamais, se disait-elle ; mais si l'épouse était faible, la mère sera forte.

Elle se demanda si le moment n'était pas venu de tout dire au marquis. Elle examina froidement quelles pouvaient être les conséquences de sa révélation. S'il n'y eût eu que l'enfant étranger à éloigner pour toujours, à chasser de cette place qu'il occupait dans la famille, certes elle n'aurait pas hésité un seul instant; car ce n'était pas seulement la moitié d'une grande fortune, un titre qu'il prenait à son enfant, à elle; il lui ravissait encore, dans le cœur de M. de Coulange, une part de tendresse à laquelle il n'avait aucun droit.

Mais, devant la loi, cet enfant dont elle ignorait l'origine, avait des droits indéniables, et il était impossible de les lui retirer sans provoquer un immense scandale. Ce n'était pas tout: il y avait un crime, il y avait des coupables... or, quand elle a à punir, la justice marche et ne s'arrête pas. Elle voyait sa mère et son frère traînés devant un tribunal, peut-être une cour d'assises, et elle-même, la marquise de Coulange, appelée en témoignage et forcée de les accuser, de les faire condamner.

Elle se disait bien que sa mère et son frère ne méritaient aucune pitié; mais pouvait-elle se résigner à jouer le rôle odieux d'accusatrice? Etait-ce bien à elle, la fille et la sœur, d'ouvrir à ces deux coupables la porte d'une prison?

La marquise se trouvait toujours au fond de la même impasse. Passer sur toutes les considérations, c'était sortir d'un malheur pour se précipiter dans un autre non moins épouvantable.

— Non, se dit-elle, après avoir réfléchi assez longuement, j'attendrai; plus tard, je verrai... Il y a beaucoup de choses que j'ignore et qu'il faut que je sache. Je réfléchirai, j'examinerai. Dieu m'inspirera. Je trompe mon mari, c'est vrai; mais comme je suis punie! Dieu de miséricorde, continua-t-elle, en joignant les mains, vous qui voyez dans les âmes, jugez-moi en me prenant en pitié!

Elle se mit à genoux et fit monter vers le ciel sa prière fervente.

Elle priait encore, lorsqu'on frappa doucement à sa porte. Elle se leva et alla ouvrir. C'était le marquis. Toujours inquiet, il venait savoir lui-même si la jeune femme ne se trouvait pas indisposée.

— Comme tu es bon ! lui répondit-elle. Rassure-toi, je n'éprouve aucun malaise.

— A la bonne heure ; mais tu nous as quittés si brusquement...

— J'avais besoin d'être seule, de me recueillir.

— Toujours ton rêve, ma chérie, fit le marquis avec bonté.

— Non, Edouard, un autre... M. Gendron ne t'a rien dit, il a voulu me laisser le plaisir de t'apprendre...

— Quoi donc ?

Elle lui jeta ses bras autour du cou.

— Edouard, s'écria-t-elle, tu vas partager ma joie, mon ravissement, je suis enceinte !...

— Ah ! c'est une nouvelle bénédiction du ciel ! répondit M. de Coulange, en l'étreignant fortement contre son cœur. Oui, ma bien-aimée, je partage ta joie. Va, je n'aurais plus rien à désirer si ton bonheur, que je lis dans tes yeux, ne devait plus être altéré par aucune sombre pensée.

— Edouard, ne me fais pas de reproche.

— Non, jamais, car je t'aime !

— Ecoute : tout à l'heure, j'étais là, à genoux, je priais ; dans le silence, j'écoutais les conseils de Dieu, et j'ai pris de grandes résolutions. Edouard, tu seras content de moi, je te le promets. Vois-tu, je ne suis plus la même femme ; une merveilleuse clarté m'inonde et je ne sais quelle douce ivresse s'est emparée de mon cœur.

— Alors, tu l'aimeras, cet enfant que tu vas mettre au monde?

— Si je l'aimerai ! mais je l'aime déjà ! s'écria-t-elle avec exaltation.

— Mathilde, et l'autre, le premier?

Elle ne répondit pas. Mais le marquis la sentit tressaillir, et il vit qu'elle pâlissait. Si naturelles que fussent ses paroles, il regretta aussitôt de les avoir prononcées.

— Mathilde, je n'ai rien dit, reprit-il avec douceur ; ah! ce n'est pas en ce moment que je voudrais te faire de la peine. Dieu me garde de violenter ton cœur et de t'imposer jamais une de mes volontés. Sache-le bien, mon amie, ce que tu veux, je le veux!

— Edouard, tu es généreux et bon ; je t'aime!

Le lendemain matin, la marquise fit appeler les domestiques du château, à l'exception de la femme de chambre de madame de Perny. Quand ils furent tous devant elle, elle leur dit :

— A partir de ce jour, je prends la direction de ma maison ; je vous préviens donc qu'il n'y a plus ici que M. le marquis et moi pour vous donner des ordres ; de même lorsque vous aurez quelque chose à demander, c'est à M. le marquis ou à moi que vous devrez vous adresser.

Les serviteurs se regardèrent avec étonnement.

— Et si madame de Perny nous commande quelque chose? demanda la cuisinière.

— Madame de Perny a sa femme de chambre pour la servir.

— Madame la marquise, dit le cocher, depuis que j'ai l'honneur d'être à votre service, M. le marquis est moins mon maître que M. de Perny. Chaque jour je dois ou lui seller un cheval ou tenir une voiture à sa disposition. Que devrai-je lui répondre lorsqu'il me donnera des ordres ?

— Vous répondrez à M. de Perny que vous n'avez pas le droit de sortir une voiture de la remise ou de disposer d'un de vos chevaux, sans la permission de M. le marquis. Je n'avais pas autre chose à vous dire. Maintenant, allez reprendre chacun votre travail.

Les domestiques se retirèrent, moins Firmin, qui s'approcha de la marquise et lui dit d'une voix émue :

— C'est bien ce que vous venez de dire, madame la marquise, c'est très-bien !

— Ainsi, Firmin, vous m'approuvez ?

— Je le crois bien que j'approuve madame la marquise ; il y a longtemps qu'elle aurait dû parler à ses gens comme elle vient de le faire. J'ose vous le dire, madame la marquise, parce que je suis sûr que vous excuserez un vieillard qui vous vénère, vous avez été trop longtemps dans votre maison comme une petite demoiselle. Je ne veux pas oublier le respect que je dois à madame votre mère, mais, quand je la voyais commander ici comme la véritable et seule maîtresse, je sentais mon vieux sang bouillonner dans mes veines. Je sais bien que cela ne me regardait pas, que je n'avais rien à dire, mais c'était plus fort que moi et je souffrais.

Mais c'est fini, madame la marquise reprend son autorité ; elle s'apercevra bientôt que, si bon que soit un serviteur, il obéit avec plus de plaisir quand il reçoit directement les ordres de ses maîtres.

— Ce va être pour moi une chose toute nouvelle et probablement une tâche difficile, dit la marquise ; mais je compte sur vous, Firmin, sur vous et sur les autres.

— On vous aime et on vous respecte, madame la marquise, vous ne trouverez autour de vous que des cœurs dévoués.

— Merci, Firmin ; vous êtes le modèle des serviteurs, répondit la marquise.

Et elle le congédia.

Le vieux valet de chambre avait dit ce qu'il pensait, ce que depuis des années il avait sur le cœur ; il était content de lui. Tout joyeux il se disait :

— Enfin, il y a donc une marquise de Coulange !

Un quart d'heure ou vingt minutes plus tard, madame de Perny entra brusquement chez sa fille. Elle avait la figure violacée et était frémissante de colère.

— Ma fille, dit-elle avec aigreur, c'est une indignité ; vous allez, je pense, me donner l'explication de ce qui se passe.

— Si je peux vous satisfaire, je le ferai, ma mère, répondit la jeune femme d'un ton très-calme ; mais il faut d'abord que je sache ce qui se passe.

— Les domestiques prétendent qu'ils n'ont plus d'ordres à recevoir de moi.

— Et bien, ma mère ?

— C'est une insolence sans nom, et je vais exiger que M. de Coulange les congédie immédiatement.

— Je crois qu'avant d'agir mon mari me consultera. Ce que vous venez de me dire serait grave, ma mère, si nos serviteurs avaient la prétention de n'obéir à personne ; mais, rassurez-vous, ils feront leur service comme par le passé, et je vous prie de n'en avoir nul souci.

— Ah ! je ne voulais pas le croire ; ainsi, ma fille, c'est vous...

— C'est au marquis et à moi que nos serviteurs doivent obéir.

13.

— Vous me rendez ridicule, je ne supporterai pas...

— Ma mère, répliqua la jeune femme en la regardant fixement, je suis la marquise de Coulange et j'entends et je prétends être la maîtresse dans ma maison.

Madame de Perny fit deux pas en arrière. Elle ne reconnaissait plus son esclave.

— Ma fille, s'écria-t-elle exaspérée, c'est une injure que vous faites à votre mère !

— Comment cela ?

— Parce que vous m'humiliez, et devant qui ? Devant vos gens!

— Je ne fais que prendre l'autorité qui m'appartient.

— Et bien, c'est absolument comme si vous me disiez : Votre présence me gêne ici, allez-vous-en !

— Puisque vous parlez de cela, je vais vous dire tout de suite quelles sont mes intentions : Si cela ne vous déplaît pas trop, vous pouvez rester au château pendant le reste de la saison. Mais, dès aujourd'hui, vous pouvez charger votre fils, mon frère, de vous trouver un appartement. Vous ne rentrerez pas avec nous à l'hôtel de Coulange.

— Ah ! elle me chasse, elle chasse sa mère !

— Je ne vous chasse pas, nous nous séparons, voilà tout, parce que nous ne pouvons plus vivre ensemble.

— Malheureuse ! et ton frère ?

— Mon frère ! il vous suivra, répondit sèchement la marquise.

Madame de Perny était devenue verte. Ses yeux enflammés ressemblaient à des tisons.

— Et dire que c'est ma fille, ma fille ! s'écria-t-elle d'une voix rauque, prête à suffoquer. Elle n'a pas de cœur, elle n'a rien ! Je t'ai mise au monde, je t'ai élevée, je t'ai fait instruire, je t'ai mariée, je t'ai rendue riche ; car ton élévation, ta fortune, ton titre de marquise, c'est à ton frère et à moi que tu les dois ; sans nous, qui t'avons faite ce que tu es, que serais-tu, dis? Rien, tu ne serais rien... Si, une malheureuse de plus dans la foule des misérables !... Ah ! je devais m'attendre à ton ingratitude, me voilà récompensée de tout ce que j'ai fait pour toi !

La marquise se dressa sur ses jambes d'un seul mouvement. Pâle, le sein bondissant, le regard chargé d'éclairs, superbe d'énergie, elle se plaça en face de sa mère.

— En effet, ma mère, dit-elle, parlons de ce que vous avez fait pour moi. Vous le savez, moi aussi. Ecoutez donc : Vous m'avez opprimée, brisée, anéantie, et si je ne suis pas devenue folle, c'est qu'il est resté dans ma pensée un rayon de clarté que vous n'avez pu éteindre ! Vous avez empoisonné mon existence ; vous avez torturé mon cœur et mon âme de toutes les manières. Vous n'avez pas été ma mère, vous avez été mon bourreau !...

— Mais elle est folle, la malheureuse, elle perd la raison ! exclama madame de Perny, en agitant ses mains au-dessus de sa tête,

Dédaignant ces paroles, la marquise poursuivit :

— Vous m'avez donné le jour ; eh bien je ne vous en remercie pas... Est-ce que j'avais demandé à naître, moi ? Allez, quand je pense à mes souffrances passées, à toutes les autres douleurs qui m'attendent encore, je me dis que pour vous, pour moi et les autres, il aurait mieux valu que je restasse au fond du néant. Ah ! elle est loin d'être enviable la vie que vous m'avez donnée !

Vous m'avez élevée ; comment ? Dès le lendemain de ma naissance vous m'avez éloignée de vous, et, comme une orpheline ou une abandonnée, j'ai été livrée à des étrangers. J'ai grandi sans connaître aucune véritable affection ; je n'ai jamais reçu de vous une caresse, vous n'avez jamais eu pour moi une parole de tendresse. Je n'ai jamais été heureuse ; cependant, au pensionnat, j'ai connu quelques années de tranquillité. Et cela, et mon éducation, et le peu que je sais, je ne vous le dois même pas... Vous ne m'avez jamais aimée ; je dis plus, vous m'avez toujours détestée. Tout ce que votre cœur pouvait contenir de tendresse, vous l'avez donné à mon frère. Oh ! je ne suis pas jalouse ! Non, car votre tendresse est malsaine, et aujourd'hui je préfère votre haine à votre affection !

Madame de Perny avait cherché un point d'appui contre un meuble. Un tremblement convulsif secouait tous ses membres. Elle était écrasée.

— Enfin, vous m'avez mariée, continua la jeune femme. Eh bien ! j'interroge mon cœur et il me répond que je ne vous dois aucune reconnaissance. J'avais près de dix-sept ans ; j'allais devenir pour vous un embarras, et vous vous demandiez déjà, sans doute, ce que vous feriez de moi. A la mort de mon père, vous possédiez une fortune de près de huit cent mille francs. Qu'en avez-vous fait ?

— Mathilde, vous savez que de grandes pertes d'argent...

— Oui, je les connais, ces pertes d'argent. A l'âge de vingt ans, grâce à votre faiblesse, à vos funestes complaisances, votre fils avait déjà tous les vices ; c'était un joueur, un coureur, un débauché, qui se vautrait dans toutes les fanges ; il scandalisait les honnêtes gens par son horrible conduite. Cinq fois de suite vous avez payé ses dettes ; il a ainsi dévoré sa fortune et la vôtre. Vous ne vous en êtes pas tenue là, vous lui avez livré ma part d'héritage, ma dot ; pour qu'il puisse satisfaire ses passions viles, vous m'avez dépouillée !

— Ce sont là des folies de jeunesse, balbutia madame de Perny, et vous n'ignorez pas que M. de Coulange lui-même...

— Il n'y a pas de comparaison à établir entre M. de Perny et le marquis de Coulange, répliqua la jeune femme avec violence. Le marquis est un homme de cœur et d'honneur, lui ; il a su reconnaître ses erreurs, et il a noblement racheté ses fautes. D'ailleurs, il n'avait plus sa mère, il n'avait pas une sœur à protéger, et il était le maître absolu de sa fortune.

Vous m'avez donc mariée, continua la marquise. Pourquoi ? Pour servir vos intérêts. Je n'étais entre vos mains qu'un instrument.

Madame de Perny essaya une protestation.

— Laissez-moi parler, lui dit la jeune femme d'un ton impérieux ; il est inutile de souiller votre bouche par de nouveaux mensonges. Oui, mon mariage a eu pour but votre unique intérêt ; il a été le résultat d'un de vos monstrueux calculs. Je le répète, je n'étais entre vos mains qu'un instrument, un moyen. Du reste, dans vos calculs, mon bonheur n'a jamais compté pour quelque chose. Mon bonheur ! est-ce que vous y avez seulement pensé ?... Mais M. de Coulange m'aimait sincèrement, lui ; je ne tardai pas à découvrir qu'il possédait les plus belles qualités ; il méritait toute mon affection ; à mon tour, je l'aimai. Alors je connus une étrange douleur, en m'apercevant avec stupéfaction que ma mère était jalouse de mon bonheur.

— Oh ! fit madame de Perny.

— Oui, répliqua la marquise avec force, vous étiez jalouse de mon bonheur, et pour le détruire vous avez tout fait. Vous cherchiez à troubler ma tranquillité, en jetant le trouble et l'inquiétude dans mon cœur, en y faisant naître la défiance ; pour m'éloigner de mon mari, pour élever une barrière entre nous, vous faisiez surgir devant moi je ne sais plus quels sombres fantômes du passé. Eh bien, tout cela était encore un calcul. Vous vouliez tenir dans vos mains mon cœur et ma pensée; vous vouliez me dominer, m'annihiler complètement ; et, en effet, vous aviez réussi à me briser, à me réduire à l'état de machine, à faire de moi une chose inerte.

Mais aujourd'hui je sors de mon sépulcre, je reprends possession de moi-même, je retrouve ma volonté !

Vous parlerai-je maintenant de cet enfant que vous avez acheté, volé ou ramassé je ne sais où? Non. Mon cœur se soulève, tous mes sentiments se révoltent; mais la force me manque. Ah ! c'est là le mal irréparable que vous avez fait... Voilà la grande honte, voilà l'horreur, l'épouvante, voilà le tourment de ma vie !... Eh bien, dès aujourd'hui, il faut que vous sachiez quelles sont les conséquences de votre infamie. Je vais être mère réellement, entendez-vous, je vais être mère! Et il y a ici, amené par vous, un enfant étranger, un enfant étranger qui sera plus que le mien dans la maison de Coulange! Comprenez-vous, ma mère, comprenez-vous?

Madame de Perny voulut parler; il ne sortit de sa gorge que des sons rauques, inarticulés.

— C'est superbe ! reprit la marquise avec une ironie mordante. Ah ! votre amour maternel a le droit de s'applaudir... Voilà ce que vous avez fait pour moi, ma mère, le voilà !... N'est-ce pas que je dois avoir pour vous une vive reconnaissance?

Madame de Perny se courba davantage. Elle n'osait plus lever les yeux sur sa fille.

La marquise poursuivit :

— Vous et mon frère, vous convoitiez la fortune de Coulange ; comptant sur la mort du marquis et sur la mienne, car vous saviez que je ne lui aurais pas survécu, vous croyiez déjà que cette fortune était dans vos mains. Aujourd'hui tous vos calculs sont détruits, toutes vos espérances sont anéanties. Les millions vous échappent. De vos machinations infâmes, que reste-t-il ? Regardez, ma mère, regardez... Que reste-t-il ? Le crime !

Le visage de la jeune femme avait pris une expression terrible, son regard était fulgurant.

Madame de Perny laissa échapper un sourd gémissement. Puis elle se redressa et fit un pas vers sa fille comme pour l'implorer. Mais elle se rejeta brusquement en arrière sous le regard flamboyant de la marquise. Elle poussa un cri de terreur ; et sans avoir prononcé un seul mot, frémissante, affolée, elle s'élança hors de la chambre.

La marquise se laissa tomber sur un siège.

— Mon Dieu, murmura-t-elle, si je suis trop dure pour ma mère, pardonnez-moi !

III

APRÈS LA MÈRE, LE FRÈRE

En rentrant chez elle, madame de Perny tomba dans une violente attaque de nerfs.

On avertit Sosthène, qui accourut près d'elle.

On dut se passer du secours du docteur Gendron. Il

était sorti dès le matin avec le marquis pour faire une excursion dans les environs de Coulange.

Pendant près d'une heure madame de Perny fut en proie à d'affreuses convulsions. Enfin, elle parvint à se calmer. Son premier soin fut de renvoyer sa femme de chambre, afin de se trouver seule avec son fils.

— Comment vous trouvez-vous maintenant?' lui demanda Sosthène.

— Mieux. Ce ne sera rien. C'est le contre-coup d'une grande émotion.

— Que vous est-il donc arrivé ?

— J'ai eu avec Mathilde une scène épouvantable.

— A propos de quoi?

— Je ne te répéterai pas ce qu'elle m'a dit, des injures, des choses horribles !

— Quoi, Mathilde a osé...

— Elle est devenue une véritable tigresse.

— Mais ce n'est pas croyable, ma mère.

— Ta sœur n'est plus la même femme, te dis-je ; en vingt-quatre heures elle s'est transformée.

— Je ne comprends pas.

— Tu vas comprendre : D'abord elle m'a signifié qu'elle ne voulait plus nous avoir près d'elle ; tu entends, Sosthène, elle nous chasse !

— Allons donc, c'est impossible !

— Après l'avoir vue et entendue, je ne peux même pas supposer qu'elle reviendra sur sa résolution.

— Eh bien ! c'est ce que nous verrons. Heureusement le marquis est là.

Madame de Perny secoua la tête.

— Le marquis fera ce que sa femme voudra, dit-elle.

— Non, Mathilde n'osera jamais...

— Elle est capable aujourd'hui d'oser plus encore.
— Mais vous êtes sa mère, je suis son frère !
— Oui, mais elle ne nous aime pas.
— Eh, je le sais bien !
— Il y a des choses que je lui avais cachées ; comment les a-t-elle apprises ? je n'en sais rien. Elle se souvient, elle n'oubliera pas et elle ne pardonnera jamais. Va, pour qu'elle n'ait pas craint de se révolter contre moi, il faut qu'elle soit bien résolue à aller jusqu'au bout. Je ne la connaissais pas encore ; tout à l'heure elle m'a montré ce qu'elle est. Veux-tu que je te dise la vérité ? Eh bien, elle m'a fait peur et j'ai tremblé devant elle !
— Est-ce qu'elle vous a menacée de tout révéler au marquis ? demanda Sosthène en pâlissant.
— Non, je ne crois même pas qu'elle en ait la pensée ; elle sait les conséquences terribles qui en résulteraient ; mais je te le dis, Sosthène, et tu peux me croire, elle est dans un tel état de surexcitation qu'il serait dangereux seulement d'essayer de lutter contre elle.
— Ainsi, dit-il d'une voix sourde, voilà où nous en sommes après tout ce que nous avons fait ?
— Nous ne pouvions pas prévoir que le marquis reviendrait à la santé, après avoir été condamné par tous les médecins, par ton ami Ernest Gendron lui-même.
— Et c'est Gendron qui l'a guéri. Sans lui... J'ai été mal inspiré le jour où je suis allé le chercher. Avoir perdu quand nous avions un si beau jeu !
— Il y avait contre nous la fatalité.
— Ma mère, il y a donc un démon qui se mêle de nos affaires pour les bouleverser ?
— Je viens te de le dire, il y a la fatalité. Te souviens-tu de ce que je te disais, il y a quelques jours, au sujet de Mathilde ?

— Vous me disiez ?...

— Que j'avais dans l'idée qu'elle était enceinte.

— Oui, je me rappelle. Eh bien ?

— Eh bien, Sosthène, je ne me trompais pas. Voilà la chose fatale qui se dresse contre nous.

— Ah ! maintenant, je comprends, je comprends, murmura Sosthène atterré.

— Et contre cela nous ne pouvons rien, reprit madame de Perny. Voilà la cause du changement de Mathilde. Il y a en elle une force qu'aucune autre ne peut plus maîtriser : elle est mère ! Il est certain qu'elle adorera son enfant ; elle l'aime déjà, peut-être avant d'avoir senti tressaillir ses entrailles ; or, il est facile de comprendre quels doivent être son désespoir et sa fureur en voyant près d'elle un autre enfant, un étranger, qui partagera tout avec le sien. Elle le déteste, elle le hait, cet enfant. Et voilà pourquoi elle ne nous pardonnera jamais. Que fera-t-elle plus tard ? je l'ignore. En attendant, c'est nous d'abord qu'elle frappe dans sa colère.

— Vous exagérez peut-être, ma mère ; je ne puis admettre que Mathilde...

— Elle est et restera impitoyable. Ce matin elle a fait appeler tous les domestiques du château, et elle leur a fait défense de recevoir aucun ordre de moi ; il doit en être de même pour toi.

— En effet, répondit Sosthène, et je m'explique maintenant la singulière réponse que le cocher m'a faite ce matin.

— C'est nous faire comprendre que nous n'avons plus qu'à partir d'ici.

— Que faire, alors, que faire ?

— Nous soumettre.

— Quoi ! sans rien tenter du côté du marquis ?

— Ce serait entreprendre une lutte impossible. Ce n'est pas seulement Mathilde, c'est tout qui est contre nous. Ta sœur tient notre sort dans ses mains. Aujourd'hui les rôles sont changés ; c'est elle qui nous domine et nous sommes ses esclaves. Si nous essayons de résister, elle n'a qu'un mot à dire et elle nous brise.
— Elle ne dira pas ce mot.
— Sosthène, je n'en sais rien !
— Oh ! la misère, après un si beau rêve ! murmura-t-il d'une voix creuse.
— Il n'y a qu'une chose, une seule, qui pourrait nous sauver.
— Ah ! Laquelle ?
— La mort de l'enfant.
Sosthène tressaillit.
— Mais il n'a pas envie de mourir, le petit malheureux.
— Ma mère, on ne sait pas, répliqua Sosthène d'une voix étranglée, le mal est si vite arrivé.
Des lueurs sombres passèrent dans son regard.
Madame de Perny ne comprit pas ou feignit de ne pas avoir compris la pensée de son fils.
— Nous n'avons pas cela à espérer, reprit-elle; cet enfant se porte comme un charme, et ce n'est jamais ceux-là qui ne devraient pas vivre, que la mort emporte.
Sosthène ne répondit pas. Absorbé dans sa pensée, le misérable cherchait déjà le moyen de commettre un nouveau crime.
Après un assez long silence, madame de Perny reprit :
— J'espère encore que M. de Coulange ne te retirera pas sa confiance et que, comme par le passé, tu resteras chargé de ses affaires.

Comme cela, je ne perdrais pas tout, ma mère. C'est égal, ce ne sera plus la même chose.

— Tu vois ce que tu as à faire ; si c'est nécessaire, je t'aiderai.

— Alors, vous êtes décidée à partir ?

— Il le faut bien, si nous ne voulons pas attendre qu'on nous chasse réellement. Dans deux ou trois jours tu te rendras à Paris pour louer un appartement. Ensuite tu feras enlever de l'hôtel de Coulange ce qui nous appartient.

— Il me semble, ma mère, que vous vous pressez un peu trop.

— Sosthène, après ce qui s'est passé ce matin entre Mathilde et moi, nous ne pouvons plus habiter sous le même toit.

— C'est donc une rupture complète ?

— Oui, complète.

— C'est bien, dit-il, je verrai ma sœur.

— Je ne m'y oppose pas, répliqua madame de Perny, mais tu ferais aussi bien de ne lui rien dire.

— J'ai mon idée, répondit Sosthène.

Et il quitta sa mère.

Il voulait avoir immédiatement une entrevue avec madame de Coulange. Mais on lui répondit que la marquise était sortie en disant qu'elle allait au village.

C'était la vérité. La jeune femme s'était rendue à l'église, où elle voulait prier et s'affermir dans ses résolutions.

Sosthène descendit au jardin. Il y trouva le marquis jouant avec l'enfant.

Le docteur Gendron herborisait dans le parc.

M. de Coulange accueillit son beau-frère aussi affectueusement qu'à l'ordinaire.

— Il ne sait rien encore de ce qui se passe, se dit Sosthène.

— J'ai appris tout à l'heure que madame de Perny s'était trouvée indisposée.

— Oui, une légère indisposition, presque rien.

— On m'a, d'ailleurs, aussitôt rassuré. Toutefois, je voulais me présenter chez elle, mais vous étiez ensemble, vous causiez... Enfin elle va mieux?

— Tout à fait bien.

— Vous vous êtes levé tard ce matin, paresseux ; tant pis pour vous, car vous seriez venu avec nous ; vous y avez perdu, mon cher ; nous avons fait, le docteur et moi, une délicieuse promenade. Je vous laisse ; on ne peut pas quitter un instant cet enfant des yeux ; il ne tient pas en place et il court toujours vers la rivière.

Le marquis s'éloigna rapidement en rappelant le petit garçon.

— La rivière! murmura Sosthène, en jetant du côté de l'eau un regard farouche, il faudrait qu'il y tombât ce soir et qu'il n'y eût là personne pour l'en retirer.

Un instant après la marquise rentra. Les domestiques attendaient son retour. Aussitôt un coup de cloche annonça le dîner. Madame de Perny ne parut pas. Elle fit dire par sa femme de chambre qu'elle mangerait un peu plus tard.

— Il ne faut pas contrarier madame de Perny, dit froidement la marquise.

Le repas fut silencieux, presque triste.

Mais, en voyant que sa femme s'occupait de toutes choses, qu'elle avait les yeux à tout, le marquis ne chercha point à cacher sa satisfaction. A chaque instant il envoyait au docteur des regards qui semblaient dire :

— Elle n'est plus du tout la même, je suis enchanté !

Quand le dîner fut achevé et qu'on eut causé pendant un quart d'heure ou vingt minutes dans le salon, le marquis proposa une partie de billard. M. Gendron se leva.

— J'irai vous rejoindre tout à l'heure, dit Sosthène.

Il resta seul avec sa sœur.

— Mathilde, lui dit-il, je désire causer un instant avec toi.

— Ah! dit-elle, vous avez quelque chose à me dire?

— Oui.

Il s'approcha des portes pour s'assurer qu'elles étaient bien fermées.

— Vous craignez donc bien qu'on ne vous entende? demanda la marquise avec une nuance d'ironie.

— Il est toujours bon de prendre ses précautions contre les oreilles indiscrètes.

La jeune femme se leva et un sourire singulier gliss sur ses lèvres.

— Eh bien, dit-elle, nous pouvons passer dans ma chambre.

— Au fait, tu as raison, fit-il, j'aime mieux cela.

Il suivit la marquise.

De la main elle lui indiqua un fauteuil; puis s'étant assise elle-même :

— Maintenant, lui dit-elle, vous pouvez parler, j'écoute.

— Mathilde, qu'as-tu donc dit ce matin à notre mère?

— Elle n'a certainement pas manqué de vous l'apprendre; alors pourquoi me le demander?

Sosthène se mordit les lèvres.

— Ma sœur, reprit-il, quels que soient les torts qu'elle ait envers toi, elle n'en est pas moins ta mère.

— Malheureusement ! répondit la marquise.

— Mathilde, tu te montes la tête, tu ne raisonnes pas ; non, non, il est impossible que tu ne revienne pas à de meilleurs sentiments.

Elle secoua la tête.

— Il est trop tard et le mal est trop grand ! murmura-t-elle.

— Ainsi, c'est décidé, tu nous repousses.

— Oui.

— Sans pitié?

— Vous n'en avez pas eu pour moi.

— Mathilde, tu sais que je ne possède rien.

— Mon frère, je ne vous demande pas ce que vous avez fait de l'héritage de mon père.

— Quoi, fit-il, en la regardant fixement, cela ne te ferait rien de me voir dans la détresse, dans la misère la plus affreuse ?

— Je pense qu'il y a sur la terre bien des malheureux qui n'ont pas mérité leur triste destinée.

— Ah ! tu veux paraître plus cruelle que tu ne l'es. C'est impossible, on ne traite pas ainsi un frère. Tu ne veux plus nous avoir près de toi, ma mère et moi, soit. Mais tu sais tous les services que j'ai rendus et que je rends encore à M. de Coulange.

— Oh ! oui, je les connais, vos services.

— Eh bien, Mathilde, je ne demande qu'à conserver la position qu'il m'a donnée. Que je reste son intendant, son régisseur. Il faut que je vive, n'est-ce pas ?

— Vous avez là, mon frère, une illusion que je ne dois pas vous laisser. Le marquis de Coulange se porte bien maintenant, Dieu merci ; il a besoin d'activité ; il s'occupera lui-même de ses affaires, comme moi je m'occuperai de ma maison.

— Mais c'est odieux ce que tu viens de dire ! s'écria-t-il.

— J'ai eu sous les yeux des choses autrement odieuses, répliqua-t-elle d'un ton sec.

— C'est me retirer le pain de la main, reprit-il d'une voix frémissante ; et c'est toi, toi, ma sœur !... Voyons, tu ne vois donc rien, tu ne te demandes donc pas ce que je ferai?

— Vous ferez comme beaucoup d'autres, mon frère, vous travaillerez, répondit-elle froidement.

— Mathilde, tu n'as pas de cœur ! exclama-t-il.

Et il eut un geste menaçant.

La marquise se redressa, et le couvrant d'un regard plein de dédain :

— C'est vrai, dit-elle toujours avec le même calme, je n'ai pas de cœur pour les indignes.

Sosthène, qui faisait des efforts pour se contenir, ne put empêcher un rapide éclair de colère de traverser son regard.

— Alors, c'est un parti pris, prononça-t-il sourdement ; après ma mère, c'est moi ; tu brises le lien de la famille... Mathilde, tu ne tarderas pas à t'en repentir.

— Qu'est-ce à dire? répliqua-t-elle avec hauteur.

— Prends garde !

Les traits de la jeune femme se contractèrent légèrement.

— Vous me menacez, quand c'est vous qui devriez trembler ! s'écria-t-elle. En vérité, vous avez toutes les audaces ! Si vous croyez m'effrayer, monsieur mon frère, vous vous trompez grandement ; je n'ai rien à redouter, moi... Vous, vous avez tout à craindre !

Sosthène prit aussitôt une attitude plus humble.

— Mathilde, dit-il, ne nous disputons pas ; du reste,

c'est bien inutile. Tu me traites avec une grande rigueur; mais je ne puis t'en vouloir, non, je ne t'en veux pas. Je me rends parfaitement compte de ta position, et ce qui se passe en toi, je le comprends. Mais ne te laisse pas entraîner trop loin, examine autrement les choses et tu les jugeras avec moins de sévérité. Ce que nous avons fait, ma mère et moi, c'était dans ton intérêt, tu ne peux pas dire le contraire.

Un pli se creusa sur le front de la marquise.

— Nous étions persuadés que ton mari allait mourir, continua Sosthène, et il fallait te conserver cette immense fortune des Coulange. Le marquis en a rappelé du terrible jugement des médecins, la mort l'a respecté, il est revenu à la santé, à la vie. Nous en avons été heureux tous. Mais l'enfant était là. Que pouvions-nous faire, dis? Rien. Il fallait forcément accepter la situation. Si tu avais eu le malheur de perdre ton mari, au lieu de nous reprocher ce que nous avons fait pour toi, tu nous remercierais.

La jeune femme eut un sourire amer, mais elle continua à garder le silence.

— Aujourd'hui, poursuivit Sosthène, la situation s'aggrave d'une nouvelle complication; tu vas devenir mère... Je t'en félicite, j'en suis heureux! Mais nous ne pouvions pas prévoir que cette joie t'était réservée. Il y a dans la vie de ces surprises. Ce que nous avions fait pour ton bien est devenu un malheur. C'est de la fatalité!

Tu penses à l'enfant que tu vas mettre au monde et tu vois l'autre, l'étranger... Alors ton cœur se révolte, tu t'indignes, et c'est sur nous que tu frappes sans pitié. Oui, tu te trouves dans une affreuse situation. Tu nous accuses, je le comprends. Pourtant, Mathilde, tu devrais trouver en notre faveur des circonstances atténuantes.

— Je ne vois que mon malheur et tout le mal que vous m'avez fait, répondit la marquise.

Sosthène rapprocha son fauteuil de celui de sa sœur.

— Écoute, reprit-il en baissant la voix, ce mal peut être réparé.

— Comment cela?

— Cet enfant que nous t'avons donné...

— Eh bien?

— Tu ne l'aimes pas.

— Je le hais!

— S'il mourait, tu serais contente.

Elle tressaillit et plongea son regard dans les yeux de Sosthène.

— Mathilde, veux-tu qu'il meure? reprit le misérable.

Elle bondit sur son siège, mais sans cesser de le regarder fixement.

Il continua :

— On ne meurt pas seulement de maladie ; il y a les accidents... Ce soir, demain, dans deux jours, l'enfant peut tomber du haut d'une fenêtre et, dans sa chute, se briser la tête sur une pierre ; ou bien, en courant sur la pelouse, il peut s'approcher trop près de la rivière ou du bassin, glisser, faire la culbute dans l'eau et se noyer.

La marquise se dressa debout comme poussée par un ressort. Elle était devenue blanche comme un suaire. Les yeux étincelants, faisant peser sur Sosthène tout le poids de son regard, où l'indignation se mêlait à l'horreur :

— Infâme ! infâme ! cria-t-elle d'une voix vibrante,

dans quelle boue infecte a donc été pétrie ton âme ? Il n'y a donc en toi que la pensée du crime ? Après celui que tu as commis, tu en médites un autre plus exécrable encore ! Et c'est à moi, à moi, que tu viens proposer ce forfait !... Oh ! c'est la suprême honte ! L'air que je respire près de toi est empoisonné... Va-t'en, va-t'en, tu me fais horreur, tu m'épouvantes!

Il s'était levé et il la regardait comme un homme qui n'a plus sa raison.

— Oui, continua-t-elle avec une nouvelle violence, va-t'en, va-t'en le plus loin possible, afin que je ne te revoie jamais ! Mais écoute ce que je vais te dire encore. A partir de ce moment, je prends sous ma protection ce malheureux enfant, qui est innocent, lui ; ne t'approche jamais de lui, ne le regarde même pas. S'il lui arrivait malheur, à cet enfant que je hais, je te dénoncerais aussitôt comme son assassin et en même temps je ferais connaître tes autres crimes. Tu es prévenu et tu sais quel châtiment la justice te réserve : le bagne ou l'échafaud !

Puis, marchant vers lui, et lui montrant la porte d'un geste impérieux, elle répéta :

— Va-t'en !

Devant elle, devant son regard implacable, il recula jusqu'à la porte.

Là il se redressa, retrouvant subitement son audace, et un sourire méchant crispa ses lèvres frémissantes. Alors, jetant à sa sœur un regard de défi :

— Mathilde, prononça-t-il d'une voix sombre, je me vengerai !

— Moi, je te châtie, répliqua la marquise. Va-t'en, tu es un monstre, sois maudit !

Il ouvrit la porte et s'enfuit.

IV

LA GÉNÉROSITÉ DU MARQUIS

M. de Perny avait oublié que le marquis et le docteur Gendron l'attendaient dans la salle du billard. Il sortit du château et traversa les jardins, se dirigeant rapidement vers le parc où il voulait cacher son agitation et où il espérait apaiser la fureur et la rage qui grondaient en lui.

Dans une allée il aperçut la gouvernante qui se promenait avec l'enfant. Il eut pour ce dernier un regard de fauve ; puis, faisant brusquement volte-face, il s'en alla d'un autre côté, en s'enfonçant dans le taillis.

Le soir, à sept heures et demie, à l'appel de la cloche, qui annonçait le souper, madame de Perny et Sosthène parurent presque en même temps dans la salle à manger.

La mère avait repris son masque hypocrite et était souriante comme d'habitude.

Sur le visage du fils il ne restait aucune trace de contrariété et de mauvaise humeur.

La marquise n'eut pas de peine à deviner qu'il y avait eu une entente entre eux. Mais elle ne s'en inquiéta en aucune façon. Elle était sûre d'elle maintenant, et elle savait que son mari, le moment venu, serait l'exécuteur de ses volontés.

Comme si rien ne s'était passé, le sourire aux lèvres, affectant même de paraître très-gai, comme pour braver sa sœur, Sosthène tendit la main au marquis et au docteur.

— M. de Perny nous a boudé toute la journée, dit gaiement M. de Coulange. Je crois, docteur, qu'il ne nous a pas pardonnés d'être sortis sans lui ce matin. A qui la faute? Quand on veut voir le soleil se lever, il faut soi-même se lever avant lui.

— C'est forcé, répondit le docteur en riant.

— Sosthène, où donc êtes-vous allé cette après-midi? Nous vous avons attendu au billard jusqu'à trois heures et demie.

— M. le marquis peut ajouter que sur huit parties de trente points il m'en a gagné sept.

— Docteur, je vous connais, c'est une flatterie à l'adresse de la marquise. Et avec cela vous empêchez Sosthène de répondre.

— Au fait, c'est vrai, où est-il allé?

— Je me suis promené dans le parc pour dissiper un violent mal de tête, répondit M. de Perny.

— En ce cas, c'est différent. Docteur, nous lui pardonnons?

— Certainement, monsieur le marquis.

M. de Coulange s'avança vers madame de Perny.

— Et vous, ma mère, lui demanda-t-il, comment allez-vous ce soir?

— Tout à fait bien, monsieur le marquis, je vous remercie.

— Je suis heureux que votre indisposition n'ait pas eu de suites.

— Elle ne me laisse que le regret de vous avoir inquiétés.

— Alors tout va bien. Mettons-nous à table et soyons gais.

14.

Puis, s'approchant de la marquise, il lui dit tout bas :

— Mathilde, je te trouve toujours plus jolie ; ce soir tu es ravissante.

A la campagne, au château comme à la ferme, on se couche généralement de bonne heure, excepté, cependant, quand on a de nombreux invités ou qu'on donne des fêtes.

A dix heures madame de Perny se retira. Sa retraite fut bientôt suivie de celle de Sosthène et du docteur. Le marquis et la marquise restèrent seuls dans le salon d'été.

— Mathilde, dit M. de Coulange, je ne sais pas si je me trompe, il m'a semblé que ta mère n'était pas ce soir comme d'habitude, qu'elle était contrainte, embarrassée, enfin que quelque chose, un papillon noir, lui trottait dans la tête. J'ai remarqué aussi qu'elle évitait de te regarder ; toi-même, ma chérie, tu avais dans l'éclat de ton regard, quelque chose de singulier, d'insaisissable. Par exemple, ce n'est pas une plainte que je formule, moins encore un reproche que je t'adresse. Oh ! non ; je suis trop heureux de voir ce rayonnement, qui est le signe de la vie qui se manifeste en toi !

Quant à Sosthène, c'est autre chose, il a été fort gai, mais c'était une gaieté trop bruyante, qui éclatait à contresens ; elle agaçait, elle portait sur les nerfs. Que te dirai-je ? Il m'a paru que la gaieté de Sosthène était beaucoup plus apparente que réelle.

Comme je te l'ai dit, il peut se faire que je me trompe. Après tout, moi-même j'avais peut-être l'esprit mal tourné. Je te fais part de mes impressions, voilà tout. Eh bien, Mathilde, je me disais que tout cela n'était pas naturel et ne pouvait exister sans cause.

— Mon ami, tu ne t'es pas trompé, répondit la marquise ; tu as bien vu la contrariété de ma mère, la fausse gaieté de mon frère. Les préoccupations de l'une et le rire menteur de l'autre ont la même cause.

— Ah ! que s'est-il donc passé ?

— Je vais te le dire. Ce matin j'ai eu avec ma mère une conversation très-sérieuse, à la suite de laquelle elle a eu cette indisposition qui n'était autre chose qu'une attaque de nerfs.

Le marquis regarda sa femme avec surprise.

— Voyons, dit-il, explique-moi cela, je ne comprends pas du tout.

— Eh bien, j'ai fait part à ma mère des intentions que j'ai, et je lui ai fait connaître ma volonté.

— Il n'y pas de mal à cela. La marquise de Coulange a le droit de parler à sa mère de ses intentions et de lui dire quelle est sa volonté.

— Sans doute ; seulement j'ai pris une résolution qui n'est pas agréable à ma mère et à mon frère.

— Quelle est donc cette grave résolution ?

— J'ai décidé que madame de Perny et Sosthène ne demeureraient plus avec nous.

— Voilà une véritable surprise ; j'étais loin de m'attendre à cela.

— Nous serons plus libres et nous serons plus à nous.

— Je t'assure, Mathilde, répondit M. de Coulange, que ta mère et ton frère ne m'ont jamais gêné en rien.

— N'importe, mon ami, je veux maintenant vivre seule avec toi, pour toi.

— Au fait tu as peut-être raison. Mais tu n'as pas pris cette détermination sans un motif sérieux. Tu as eu à te plaindre de ta mère ?

— Oui.

— Et de ton frère ?

— De mon frère aussi.

— Que t'ont-ils fait ?

— Edouard, ne m'interroge pas sur ce sujet, je ne pourrais te répondre. Mais tu peux croire que je n'agis pas sans avoir bien réfléchi, et que si j'éloigne de nous ma mère et mon frère, j'ai des raisons pour cela.

— Certes, je n'en doute pas. Ma confiance en toi, Mathilde, est entière, illimitée ; je sais que tu ne peux vouloir que ce qui est juste ; du moment que tu ne crois pas devoir m'apprendre quelles sont les raisons qui ont provoqué ta décision, je ne demande pas à les connaître. Ta volonté est la mienne. Comme toujours, ce que tu veux, je le veux. Je comprends, en effet, que madame de Perny et Sosthène ne soient pas satisfaits. Ils avaient près de nous la vie facile et agréable. Ils n'avaient que de très-petites dépenses à faire. Si ta mère l'a voulu, elle a pu faire des économies sur ses dix mille francs de rente viagère ; Sosthène aussi a dû économiser quelque chose, s'il a été sage. Mais en se séparant de nous, ta mère va se trouver presque pauvre. Eh bien, Mathilde, que me demandes-tu pour elle ?

— Rien. Elle a vécu pendant des années déjà avec sa rente.

— C'est vrai, fit le marquis en souriant, mais alors elle n'était pas la belle-mère du marquis de Coulange. Voyons, ne penses-tu pas que nous ferions bien en lui servant chaque année une autre rente de dix mille francs ?

— Si c'est ton désir, je ne m'y oppose pas ; du reste, tu as seul le droit de faire de ta fortune l'emploi qui te convient.

— Je ne l'entends pas ainsi, Mathilde ; je ne saurais comprendre une union où les droits des époux ne sont pas égaux, où il n'y a pas égalité parfaite. La fortune de Coulange appartient autant à la marquise qu'au marquis.

— Je n'ai rien à répondre à des paroles qui sont une nouvelle preuve de ton affection pour moi ; je connais tes nobles sentiments et je sais combien tu es grand. Eh bien, mon ami, nous servirons à madame de Perny une rente annuelle de dix mille francs.

— Quant à Sosthène, nous n'avons pas à nous occuper de lui.

— Certainement. D'ailleurs, je suppose qu'il vivra avec ma mère. Et puis il est temps, s'il n'est pas déjà trop tard, qu'il cherche à se créer une position par son travail.

— Tu parles d'une position pour Sosthène, tu oublies donc celle que je lui ai faite.

— C'est que je ne t'ai pas dit encore, Edouard, que j'ai prévenu Sosthène que tu t'occuperais toi-même de tes affaires à l'avenir.

— Il est certain qu'ayant à Paris mon notaire et sur chacun de mes domaines un homme de confiance, je n'ai besoin de personne pour gérer mes biens ; mais si nous retirons à Sosthène cette occupation que je lui ai créée, que fera-t-il ?

— Ce que font tous ceux qui ne veulent pas avoir une existence inutile. Il faut qu'il s'occupe réellement, il faut qu'il travaille. Quelle position lui avais-tu faite près de toi ? C'était une sinécure, un prétexte pour lui donner deux mille francs par mois. Il ne faisait absolument rien. En croyant bien faire, mon ami, tu as rendu à Sosthène un très-mauvais service. Déjà habitué à la vie oisive, il s'y est plongé davantage ; il tranchait du grand seigneur et devenait plus maître que toi dans la maison.

Pour lui comme pour toi, une pareille situation n'était plus tolérable ; nous n'avons plus besoin d'être tenus en lisières et nous sommes assez grands, il me semble, pour nous conduire nous-mêmes. Voilà pourquoi, sauf ton assentiment, j'ai décidé qu'il en serait ainsi.

— Mathilde, je t'admire, tu es superbe ! s'écria le marquis véritablement charmé. Ah ! vois-tu, continua-t-il d'une voix émue, c'est que je n'étais plus habitué à te voir ainsi, à t'entendre parler comme tu viens de le faire.

— Eh bien, oui, répliqua-t-elle, je me réveille après un trop long sommeil.

— Et ton réveil est une aurore radieuse.

— Je reviens à Sosthène : il est bien entendu qu'il ne s'occupera plus en rien de tes affaires ?

— Sans doute, puisque tu l'as décidé.

— Jusqu'à présent, il a toujours compté sur les autres : il faut qu'il apprenne à ne compter que sur lui-même.

— C'est très-bien, je suis de ton avis ; mais c'est une école à faire.

— Il la fera.

— Je l'espère ; en attendant il faut qu'il vive.

— Sois tranquille, ma mère ne le laissera manquer de rien.

— Je ne dis pas non. Permets-moi pourtant de te faire observer que si madame de Perny donne à son fils d'une main ce que nous lui aurons mis dans l'autre, nous ne ferons absolument rien pour elle.

— C'est admettre que Sosthène continuera à ne rien faire.

— Ma bonne amie, répondit le marquis en souriant, tu ne connais guère les difficultés de la vie ; il arrive qu'avec la meilleure volonté de travailler, on ne trouve pas à utiliser son intelligence et ses capacités. Comme tu le disais tout à l'heure, il est peut-être un peu tard pour que Sosthène se mette à la recherche d'une position. Evidemment, il est intelligent, mais cela ne suffit pas toujours. Malheureusement, il n'a fait aucune étude spéciale et je ne crois pas qu'on puisse en faire un préfet ou un diplomate. Ah ! s'il était ingénieur, il y a la grande industrie qui prend chaque jour un merveilleux développement.

Enfin, il cherchera ; il a de belles relations et mes amis seront aussi à son service. Malgré tout, il peut se faire qu'il attende longtemps. Eh bien, Mathilde, Sosthène va se trouver dans une situation plus intéressante encore que celle de ta mère, car il est absolument sans fortune, lui. L'abandonner complètement, c'est-à-dire ne rien faire pour lui, serait de l'ingratitude ou manquer de cœur. D'ailleurs, il est ton frère, le mien. Mathilde, comme à madame de Perny, vous ferons une pension à Sosthène.

La jeune femme resta silencieuse. Elle réfléchissait.

— A quoi penses-tu ? lui demanda le marquis.

— A ce que tu viens de dire.

— Eh bien ?

— Puisque tu crois devoir faire une pension à mon frère, quel en sera le chiffre ?

— Fixe-le toi-même.

— Non, toi.

— Dix mille francs, autant qu'à ta mère.

— Edouard, j'ai une autre idée.

— Voyons.

— Je préférerais que tu lui donnasses tout de suite, dès demain, deux cent mille francs.

— Ah! fit le marquis étonné.

— Oui. Avec cette somme il fera quelque chose, s'il veut travailler; il pourra prendre une part d'association dans une entreprise ou bien aller faire fortune à l'étranger, en Amérique ou ailleurs.

— C'est bien pensé; mais si au lieu de cela il s'amuse et mange son capital?

— Alors, tant pis pour lui! Il t'aura bien prouvé, cette fois, qu'il est indigne de tes bienfaits.

— Mathilde, tu as l'air de l'accuser.

— Non. Mais c'est triste à avouer, je n'ai en lui aucune confiance.

Le marquis n'insista point. Il est vrai qu'il pouvait reconnaître que sa femme n'avait pas tout à fait tort.

— Ma mère et mon frère ayant été prévenus par moi, reprit la marquise, tu n'auras qu'à leur confirmer demain ce que je leur ai dit aujourd'hui. Tu leur annonceras toi-même ce que tu veux bien faire pour eux. Ils pourront rester au château jusqu'à la fin de la saison, mais ils ne doivent pas rentrer avec nous à l'hôtel de Coulange.

— C'est bien, répondit le marquis, je causerai de tout cela avec madame de Perny et avec Sosthène.

La jeune femme se leva et s'approcha d'une grande fenêtre ouverte, encadrée de verdure.

— La belle nuit, dit-elle, et comme ce ciel est magnifiquement étoilé!

Le marquis vint se placer près d'elle, et, d'un bras, entourant sa taille, il la serra contre lui.

Elle appuya amoureusement sa tête sur l'épaule de son mari et, regardant le ciel, elle murmura:

— N'est-ce pas qu'on est bien, quand on s'aime et qu'on n'est que deux?

V

LA SECONDE MÈRE

Le lendemain matin, M. de Coulange eut avec son beau-frère, d'abord, et ensuite avec madame de Perny une longue conversation.

Le soir, Sosthène partit pour Paris.

Quinze jours s'écoulèrent sans qu'on entendît parler de lui.

Les relations entre la mère et la fille étaient extrêmement tendues. Elles ne se voyaient plus qu'aux heures des repas et ne se parlaient jamais.

La marquise déployait une activité extraordinaire. Elle avait pris réellement et sérieusement la direction de sa maison. Lorsqu'elle se trouvait embarrassée, le vieux Firmin était là; elle ne dédaignait pas de lui demander des conseils et de se servir de sa longue expérience. Elle se rendait compte de toutes choses, voulait tout voir par ses yeux. Mais, toujours affable et bonne, elle n'était jamais tracassière. Ses gens lui obéissaient avec plaisir, sans discuter aucun de ses ordres.

Cette vie active eut pour résultat de l'arracher un peu à ses tristes pensées et de raffermir sa santé, en rétablissant en elle la circulation normale du sang. Elle redevenait vive, alerte; elle retrouvait sa grâce. Si elle gardait sa tristesse songeuse, si elle avait encore des heures d'abattement, son front s'était éclairci et les fraîches couleurs de la jeunesse estompaient ses joues plus arrondies.

Le marquis voyait s'opérer ce changement à vue avec une joie impossible à décrire.

Un matin madame de Perny reçut une lettre de son fils. Dans la journée elle annonça à son gendre que Sosthène arriverait au château le lendemain et que le jour même elle quitterait Coulange.

— Mais rien ne vous presse, lui dit le marquis ; pourquoi ne restez-vous pas avec nous, vous et Sosthène, jusqu'au jour où nous-mêmes nous rentrerons à Paris ?

Elle se contenta de répondre :

— Vous savez bien que notre présence ici n'est plus possible.

Elle employa la soirée à préparer ses malles avec l'aide de sa femme de chambre.

Quand Sosthène arriva elle était prête à partir. Il n'y eut qu'à charger les malles sur une voiture que le marquis mit à leur disposition.

Sosthène ne demanda pas à voir la marquise. Cependant, au moment du départ, M. de Coulange crut devoir faire prévenir la jeune femme et il alla lui-même chercher le petit Eugène.

Madame de Perny embrassa l'enfant, en paraissant très-émue. Elle avait de grosses larmes dans les yeux. Faisant contre fortune bon cœur, Sosthène embrassa aussi le petit garçon.

La marquise venait de paraître, se rendant à l'appel de son mari. Elle vit toute cette scène. Elle sentit son cœur se soulever de dégoût.

— Les hypocrites, se dit-elle, sont-ils assez misérables !

Sosthène la salua sans lui adresser une parole, peut-être ne l'osa-t-il point.

— Ma fille, lui dit madame de Perny, vous reviendrez un jour, je l'espère, de vos préventions contre moi et votre frère, et vous reconnaîtrez que nous ne vous avons donné que des preuves d'affection. Avant de se séparer de vous, permettez à votre mère de vous embrasser.

La jeune femme devint très-pâle. Pourtant, elle n'osa point repousser sa mère, qui, s'étant approchée d'elle, lui mit un baiser sur le front.

Tels furent les adieux.

La mère et le fils montèrent en voiture et partirent.

La marquise poussa un soupir de soulagement.

— Voilà une première délivrance, murmura-t-elle.

Le château de Coulange perdait deux hôtes; mais M. et madame de Coulange en reçurent d'autres, surtout pendant le temps de la chasse, car le grand et le petit gibier abondaient sur le domaine de Coulange. Il y eut des jours où la marquise eut jusqu'à trente invités.

On arriva ainsi jusqu'aux derniers jours d'octobre. Alors on rentra à Paris.

Le 25 décembre, jour de Noël, la marquise de Coulange donna le jour à une petite fille.

Elle était toute mignonne, délicate, même un peu chétive. Mais elle paraissait avoir bonne envie de vivre.

La jeune mère déclara qu'elle ne voulait pas de nourrice, qu'elle tenait absolument à élever elle-même son enfant.

On essaya de lui faire des observations.

— Puis-je nourrir ma fille, oui ou non? demanda-t-elle au vieux praticien amené par Ernest Gendron.

Le médecin répondit : oui.

— En ce cas, tout ce que vous pourriez me dire encore est inutile.

On lui laissa donc son enfant, un peu contre le gré du marquis, qui redoutait pour elle de trop grandes fatigues.

M. de Coulange avait voulu profiter de la circonstance pour tenter un rapprochement entre la fille et la mère; mais il avait complètement échoué.

Madame de Perny n'osa point se présenter à l'hôtel, la marquise ayant déclaré nettement qu'elle ne la recevrait pas.

Le marquis, qui n'avait aucune raison d'en vouloir à sa belle-mère, lui faisait d'assez fréquentes visites, et c'est par lui que madame de Perny savait à peu près tout ce qui se passait à l'hôtel de Coulange.

Etait-ce par calcul? Sosthène avait loué pour sa mère un appartement rue de Moscou, c'est-à-dire à l'autre extrémité de Paris. Il était censé y demeurer avec elle; mais il avait conservé son petit appartement de la rue Richepanse. Ceci indiquait qu'il ne songeait pas encore à changer son existence et à se créer une position indépendante, comme le lui avait conseillé son beau-frère, en lui faisant gracieusement don de deux cent mille francs.

Tous les quatre ou cinq jours, Sosthène venait voir le marquis. Il tenait à conserver un pied dans la place. Il ne parlait jamais de sa sœur et il évitait avec le plus grand soin de se trouver sur son passage. En revanche, il entretenait longuement le marquis des démarches qu'il ne faisait point, en vue de se procurer une occupation en rapport avec ses goûts et ses aptitudes.

Il semblait naturel que madame de Perny fût la marraine de sa petite-fille ou Sosthène son parrain.

On en parla à la marquise.

Elle répondit froidement qu'elle préférerait que sa fille ne fût jamais baptisée.

Le marquis ne savait plus que penser. Où il avait cru d'abord à un caprice de sa femme, à un de ces froissements dont l'impression s'efface avec le temps, il voyait apparaître une véritable répulsion, une sorte de haine. Mais ne voulant point sortir de la ligne de conduite qu'il s'était tracée, sans donner toutefois raison à la marquise, il résolut de nouveau de toujours respecter ses sentiments, si bizarres qu'ils fussent.

Le comte de Laugeon, son cousin, et la comtesse de Laugeon furent les parrain et marraine de la petite fille.

On lui donna les prénoms de Maximilienne-Charlotte.

Nous n'avons pas besoin de dire que la jeune mère adorait son enfant. Il lui semblait qu'elle n'aurait jamais assez de tendresse à lui donner et que son cœur n'était pas assez grand pour contenir tout son amour.

Devant le petit ange endormi, elle restait des heures entières à le contempler. Quelles étaient alors ses pensées? Nous ne saurions le dire. Mais il se mêlait certainement beaucoup d'amertume dans son extase.

Certes, cette tendresse passionnée de la mère pour son enfant était bien naturelle; pourtant on la trouvait exagérée; et quand on voyait d'une part l'affection de la marquise pour sa fille, de l'autre son indifférence pour son fils, on ne pouvait s'empêcher de convenir que cette mère avait d'étranges sentiments, et cela conduisait à faire de singulières réflexions.

Mieux que personne M. de Coulange était à même de faire ces remarques. Il comparait, méditait; et quand il essayait de s'expliquer ces deux sentiments contraires, il s'égarait complètement; néanmoins il trouvait que le cœur de Mathilde était en contradiction flagrante avec lui-même.

En voyant que ce cœur insondable voulait donner tout à l'une, rien à l'autre, le marquis en arriva à éprouver un assez vif sentiment de jalousie. Oui, il devint jaloux de cette tendresse maternelle que la jeune mère réservait exclusivement à sa fille et refusait à son fils avec opiniâtreté. C'était un tort considérable fait à ce dernier, et, à ses yeux, la plus grande des injustices. Il sentit qu'une réparation était due plus que jamais au déshérité, et il lui donna aussi presque exclusivement toute sa tendresse. Et cela se fit naturellement, sans qu'il le voulût. A son insu, et pour la première fois, il y eut entre lui et la marquise une opposition de sentiment.

Nous ne voulons pas dire que le marquis n'aimait pas sa fille; mais il l'abandonna complètement à sa mère pour n'avoir qu'à s'occuper de son fils. D'un côté comme de l'autre il y eut exagération de tendresse. Ce que la petite fille recevait de la mère, le petit garçon le recevait du père. On aurait dit que le marquis comptait les caresses données par Mathilde à l'un des enfants pour ne pas faire tort à l'autre d'un baiser. Et cela sans qu'il y ait un nuage ou une plainte du mari ou de la femme. Du reste les époux étaient aussi unis que par le passé, et leur affection restait la même. Un amour comme celui qu'ils éprouvaient l'un pour l'autre résiste à tout.

Disons, cependant, que tout entière à ses joies maternelles et complètement absorbée dans les soins qu'elle donnait à sa fille, la marquise ne s'apercevait point de cette préférence déjà marquée que M. de Coulange avait pour le petit Eugène.

Plus tard elle fera cette découverte, car elle n'a pas versé toutes ses larmes. — De nouvelles et cruelles douleurs lui sont réservées.

Pendant les mois de janvier, février et mars, il y eut de nombreuses réceptions à l'hôtel de Coulange. A l'occasion de la naissance de sa fille, le marquis voulut donner plusieurs fêtes; elles furent splendides. La fortune de M. de Coulange lui permettait de faire magnifiquement les choses. Il eut la satisfaction de voir réunie chaque fois l'élite de la société parisienne : les plus grands noms du faubourg Saint-Germain, les sommités politiques, les hommes illustres de la littérature, de la science, des beaux-arts, de la magistrature, de l'armée.

Madame de Perny et son fils ne parurent à aucune de ces réceptions, n'assistèrent à aucune de ces fêtes.

Plusieurs personnes, parmi celles qui avaient d'anciennes relations d'amitié avec la famille de Coulange, s'en étonnèrent.

Interrogé à ce sujet, le marquis fut assez embarrassé. Cependant il répondit :

— Entre madame de Perny, son fils et la marquise, il y a rupture. La chose est arrivée il y a quelques mois, lorsque nous étions encore à Coulange. A quel propos ? Je l'ignore. Mais je suis persuadé que les torts ne sont pas du côté de la marquise. Le temps fait oublier bien des choses. J'espère pouvoir bientôt rétablir la bonne harmonie dans la famille.

De son côté, à ceux qui se permirent de la questionner, la marquise répondit :

— Ma mère voulait être la maîtresse chez moi ; j'ai

cru devoir lui faire quelques observations ; alors elle s'est trouvée humiliée. Elle est partie, mon frère l'a suivie. Je n'ai rien fait pour les retenir ; du reste il était impossible que nous puissions nous entendre.

— Oh ! ce n'est qu'une petite querelle ; un de ces jours vous vous rencontrerez, vous vous embrasserez et la paix sera faite.

— Jamais ! dit la marquise.

Ce mot « jamais » et aussi le ton dont il fut prononcé causèrent aux curieux un nouvel étonnement.

Il y en eut qui devinèrent qu'il y avait dans le cœur de madame de Coulange une plaie cachée. Dès lors on commença à se demander :

— Quel est le secret de la marquise ?

VI

A LA SALPÊTRIÈRE

Dès le premier jour de son entrée à l'hospice, Gabrielle Liénard inspira aux administrateurs, aux médecins, aux élèves, à tout le personnel de l'établissement un très-vif intérêt.

La triste position de cette malheureuse jeune fille, qui sortait à peine de l'adolescence, ne pouvait manquer de faire naître la compassion.

En voyant son pur profil, ses traits délicats, son nez finement modelé, son front superbe et ses grands yeux noirs pareils à ceux d'une Mauresque, on pouvait se dire qu'elle était divinement jolie un an auparavant, quand elle était en pleine santé.

Quelques jours après, on apprit à la Salpêtrière ce qui était connu de la douloureuse histoire de la nouvelle pensionnaire. Alors la pitié de tous devint plus profonde et elle fut l'objet d'une plus grande sympathie encore.

Dans nos hospices et hôpitaux, les malades sont tous également bien soignés, car tous ont part au dévouement de nos savants docteurs, aux soins intelligents des employés attachés à leur service. Toutefois, il n'est pas défendu, aux uns comme aux autres, d'avoir certaines préférences parmi les malades. C'est une question de sentiment. On ne peut pas empêcher cela. Du reste, là, aussi bien que partout ailleurs, il y a des malheureux plus intéressants les uns que les autres.

Gabrielle devint la pensionnaire favorite de l'établissement. D'ailleurs, par sa douceur et sa docilité, elle méritait l'affection et la vive sollicitude dont elle était entourée.

Elle était toujours très-calme. Elle passait des heures entières assise à la même place, la tête penchée sur sa poitrine, sans faire un mouvement, sans prononcer une parole, les yeux grands ouverts, ne regardant rien.

Sa folie était silencieuse et se caractérisait par l'absence complète de la mémoire. Quand on l'interrogeait, elle écoutait avec beaucoup d'attention et elle répondait le plus souvent avec tant de justesse, qu'on s'étonnait d'entendre une pauvre insensée. Mais si on la questionnait sur son enfance, sur sa jeunesse, sur son passé enfin, son regard devenait étonné et elle secouait tristement la tête. Il semblait alors qu'on lui parlât dans une

15.

langue inconnue. Ou elle restait muette ou elle répondait simplement :

— Je ne sais pas.

Chaque jour qui s'écoulait était pour elle un jour perdu. Il s'engloutissait dans la nuit profonde qui enveloppait toutes les années de son existence.

N'importe, on ne perdait pas l'espoir de la guérir. Sans se décourager on continuait le traitement auquel elle était soumise.

Indépendamment du désir que les médecins de l'hospice avaient de redonner la vie intellectuelle à leur intéressante et sympathique malade, le parquet de la Seine attachait aussi une grande importance à sa guérison. En effet, les plus fins limiers de la police de sûreté, ayant été mis sur pied inutilement, on ne pouvait plus compter que sur la victime du drame de la rue Vieille-d'Argenteuil pour découvrir la trace des coupables et éclairer cette mystérieuse affaire.

En attendant, le rapport du commissaire de police d'Asnières, celui de l'agent Morlot et un autre rapport d'enquête, qui ne faisait que confirmer les deux premiers, étaient tout le dossier de l'affaire. Et ce dossier reposait au fond d'un carton dans le cabinet du juge d'instruction.

Gabrielle était depuis onze mois à la Salpétrière, lorsque le médecin aliéniste s'aperçut, avec une satisfaction facile à comprendre, que la santé de la malade commençait à s'améliorer. A partir de ce moment elle fut l'objet de soins plus assidus encore. Bientôt il se fit dans son esprit de soudaines clartés. Mais ce n'était encore que des lueurs fugitives, semblables à la lumière produite par l'éclair qui, dans une nuit d'orage, jaillit de la nue déchirée. L'éclair éteint, la nuit recommence.

Cependant ces échappées lumineuses ne tardèrent pas à devenir plus fréquentes, et, chaque fois, ressaisissant sa pensée, Gabrielle retrouvait dans les ténèbres de son cerveau, quelques lambeaux de souvenir. Ce travail de l'esprit, cette résurrection de la raison se faisaient lentement, progressivement; et c'est avec un intérêt anxieux que les médecins voyaient s'accomplir ce phénomène, qui est le retour à la vie intellectuelle, qui rend au corps l'âme dont il était privé.

Un jour, la jeune fille fut soumise à un dernier et très-sérieux examen médical. A la suite de cet examen, les médecins déclarèrent que sa guérison était complète.

Oui, on lui avait rendu la raison et elle retrouvait dans sa pensée tous ses souvenirs. Pour en être convaincu, il suffisait de voir les larmes qu'elle versait, en se rappelant les douleurs du passé, en pensant à l'enfant qu'on avait arraché de ses bras.

Près de dix-sept mois s'étaient écoulés depuis qu'elle avait quitté la maison d'Asnières. Bien qu'elle eût beaucoup souffert physiquement, il ne semblait pas qu'elle eût vieilli. Elle avait toujours ses magnifiques cheveux châtain foncé, longs et épais, et on ne voyait pas une seule ride sur son front uni comme un marbre poli.

Toutefois, son doux visage devait garder toujours l'empreinte de la terrible maladie dont on venait de la guérir.

Les couleurs de ses joues s'étaient à jamais effacées. Sa figure d'un blanc mat avait une rigidité étrange, comme si les muscles s'étaient détendus ou paralysés.

On aurait dit le visage d'une morte. Quand elle parlait, c'est à peine si on voyait remuer ses lèvres, décolorées comme les pommettes de ses joues. Seuls, ses grands yeux avaient retrouvé leur éclat et leur ravissante expression. Ses superbes sourcils bien arqués et ses longs cils noirs tranchaient vigoureusement sur ce blanc d'albâtre, ce qui produisait un effet singulier.

Gabrielle parfaitement guérie, il n'y avait plus aucune raison de la garder à l'hospice. Mais avant de lui rendre sa liberté, le directeur de l'établissement avait un devoir à remplir. Il s'empressa de prévenir le parquet que sa pensionnaire était enfin en état de répondre aux questions qu'on croirait devoir lui adresser dans son propre intérêt et pour éclairer la justice.

Dès le lendemain, le juge d'instruction, accompagné d'un commissaire de police aux délégations, se présentait à la Salpêtrière.

La jeune fille fut amenée devant les deux magistrats.

D'abord elle fut embarrassée, effrayée, et hésita à répondre. Mais le juge d'instruction lui parla avec une grande bonté et parvint à la rassurer. Ensuite il lui fit comprendre combien il était important pour la justice de connaître exactement tout son passé.

— Ma chère enfant, ajouta-t-il, vous ne devez rien nous cacher; ce qui peut vous paraître insignifiant a peut-être pour nous beaucoup de valeur. Il y a des coupables, il faut qu'ils soient punis; mais auparavant ils doivent être mis entre les mains de la justice. Ce n'est pas tout, on vous a volé votre enfant; qu'en a-t-on fait? où est-il? Voilà ce qu'il faut que nous sachions aussi. Pour que nous puissions vous rendre votre enfant, il faut que nous le retrouvions. Comme vous le voyez, vous avez un grand intérêt à éclairer la justice.

Après cette petite allocution du magistrat, Gabrielle se décida à parler. Elle avait déclaré déjà qu'elle se nommait Gabrielle Liénard et qu'elle était née à Orléans.

Elle raconta pourquoi et dans quelles circonstances, ayant eu le malheur de perdre sa mère, et son père s'étant remarié, elle avait été forcée de quitter sa ville natale pour venir à Paris, où elle avait trouvé une place de demoiselle de magasin. Elle raconta ensuite comment elle avait rencontré et aimé un jeune homme qui paraissait appartenir à une bonne famille et qui s'était fait connaître à elle sous le nom d'Octave Longuet. Elle passa rapidement sur sa séduction, son abandon au bout de quelques mois, et mentionna seulement son horrible douleur quand elle découvrit qu'elle allait devenir mère.

Elle continua son récit en faisant connaître son existence avenue de Clichy où, honteuse et voulant cacher sa faute à ceux qui la connaissaient, elle s'était réfugiée dans une mauvaise chambre d'hôtel meublé. Alors elle parla de la soi-disant madame Trélat, qui était venue la trouver dans son taudis et s'était présentée à elle comme la mandataire d'une baronne très-riche, très-généreuse et très-bonne, qui avait fondé à Paris plusieurs maisons de bienfaisance et qui s'intéressait particulièrement aux malheureuses jeunes filles séduites.

Le juge d'instruction l'interrompait souvent pour lui poser une ou plusieurs questions, auxquelles elle répondait le mieux qu'elle pouvait.

Assis à une table, ayant du papier devant lui, le commissaire de police suivait le récit de la jeune fille, et écrivait certains détails pour ainsi dire sous sa dictée.

Gabrielle poursuivit en racontant comment, trompée par les manières polies et aimables de la dame Trélat, par la fausse amitié qu'elle lui témoignait, elle avait consenti à aller demeurer avec elle dans sa maison d'Asnières. Elle fit au juge d'instruction le tableau de leur vie en commun et de leur grande intimité dans la petite maison de la rue Vieille-d'Argenteuil. Elle lui fit comprendre ainsi comment, voyant la dame Trélat si bonne pour elle et si convenable sous tous les rapports, elle n'avait pu soupçonner qu'elle était tombée dans un piège qu'on lui avait tendu dans le but de lui prendre son enfant.

Elle acheva son long récit en racontant l'effroyable douleur qu'elle avait éprouvée, le déchirement intérieur qui s'était fait en elle, lorsque s'étant réveillée le matin, elle découvrit que la dame Trélat et son enfant avaient disparu.

Elle se rappelait encore qu'elle avait poussé un grand cri, qu'il lui avait semblé que le parquet s'effondrait sous ses pieds et qu'elle était tombée à la renverse. C'était tout. Elle ne retrouvait rien dans sa mémoire de ce qui s'était passé ensuite.

Elle cessa de parler. Le juge d'instruction réfléchissait, la tête appuyée sur sa main. Gabrielle resta immobile et silencieuse, attendant les nouvelles questions que le magistrat pouvait avoir encore à lui adresser.

A quoi pensait le juge d'instruction?

La jeune fille venait de lui raconter son histoire; tout ce qu'elle savait, elle l'avait dit. Eh bien, le juge d'instruction trouvait que ce n'était pas assez. Il espérait mieux; il était venu avec l'espoir que des déclarations de Gabrielle jaillirait la lumière, et il n'en était rien. Le mystère restait le même, toujours aussi impénétrable. Evidemment, grâce aux indications précises fournies par la jeune fille, on allait pouvoir se livrer à de nouvelles investigations ; mais il prévoyait d'avance que le résultat serait nul.

Il releva lentement la tête, et regardant la jeune fille avec beaucoup d'intérêt :

— Mademoiselle, dit-il, je vous remercie des renseignements que vous venez de nous donner.

— Vous êtes satisfait, monsieur ?

— Sans doute, mais pas autant que je le voudrais. Malheureusement, dans les révélations que vous venez de nous faire, rien ne nous met sur la trace de cette femme qui se faisait appeler Félicie Trélat.

— Pourtant, monsieur, je vous ai tout dit, tout.

— J'en suis convaincu. Naturellement, vous ne pouvez pas nous apprendre ce que vous ne savez pas vous-même. Enfin, n'importe, nous chercherons.

— Et moi aussi, je chercherai, pensa Gabrielle.

Après un moment de silence, le juge d'instruction reprit :

— Vous savez où vous êtes ici ?

— Oui, monsieur. On ne m'a pas caché que j'avais perdu la raison. Je suis à la Salpêtrière.

— Maintenant que vous êtes guérie, on n'a plus le droit de vous y garder. Dans deux ou trois jours, peut-être dès demain, vous sortirez. Où avez-vous l'intention d'aller ?

— Je n'ai pas encore pensé à cela, monsieur.

— Me permettez-vous de vous donner un conseil ?

— Certainement.

— Eh bien, ma chère enfant, il faut retourner à Orléans, chez votre père.

Gabrielle baissa la tête.

— Je comprends, reprit le magistrat, vous n'osez pas me dire que vous ne suivrez pas mon conseil.

— C'est peut-être ce que je devrais faire, monsieur ; mais je suis sortie de la maison de mon père pour n'y jamais rentrer.

— Vous avez vos idées et aussi vos raisons que je respecte ; d'ailleurs, vous êtes absolument libre. Mais il peut se faire que j'aie bientôt besoin de vous, il est donc très-important que je sache où vous trouver.

— Je n'ai pas l'intention de m'éloigner de Paris, monsieur.

— Soit. Mais Paris est grand, et si je n'ai pas votre adresse...

— Je ne sais pas encore dans quel quartier j'irai me loger ; aussitôt que je me serai installée dans la retraite que j'aurai trouvée, je vous promets, monsieur, de vous faire parvenir mon adresse au parquet.

— C'est bien, répondit le juge d'instruction ; mais n'oubliez pas, car vous me mettriez dans la nécessité de vous faire chercher.

Maintenant, continua-t-il, je n'ai plus rien à vous dire, vous pouvez vous retirer.

Gabrielle se leva, le salua, adressa également un salut au commissaire de police, puis elle se dirigea lentement vers la porte et sortit de la chambre.

VII

TROP TARD

Le même jour, dans la soirée, le directeur de l'hospice donna l'ordre qu'on lui amenât Gabrielle Liénard. Il reçut la jeune fille dans son cabinet, la fit asseoir et lui dit :

— Messieurs les magistrats, que vous avez vus tantôt et qui vous ont interrogée, m'ont assez longuement parlé de vous. Comme moi, comme tout le monde ici, M. le juge d'instruction vous porte un très-vif intérêt. Il vous a conseillé de quitter Paris et de rentrer dans votre famille; mais vous ne lui avez point caché qu'il vous répugnait de retourner chez votre père. Il m'a quitté en me faisant part de ses inquiétudes sur votre avenir. Eh bien, ces inquiétudes, je les partage. Vous allez sortir de l'hospice et je suis loin d'être rassuré sur votre sort, car je ne puis, sans effroi, me demander ce que vous allez devenir lorsque vous vous retrouverez seule, sans parents, sans amis, sans personne pour vous protéger, vous aider, au milieu de cette ville immense, pleine de périls de toutes sortes, où il y a tant de désillusions, tant de misère et où déjà vous avez tant souffert.

Vous voyez dans quelle situation vous vous trouvez, et je ne saurais trop vous engager à réfléchir sérieusement. Voyons, mademoiselle, que comptez-vous faire ? Connaissez-vous à Paris une honnête famille qui puisse vous recevoir ?

— Non, monsieur, je ne connais plus personne à Paris, répondit Gabrielle. D'ailleurs y connaîtrais-je quelqu'un que je ne chercherais pas à le voir.

— Malheureuse enfant, voilà bien ce qui m'effraye ; vous allez vous trouver complètement abandonnée !

— Non, monsieur, répliqua la jeune fille, en montrant le ciel, je crois en la divine Providence, elle veillera sur moi.

— Je le crois ; mais il y a un proverbe qui dit : « Aide-toi, le ciel t'aidera ! » Que ferez-vous ?

— Je sais me servir de l'aiguille de l'ouvrière ; j'ai fait déjà de la passementerie, je puis aussi travailler dans la lingerie, je ne serai pas paresseuse ; j'ai du courage, de la bonne volonté, je ne manquerai pas d'ouvrage ; je sais qu'il n'y a que ceux qui ne veulent pas travailler qui ne trouvent rien à faire à Paris.

— Sans doute ; mais le travail d'une femme est si peu payé...

— C'est vrai, monsieur. Seulement, pour vivre, il me faudra si peu aussi !

— A côté des premières nécessités de la vie, il y a une infinité d'autres dépenses à faire, utiles et forcées pour une femme surtout.

— Hier, on m'a remis en possession de mon linge et de mes autres effets, apportés d'Asnières, lorsqu'on m'a amenée ici ; j'ai retrouvé le tout en assez bon état ; d'ici un an je n'aurai rien à m'acheter.

— Mais encore faut-il que vous vous installiez quelque part. Vous aurez à louer et à payer une chambre. Et puis il est probable que vous ne trouverez pas immédiatement du travail.

— Monsieur le directeur ne m'a-t-il pas dit, ce matin, qu'il me remettrait avant mon départ une petite somme ?

— Oui, une somme de trois cents francs, qui vous appartient.

— Qui m'appartient? fit Gabrielle étonnée.

— Oui. Ces trois cents francs ont été trouvés dans la chambre que vous occupiez dans la maison d'Asnières.

— Ils ne sont pas à moi, monsieur.

— Personne, pourtant, ne les a réclamés.

— Quand madame Trélat est venue me prendre avenue de Clichy pour me conduire à Asnières, je n'avais peut-être pas cinq francs de petite monnaie dans ma poche.

— De cela il n'y a qu'une chose à conclure : c'est un don qui vous a été fait. Par qui? Par une personne généreuse qui vous a prise en pitié, ou bien par ceux qui vous ont enlevé votre enfant. Mais qu'importe, cette somme est bien à vous, et nous n'avons pas à rechercher d'où elle vient.

Vous paraissez avoir pris une résolution définitive, cela contrarie certaines intentions qu'on a pour vous; néanmoins je vais vous faire connaître la proposition qu'on m'a chargé de vous faire.

A votre sortie de l'hospice, on vous recevrait avec plaisir dans une communauté.

La jeune fille fit un brusque mouvement.

— On aurait pour vous les égards qui sont dus à votre malheur, continua le directeur; vous ne manqueriez ni d'affection, ni de soins, ni de protection; là, vous trouveriez un refuge sûr contre toutes les difficultés et tous les dangers de la vie. On pourrait encore, si vous le désiriez, vous placer comme surveillante dans un ouvroir, dont vous pourriez devenir plus tard la directrice.

Gabrielle secoua la tête.

— Monsieur le directeur, répondit-elle, ce que vous voulez bien me proposer serait certainement très-avantageux pour une pauvre malheureuse fille telle que moi; je le reconnais, et mon cœur est pénétré de reconnaissance pour vous d'abord, monsieur, et pour les personnes inconnues et charitables qui s'intéressent à mon malheur. Mais je ne puis profiter de l'offre qui m'est faite, je suis obligée de renoncer à tout le bien qu'on voudrait me faire. Ce que je veux, monsieur, c'est ma liberté, ma liberté entière.

Depuis que la raison m'a été rendue, continua-t-elle, en portant sa main droite à son front, j'ai là une idée, une idée fixe; oui, j'ai un but à poursuivre, à atteindre, et j'ai fait à Dieu le serment de consacrer toute ma vie à cette tâche.

— Ai-je le droit de vous demander quelle est votre idée?

— Oh! vous l'avez peut-être devinée, monsieur : Je veux retrouver mon enfant!

— Pauvre femme, pauvre mère! murmura-t-il.

— Mon enfant! reprit-elle subitement surexcitée, c'est à peine si j'ai eu le temps de le voir, de le couvrir de mes baisers... Eh bien, je le revois tel qu'il était quand on l'a mis entre mes bras; oui, après de longs mois de démence, j'ai retrouvé, fidèlement gravée dans ma mémoire, sa jolie petite figure d'ange! Pourquoi ai-je fermé les yeux, pourquoi me suis-je endormie? Fatal sommeil! Je n'aurais pas manqué de force, allez; j'aurais su le défendre, je l'aurais défendu avec mes ongles, avec mes dents... Hélas! je dormais... Et il était près de moi, le pauvre petit, comptant sur la protection de sa mère. Je dormais! Comme si une mère avait le droit de dormir!... Je dormais... et on m'a volé mon enfant! et je n'ai rien entendu!

Je suis jeune encore, poursuivit-elle comme se parlant à elle-même; mais j'ai dit adieu à toutes les illusions comme à toutes les joies de la vie; il ne me reste plus que l'espérance de retrouver mon enfant! A lui seul, maintenant, toutes mes pensées et tout ce qu'il y a de tendresse dans mon cœur!

Où est-il? Je n'en sais rien. Mais je sens qu'il existe, et il y a en moi quelque chose qui me dit : « Espère, tu le retrouveras! » Paris est grand, et il y a plus grand que

Paris, la France, et plus grand encore que la France, l'univers... N'importe, je chercherai sans me décourager un seul instant... S'il le faut, j'irai jusqu'au bout du monde !

Dieu est grand, juste et bon, quand il m'aura soumise à toutes les épreuves, quand il aura vu mes longues souffrances et qu'il aura compté toutes mes larmes, il dira : « Celle-ci a assez souffert ! » Alors il ordonnera à une de ses étoiles de me guider, et l'étoile obéissante me conduira vers mon enfant !

Le directeur était très-ému. Malgré lui, ses yeux s'étaient remplis de larmes. Il prit affectueusement une des mains de la jeune fille et lui dit :

— Oui, ma fille, espérez ; l'espoir adoucit la souffrance et console les désolés. Comme vous, je suis convaincu qu'un jour votre enfant vous sera rendu.

Un long soupir s'échappa de la poitrine de Gabrielle.

— Quand voulez-vous quitter l'hospice? lui demanda-t-il.

— Le plus tôt possible, répondit-elle.

— C'est aujourd'hui samedi, vous passerez encore ici la journée de demain et lundi vous serez libre.

— Merci, répondit Gabrielle en se levant.

Le directeur la congédia et elle fut reconduite dans sa chambre.

Le surlendemain, vers une heure de l'après-midi, la porte de la Salpétrière fut ouverte à Gabrielle.

Elle trouva dans la rue une voiture qui l'attendait. La malle contenant ses effets était déjà placée sur le fiacre.

— Où faut-il vous conduire ? lui demanda le cocher.

— Avenue de Clichy, répondit-elle.

Elle monta dans la voiture et la portière se referma.

Le cocher piqua de la mèche de son fouet les flancs du cheval, qui fila rapidement dans la direction des quais.

Gabrielle s'était dit que la femme qu'elle connaissait sous le nom de Félicie Trélat, étant venue la chercher avenue de Clichy, c'était dans ce quartier des Batignolles, plutôt que dans aucun autre quartier de Paris ou des communes *extra muros*, qu'elle pouvait avoir quelque chance de la rencontrer.

La jeune fille savait à quel point sa figure était changée et qu'il était à peu près impossible qu'on la reconnût. En effet, elle pouvait affronter sans crainte même les regards de ses anciennes amies.

La première fois qu'elle s'était vue dans une glace après sa guérison, elle avait laissé échapper un cri de surprise ; elle-même hésitait à se reconnaître. Alors, un sourire singulier sur les lèvres, elle s'était dit :

— Tant mieux ; en voyant ce visage de marbre, ceux qui m'ont connue autrefois ne pourront jamais se douter que je suis Gabrielle Liénard.

Maintenant, avec cette certitude qu'elle ne pouvait pas être reconnue, elle se sentait moins gênée pour reprendre sa place dans la vie active ; elle allait se retrouver dans Paris comme si elle y entrait pour la première fois, arrivant d'un point quelconque de la France. Cela lui donnait une force de plus pour la tâche qu'elle voulait s'imposer. Avec une liberté plus complète, elle allait pouvoir aller, venir, entendre, voir, chercher.

Deux heures environ après son départ de l'hospice, c'est-à-dire vers trois heures de l'après-midi, un homme se présenta à la Salpêtrière et demanda à parler au directeur ou à l'économe.

Voyant que le portier, loin de se montrer empressé, avait l'air, au contraire, de le considérer comme un intrus, l'individu tira une carte de sa poche et la plaça sous les yeux du cerbère.

Celui-ci changea aussitôt d'attitude; il s'inclina avec une certaine déférence et ouvrit au visiteur la porte d'un vaste parloir. Ensuite il fit prévenir le directeur qu'un inspecteur de police désirait lui parler.

Un instant après, ce fonctionnaire de l'Assistance publique descendit au parloir où l'homme l'attendait.

— Monsieur, lui dit le visiteur, on a dû vous prévenir que j'étais agent de la police de sûreté; je me nomme Morlot.

— Vous êtes envoyé par la préfecture de police?

— Non, monsieur.

— Quel est donc l'objet de votre visite?

— Il s'agit de mademoiselle Gabrielle Liénard.

— Ah!

— J'ai appris ce matin qu'elle est guérie de sa folie et qu'elle a été interrogée avant-hier par le juge d'instruction.

— C'est vrai.

— Il faut que je vous dise d'abord, monsieur, que je m'intéresse beaucoup, oui, beaucoup à son sort.

— Tous ceux qui la connaissent éprouvent de la sympathie pour elle.

— Eh bien, monsieur, depuis le jour où je l'ai vue à Asnières entre la vie et la mort, je lui appartiens corps et âme; elle serait ma sœur ou ma fille que je ne lui serais pas plus dévoué. Cela peut vous paraître extraordinaire; mon Dieu, moi-même je ne comprends pas bien pourquoi je suis ainsi. C'est la suite de l'impression que j'ai éprouvée le jour où je l'ai vue à Asnières étendue sans mouvement, presque sans vie sur son lit. Je n'oublierai jamais avec quel frémissement de colère je regardais le berceau vide de son enfant. Ce jour-là, monsieur, j'ai fait un serment, un serment que je tiendrai, à moins que je ne meure à la peine avant d'avoir réussi. J'ai juré que je découvrirais les misérables qui ont volé l'enfant et que je les livrerais à la justice ; j'ai juré en même temps que je retrouverais l'enfant et que je le rendrais à sa mère.

Pour cela, rien ne me coûtera ; je sacrifierai tout : mon petit avoir, ma position, mon repos, même ma vie si c'est nécessaire. Depuis dix-huit mois, j'ai déjà fouillé Paris deux fois dans ses coins les plus secrets ; je vais recommencer. Rien ne m'arrêtera, rien ne pourra me décourager. Si mes recherches à Paris n'ont aucun résultat, j'irai plus loin. Oh ! j'ai de la volonté, je suis tenace ; j'ai dit que je trouverais, je trouverai !...

J'ai pris connaissance des renseignements que mademoiselle Gabrielle Liénard a donnés à M. le juge d'instruction ; malheureusement, ils sont vagues et peu importants ; toutefois, avec ceux qu'elle-même pourra me fournir encore, j'espère découvrir une bonne piste.

Maintenant, monsieur, voici ce que je viens vous demander : quel jour mademoiselle Gabrielle Liénard sortira-t-elle de la Salpêtrière ?

— Elle est sortie aujourd'hui même.

— Quoi, elle n'est plus ici ! s'écria Morlot avec stupeur.

— Depuis deux heures.

— Ah ! je suis désolé... Mais on sait où elle est allée ?

— Je suis certain qu'elle ne l'a dit à personne ; du reste, en quittant l'hospice, elle l'ignorait probablement elle-même.

— Peut-être est-elle partie pour Orléans?

— Je ne le suppose pas. Elle a déclaré au juge d'instruction et à moi-même qu'elle ne retournerait jamais chez son père.

— Que va-t-elle faire, la malheureuse enfant, que va-t-elle devenir? Ainsi, je suis arrivé deux heures trop tard. J'aurais pu être ici à midi; mais je voulais consulter ma femme. Nous n'avons pas d'enfant; sans être riches, nous jouissons d'une petite aisance; notre intention était de prendre mademoiselle Gabrielle Liénard avec nous, en augmentant notre logement d'une petite chambre pour elle.

— L'intention était excellente, et je regrette vivement...

— Où la chercher, maintenant, où la trouver? Et elle est partie ainsi, sans avoir peur de la misère qui l'attend!

— Elle est partie très-résolue et avec un grand courage. Elle aussi veut consacrer sa vie tout entière à la recherche de son enfant.

— C'est certain, elle cherchera de son côté; mais seule, pauvre, obligée de travailler pour ne pas mourir de faim, que pourra-t-elle? C'est triste, monsieur, bien triste!

Morlot ne cherchait pas à cacher sa vive contrariété. Il passait ses doigts dans son épaisse chevelure noire et ses ongles labouraient sans pitié la peau de son crâne.

— Est-ce qu'elle s'en est allée à pied? demanda-t-il après un moment de silence.

— Non. Elle avait ses effets à emporter, on est allé lui chercher une voiture de place.

Le front de l'agent se dérida subitement.

— Alors, dit-il, je la retrouverai.

— Je puis vous apprendre encore qu'elle a donné au cocher l'ordre de la conduire avenue de Clichy.

— Avenue de Clichy ! répéta Morlot ; c'est juste, je comprends pourquoi.

Il n'avait plus rien à faire à l'hospice. Il se retira.

VIII

LES DÉCEPTIONS DE L'AGENT MORLOT

— Avant tout, se dit l'inspecteur de police, en sortant de la Salpêtrière, il faut que je retrouve mademoiselle Gabrielle. Pour cela il me faut le numéro de la voiture qu'elle a prise ; il est clair qu'elle est allée se loger aux Batignolles dans une chambre d'hôtel ; mais il n'est pas probable qu'elle soit retournée chez son ancien logeur. Le cocher de la voiture de place me dira où il l'a menée.

Il y avait tout près une station de petites voitures.

— Ce doit être là qu'on est venu chercher une voiture pour la jeune fille, pensa Morlot.

Il se rendit sur la place où il trouva le surveillant dans sa cabine.

— Aujourd'hui, à une heure, lui dit-il, on est venu prendre ici une voiture pour une personne qui sortait de la Salpêtrière.

— Oui, je me rappelle parfaitement.

— Je suis inspecteur de police, il me faut le numéro de cette voiture.

— C'est facile, répondit le surveillant, en ouvrant le

cahier sur lequel il inscrivait, avec son numéro, l'heure du départ de la voiture.

Voici, reprit-il au bout d'un instant : coupé n° 1,025, parti à midi cinquante.

— Merci, dit Morlot, qui s'empressa d'écrire le numéro sur son carnet.

Maintenant, continua-t-il, comme c'est un renseignement que je veux demander au cocher, il faut que je sache où est le dépôt de la voiture. Pouvez-vous me le dire?

— Non. Vous devez bien penser que je ne sais pas où vont remiser toutes les voitures qui viennent à la station.

— C'est bien, fit Morlot. J'ai un autre moyen de le savoir.

Il y avait là un vieux cocher qui attendait un client tout en fumant sa pipe. Il avait entendu la conversation.

— Je puis vous éviter une perte de temps et la peine de chercher, dit-il à l'agent de police ; je connais le cocher du 1,025 ; bien que nous ne soyons pas chez le même patron, nous n'en sommes pas moins deux bons camarades. Son remisage est à la Villette, rue de Flandre, et il demeure à côté, rue Riquet, n° 11.

— Mon brave, je vous remercie, dit Morlot. En effet, vous m'évitez une perte de temps et vous me rendez un véritable service.

Il salua les deux hommes et s'éloigna rapidement.

Morlot demeurait rue Guénégaud. La journée étant déjà fort avancée, il se décida à rentrer chez lui.

— Eh bien ? l'interrogea sa femme.

— Pas de chance, répondit-il, elle avait quitté l'hospice depuis deux heures lorsque je suis arrivé.

— Pour retourner dans sa famille ?

— Nullement. Elle a dit qu'elle ne s'éloignerait pas de Paris ; mais elle n'a appris à personne où elle avait l'intention d'aller demeurer.

— Elle aura été demander un asile à des gens qu'elle connaît.

— Cela pourrait être, mais je ne le crois pas...

— Alors, tu supposes...

— Je suis certain qu'elle va se cacher comme elle l'a déjà fait. Elle a son idée ; elle pense à son enfant, elle veut le chercher et elle espère le retrouver en retrouvant d'abord la femme de la maison d'Asnières.

— Elle mourra à la peine, la pauvre fille !

— Non, car je suis là. Je sais déjà qu'elle s'est fait conduire aux Batignolles ; ce soir, je l'espère, je connaîtrai l'hôtel où elle s'est logée, et demain, de bonne heure, j'irai la voir ; je lui dirai ce qui a été convenu entre nous.

— Acceptera-t-elle ta proposition ?

— Pourquoi pas ?

— Une femme dans sa situation a le droit d'être défiante.

— Sans doute, mais elle comprendra que ce que nous voulons faire pour elle est uniquement dans son intérêt et elle verra bien que c'est pour nous une question de dévouement.

Pendant que je vais mettre en ordre mes notes, tu vas te hâter de préparer le dîner. Nous mangerons de bonne heure, je veux sortir à huit heures.

Quand au bout de trois quarts d'heure Morlot eut terminé son travail, la soupe était trempée. L'homme et la femme se mirent à table. A huit heures précises l'agent prit son chapeau, sa canne et sortit, en prévenant sa femme qu'il rentrerait probablement un peu tard.

Il alla d'abord à un rendez-vous qu'il avait donné à un de ses collègues. Il quitta ce dernier pour se rendre rue de Flandre, où il arriva à dix heures.

Le coupé portant le n° 1,025 était déjà rentré.

— Tant mieux, se dit Morlot, je n'aurai pas à l'attendre.

Le cocher n'était plus là; mais on lui donna l'assurance qu'il le trouverait chez lui.

Morlot fut bientôt rue Riquet. Le cocher venait, en effet, de rentrer. Il le trouva en train de prendre un énorme bol de café noir dans lequel il trempait du pain.

Comme la plupart des cochers de voitures de place, celui-ci avait une bonne figure, grosse et haute en couleur.

— Une figure de brave homme, pensa l'agent.

— Ne vous dérangez pas, dit-il, voyant que le cocher repoussait au milieu de la table son bol de café; je viens tout simplement causer avec vous; vous allez pouvoir, sans aucun doute, me donner un renseignement très-précieux.

— Enchanté de vous être agréable, répliqua le cocher; de quoi s'agit-il?

— Aujourd'hui, à une heure, votre voiture a pris une femme à la porte de la Salpêtrière?

— Oui, une jeune femme qui doit sortir de maladie car elle est très-pâle. Je n'ai vu de ma vie une pareille figure: blanche comme du papier à lettre, et malgré ça jolie comme tout.

— Vous l'avez conduite aux Batignolles, avenue de Clichy?

— Oui.

— Il faut absolument que je la voie demain, et comme

16.

je ne sais pas dans quel hôtel elle est logée, je suis venu vous trouver pour vous le demander.

— Malheureusement, je ne peux pas vous le dire.

— Pourquoi ?

— Parce que je n'en sais rien.

— Vous ne l'avez donc pas menée à destination ?

— Je l'ai menée aux Batignolles, comme elle me l'avait demandé.

— Eh bien ?

— Eh bien, comme elle m'avait dit avenue de Clichy sans me donner d'adresse, à l'entrée de l'avenue, avant de la descendre, j'ai arrêté mon cheval pour lui demander le numéro de la maison où elle allait. Alors elle a ouvert la portière et a mis pied à terre. — C'est bien, me répondit-elle, il est inutile que vous me conduisiez plus loin. — Elle a tiré une bourse de sa poche dans laquelle il y avait des pièces d'or, et elle m'en a mis une dans la main en me disant de me payer ma course.

— Et vous l'avez laissée ainsi au milieu de la rue ?

— Dame, je ne pouvais pas faire autrement.

— Mais elle avait une malle contenant son linge, ses effets ?

— C'est vrai. Mais attendez, vous allez voir. — Et votre malle, que je lui dis, qu'est-ce que vous en faites ? Vous n'allez pas la charger sur vos épaules, elle est trop lourde. Elle se mit à regarder autour d'elle tout drôlement. Je vis bien qu'elle était embarrassée et fort en peine. — Vous ne savez donc pas encore où vous allez demeurer ? que je lui dis. — Non, pas encore, fit-elle. —Pourtant, que je lui dis, les hôtels ne manquent pas par ici ; tenez, en voilà un en face. Elle regarda la maison, puis elle me dit : — Non, j'aime mieux chercher. Elle était tout de même bien embarrassée de savoir ce qu'elle allait faire de son colis.— Comme vous voudrez, que je lui dis. Quant à votre malle, nous allons la mettre dans la boutique du marchand de vin. J'étais descendu de mon siège, je pris la caisse et la portai chez le marchand de vin du coin, qui consentit volontiers à la garder jusqu'au soir.

Voilà toute l'histoire, monsieur, un bourgeois et son épouse, je suppose, se présentèrent pour se faire conduire au Gros-Caillou. Je regrimpai vite sur mon siège. Un coup de fouet et hue, Bijou, pour les Invalides !

Morlot remercia le cocher et se retira fort peu satisfait.

— Diable, diable, se disait-il, tout soucieux, en rentrant dans Paris, ça débute mal, on ne peut pas plus mal. Décidément, j'ai toujours à mes trousses le même guignon. Ah çà ! est-ce qu'il ne finira pas par se lasser de me poursuivre.

Le lendemain, à sept heures du matin, il entrait dans la maison du marchand de vin où avait été déposée, la veille, la malle de Gabrielle.

L'inspecteur Morlot était un homme très-sobre; toutefois il n'était pas absolument ennemi du petit verre. Il se fit servir un demi-canon d'eau-de-vie et, tout en dégustant ce cognac du département du Nord, il questionna l'homme du comptoir d'étain.

Celui-ci répondit :

— La malle en question est restée là, dans ce coin, jusqu'au soir. C'est à la nuit tombante que la petite dame pâle est venue la réclamer. Elle était accompagnée d'un homme qui l'a emportée.

— Un commissionnaire, sans doute?

— Non, ce n'était pas un commissionnaire, je connais tous ceux du quartier.

— Ainsi, vous ne pouvez pas me dire où la malle a été portée ?

— Non. Tout ce que je sais, c'est que la petite dame et l'homme qui l'accompagnait ont descendu l'avenue de Clichy.

Morlot éprouvait une nouvelle déception. Le marchand de vin put voir à ses sourcils froncés qu'il n'était pas content. Il paya son petit verre et sortit de la boutique. Tout en descendant du côté de Clichy-la-Garenne, il se mit à réfléchir.

— Si bien qu'elle se soit cachée, se disait-il, je saurai la retrouver. Pour cela je n'aurai qu'à entrer dans tous les hôtels et maisons meublées des Batignolles et à me faire présenter le livre de la préfecture de police. Ce sera l'affaire de trois, quatre ou cinq jours. Oui, mais pour le moment je n'ai pas de temps à perdre. Le parquet procède à une seconde enquête et a ordonné de nouvelles recherches. Si je ne me mets pas à l'œuvre immédiatement, je risque d'être distancé une fois de plus par les autres. Voilà ce que je ne veux pas. Cette affaire est la mienne, elle m'appartient, elle ne doit être qu'à moi. C'est vrai, mais avec cela que les camarades se gêneraient pour me couper l'herbe sous le pied. D'ailleurs, ce ne serait pas la première fois. Nous sommes unis, nous sommes amis, mais chacun travaille pour soi. Comme au champ de courses, c'est à celui qui ira le plus vite et arrivera premier. Assez de fois j'ai fait le jeu de Bizot, de Raclet, de Caudier et de Broussard : je ne veux plus de ça. Maintenant, je travaille seul ; eh bien, si je n'ai rien dans la cervelle, si je suis un imbécile, nous le verrons bien. Donc, pour le moment, je suis forcé de ne pas m'occuper de la jeune fille. Je dois d'abord chercher les voleurs d'enfants, je penserai ensuite à la victime.

Morlot arrivait à l'extrémité de l'avenue. Il s'arrêta et regarda les chétives constructions qui étaient devant lui, maisons noires, délabrées, branlantes, affreuses, dont quelques-unes existent encore aujourd'hui.

— C'est là qu'elle demeurait, murmura-t-il. Quelle horrible masure ! Ça a plutôt l'air d'un coupe-gorge que d'un garni.

Le lecteur sait que le propriétaire du garni tenait en même temps un débit de vins et de liqueurs.

Morlot entra dans la boutique. C'était une assez grande pièce, beaucoup plus longue que large, basse de plafond, humide, mal éclairée, dont les murs sales, barbouillés de dessins hideux, laissaient voir partout de larges crevasses.

Une affreuse odeur de moisi, de gargote, de lie de vin et de fumée de tabac saisissait au nez et à la gorge.

La salle était meublée de cinq ou six tables graisseuses, de deux bancs de bois et d'une vingtaine d'escabeaux ; de plus, en face du comptoir qui brillait seulement par sa malpropreté, il y avait un vieux bahut vermoulu où l'on voyait des verres, des bouteilles pleines et vides, des œufs rouges et quelques morceaux de viandes racornies, qui attendaient le moment d'être mis à la casserole.

Assis autour d'une des tables, une demi-douzaine d'individus de mine suspecte buvaient et fumaient la pipe en jouant aux cartes.

Le patron du bouge était assis à son comptoir. A la vue de Morlot, il se leva, et prenant son air le plus aimable :

— Qu'est-ce qu'il faut vous servir ? demanda-t-il.

— Une bouteille de votre meilleur, répondit l'agent, si vous voulez bien la boire avec moi ; je désire causer un instant avec vous.

— Mais comment donc, monsieur, avec plaisir. Femme, femme ! appela-t-il.

— Qu'est-ce que c'est ? répondit une grosse voix enrouée, qui passa à travers un vasistas pratiqué dans la cloison au fond de la salle.

— Vite, rince deux verres, ordonna l'homme.

Il leva une trappe à ses pieds et descendit les échelons d'une échelle. Il reparut au bout d'un instant avec une bouteille coiffée de cire rouge.

La femme avait déjà placé les deux verres sur une table. Morlot et le débitant s'assirent en face l'un de l'autre. Celui-ci déboucha la bouteille et versa. Après avoir trinqué, on but.

— C'est bon, ça, n'est-ce pas ? dit le patron.

— Oui, fit Morlot, trop poli pour faire connaître sa pensée.

— Donc, vous avez quelque chose à me dire ? reprit le cabaretier. De quoi s'agit-il ?

Morlot jeta un regard sur les hommes qui jouaient aux cartes ; puis, baissant suffisamment la voix pour ne pas être entendu :

— En même temps que vous tenez ce débit de vins, dit-il, vous logez en garni ?

— Oui. On fait ce qu'on peut pour gagner sa vie.

— Il n'y a pas encore deux ans de cela, vous logiez chez vous une jeune fille qui se nommait Gabrielle Liénard.

— C'est vrai. Un beau brin de fille, ma foi, qui était, comment dirai-je ? dans une position intéressante.

— Elle n'est pas restée longtemps dans votre maison.

— Environ six semaines. Elle est partie un matin sans nous dire pourquoi elle s'en allait. Je me rappelle même que trois jours avant elle avait payé sa quinzaine d'avance, comme c'est l'usage.

— Et depuis, vous ne l'avez pas revue?

— Jamais. Nous n'avons plus entendu parler d'elle, et je serais bien embarrassé de vous dire ce qu'elle est devenue.

— Est-ce que vous n'avez pas su où elle allait demeurer en quittant votre garni?

— Non, elle ne l'a pas dit; elle avait sans doute des raisons pour cela.

— Recevait-elle beaucoup de monde?

— Seulement une femme, jeune encore et très-bien mise, qui venait la voir souvent. Mais, quelque temps après son départ, on est venu plusieurs fois la demander; c'étaient des dames ou plutôt des jeunes filles, des parentes ou des amies.

— Cette dame, qui venait la voir souvent, vous la connaissiez?

— Nullement. La première fois qu'elle est venue, c'est à ma femme qu'elle s'est adressée pour avoir des renseignements sur la jeune fille. Elle lui a dit, je crois, qu'elle faisait partie d'une société de bienfaisance dont le but était de secourir les jeunes filles séduites. Entre nous, je n'en ai pas cru un mot. Pourtant, quand la petite est partie d'ici, c'est cette dame qui est venue la chercher avec une voiture.

— Est-ce qu'elle ne vous a pas dit son nom?

— Cela se peut, mais je ne me le rappelle pas.

— Elle vous a dit, sans doute, qu'elle se nommait madame Trélat.

— En effet, je me souviens de ce nom-là.

— Quand elle est venue demander à votre femme des renseignements sur la jeune fille, n'a-t-elle pas dit comment elle avait su qu'elle demeurait chez vous?

Depuis un instant, la cabaretière s'était approchée de la table et écoutait la conversation. Elle se chargea de répondre à la question de Morlot.

— Quand cette dame est venue ici, dit-elle, elle était très-bien renseignée sur la position de la jeune fille. Elle avait su qu'elle demeurait chez nous par une de ses amies, une ouvrière en passementerie, qui travaillait pour la même entrepreneuse que mademoiselle Gabrielle; car il faut vous dire, monsieur, que mademoiselle Gabrielle avait besoin de travailler et qu'elle s'était mise à faire de la passementerie.

C'est moi qui lui avais donné ce conseil, en l'engageant à aller trouver l'entrepreneuse qui demeurait alors à côté, au coin de la rue du Port-Saint-Ouen.

Le visage de Morlot s'était soudainement illuminé. Ses petits yeux gris étincelaient.

— Oh! mais vous me donnez là un précieux renseignement, fit-il.

— Tant mieux, car je n'en sais pas davantage.

— L'entrepreneuse en question ne demeure donc plus avenue de Clichy?

— Il y a plus d'un an qu'elle a déménagé.

— On me donnera probablement son adresse à son ancien domicile.

— Je le crois. Dans tous les cas, je sais qu'elle demeure maintenant rue Lemercier. Quant au numéro, je ne me le rappelle pas bien ; ce doit être 17 ou 19.

Un instant après, l'agent de police sortit du cabaret.

— Enfin, se dit-il, je vais donc apprendre quelque chose. Je crois bien, cette fois, que je suis sur la piste. Tonnerre! ouvrons l'œil et ne faisons pas fausse route.

IX

LES RECHERCHES

L'inspecteur de police n'eut pas de peine à trouver l'adresse de l'entrepreneuse qui demeurait effectivement rue Lemercier. Cette femme se souvenait parfaitement de Gabrielle Liénard. Plusieurs fois elle avait entendu parler d'une femme qui s'intéressait à la jeune fille et lui avait promis la protection d'une grande dame, très-riche, qui employait sa fortune à venir en aide aux malheureux. Elle savait aussi que Gabrielle avait connu cette femme par l'intermédiaire d'une de ses ouvrières, dont elle donna l'adresse à Morlot, sans faire aucune difficulté.

C'est ce que voulait l'agent de la sûreté.

Il quitta l'entrepreneuse et se rendit aussitôt chez l'ouvrière, qui demeurait également aux Batignolles, rue de Lévis.

Voici ce que cette femme lui apprit :

Un jour qu'elle était allée faire une course dans Paris, elle rencontra boulevard Bonne-Nouvelle une jeune femme qu'elle n'avait pas vue depuis au moins dix ans. Elle l'avait connue dans un bal public où elles se rencontraient régulièrement deux fois chaque semaine, le lundi et le dimanche. Ce qu'elle faisait alors, elle ne l'avait jamais su. D'ailleurs, elles ne s'étaient pas liées intimement ; elle avait toujours ignoré où sa camarade de bal demeurait et elle ne la connaissait que sous son prénom de Joséphine.

Comme Joséphine avait de très-belles toilettes, des bijoux, et qu'elle était fort jolie, elle avait supposé qu'elle était richement entretenue ou qu'elle tirait autrement profit de sa beauté.

Enchantées de se revoir après s'être perdues de vue depuis si longtemps, elles s'étaient assises sur un banc pour causer. On parla d'abord des beaux jours d'autrefois. On était jeune alors ; on aimait à rire, à danser ; on cherchait les plaisirs, on s'amusait. Ensuite, Joséphine apprit à son ancienne camarade qu'elle avait quitté Paris pour aller se marier en province ; au bout de quatre ans, étant devenue veuve, elle était revenue à Paris où elle vivait très-retirée et modestement, n'ayant pour toute fortune qu'une petite rente de dix-huit cents francs.

Pour s'occuper et échapper à l'ennui, elle s'était mise d'une société de bienfaisance, dont la fondatrice, une dame du monde très-riche, une baronne, faisait beaucoup de bien. Pour le moment, elle était à la recherche de pauvres jeunes filles qui, après avoir été séduites et abandonnées, se trouvaient dans la détresse, à la veille de devenir mères. Sa mission était de les signaler à la société de bienfaisance et particulièrement à la riche baronne, dont la bourse inépuisable était toujours ouverte pour ces malheureuses.

Alors Joséphine avait demandé à son ancienne camarade si elle n'avait point, par hasard, une ou plusieurs de ces jeunes filles à lui recommander. Celle-ci, heureuse de pouvoir rendre service à Gabrielle Liénard, qu'elle avait rencontrée trois ou quatre fois chez l'entrepreneuse de passementerie, lui avait aussitôt donné l'adresse de la jeune fille.

Depuis, elle n'avait plus revu Joséphine ; mais elle

savait qu'elle était allée voir Gabrielle souvent et qu'elle s'était vivement intéressée à sa triste position. Elle croyait, — et elle en était contente, — que Joséphine, ou plutôt la baronne dont elle lui avait parlé, avait pris Gabrielle sous sa protection.

L'ouvrière ne put dire à Morlot dans quel pays celle qu'elle appelait Joséphine s'était mariée, ni le nom de son mari défunt, ni où elle demeurait à Paris.

En somme, l'affaire restait toujours aussi mystérieuse.

L'inspecteur de police se retira fort désappointé. Une fois de plus il voyait s'en aller en fumée l'espoir qu'il avait un instant caressé.

— Rien, toujours rien, se dit-il avec humeur; aucun fil conducteur; c'est l'ombre, c'est le mystère impénétrable. Cette femme, qui se faisait appeler Félicie Trélat, qui se nommait autrefois Joséphine, et qu'une main habile dirigeait, cette femme passe, agit et disparaît sans laisser aucune trace derrière elle.

Ah! je m'étais trop hâté de me réjouir. Décidément, j'en reviens à ce que j'ai d'abord pensé et dit: La chose a été merveilleusement combinée et supérieurement conduite par un ou plusieurs coquins adroits, qui n'en étaient certainement pas à leur coup d'essai. Ils savaient qu'il faut compter avec la police et ils ont joué au plus malin. Pour se soustraire aux recherches, pour dépister les agents de la sûreté, ils n'ont négligé aucune précaution, les scélérats... Certes, je ne suis pas venu jusqu'à ce jour pour le reconnaître. Oui, il faut convenir que nous avons affaire à forte partie. Si dans tout cela je vois poindre la moindre clarté, je veux bien que le diable m'emporte!

Tonnerre! Félicie Trélat ou Joséphine, qu'est-ce que

c'est donc que cette femme? D'abord, s'appelle-t-elle
Félicie Trélat?... Je donnerais ma tête à couper que
c'est un nom de guerre qu'elle a pris pour la circonstance. Je parierais aussi que son mariage en province
est un conte et qu'elle n'est pas veuve, pour cette
unique raison qu'elle ne s'est jamais mariée. Cette cou-
reuse de bals d'autrefois est aujourd'hui ce qu'elle était
il y a dix ans, une gourgandine de la pire espèce.

En attendant j'en suis encore pour mes frais. Toujours le guignon... Pas de chance! pas de chance!

Après dix-huit mois de temps perdu en recherches
inutiles, il y avait de quoi se décourager. Eh bien, non.
Morlot était une nature à part. Les déceptions l'exci-
taient; il ne perdait rien de son opiniâtreté, il sentait au
contraire augmenter son ardeur. Il s'était juré à lui-
même de découvrir les coupables, et il n'était pas
homme à s'arrêter même en présence d'une impossibilité matérielle.

D'ailleurs, il tenait à remplir son devoir et voulait,
dans un bref délai, présenter à ses chefs un rapport
complet, très-développé et rigoureusement exact, qui
devait, — c'était son espoir, — attirer l'attention sur lui.

Voulant recueillir tous les renseignements, même les
plus insignifiants, pour ne rien laisser dans l'ombre, il
vit les personnes chez qui Gabrielle était descendue lors
de son arrivée à Paris. On ne lui apprit là que ce qu'il
savait déjà. Depuis que la jeune fille avait quitté le magasin où elle s'était placée, les braves gens ignoraient
absolument ce qu'elle était devenue.

Morlot ne fut pas étonné, il s'attendait à cette réponse.

Il se présenta ensuite dans la maison de commerce où
Gabrielle avait été employée comme demoiselle de magasin.

Ce fut la femme du négociant qui lui répondit.

— Mademoiselle Gabrielle nous a quittés brusquement sans nous avoir prévenus, lui dit-elle. Nous avons pensé d'abord qu'elle était malade ; j'allai moi-même prendre de ses nouvelles et on m'apprit qu'elle était partie sans dire où elle allait. Quelque temps après, une de nos demoiselles la rencontra au bout des Batignolles, avenue de Clichy. C'est alors que nous eûmes l'explication de son étrange manière d'agir à notre égard. Elle était, paraît-il, dans une position qui ne lui permettait pas de rester plus longtemps dans notre maison. Comprenant fort bien que nous serions obligés de la remercier, elle s'en était allée.

Nous ne savions pas du tout qu'elle fût enceinte ; cependant j'avais acquis la presque certitude qu'elle avait un amant. Un jeune homme était venu souvent faire des achats au magasin ; il eût fallu être aveugle pour ne pas s'apercevoir que ses achats n'étaient qu'un prétexte pour voir Gabrielle. Il s'adressait toujours à elle ; assurément, à cette époque, elle était sage encore ; elle ne pouvait pas cacher son émotion ; elle paraissait embarrassée, contrariée peut-être, et elle devenait rouge comme une pivoine.

Comment s'est-elle laissé séduire ? Que s'est-il passé ensuite ? Je l'ignore. Une de ses amies, qui n'est plus ici, m'a dit que son amant l'avait abandonnée. Pourtant, j'ai lieu de croire que ce jeune homme avait pour elle un attachement sincère.

— Ah ! vous croyez cela, madame? fit Morlot avec un sourire d'incrédulité.

— Oui ; autrement ce monsieur ne serait pas revenu ici la demander.

L'agent fit un brusque mouvement.

— Comment, cet individu est revenu chez vous? s'écria-t-il.

— Il ne savait rien. Il est venu, croyant que Gabrielle faisait encore partie de notre maison.

— Voilà qui est singulier, murmura Morlot.

— Je n'ai pas cru devoir lui cacher la vérité, je lui ai dit tout ce que je savais. En m'écoutant il devint très-pâle, il était tout bouleversé. — Oh! c'est affreux, c'est affreux! disait-il en pressant sa tête dans ses mains. — Je vous assure que c'était une véritable douleur. Moi-même j'étais très-émue et je regrettai de m'être montrée d'abord un peu trop sévère pour Gabrielle et pour lui.

— Y a-t-il longtemps de cela? demanda Morlot.

— Pas plus d'un mois.

— Ah!... Il n'est pas moins vrai qu'après avoir séduit la pauvre fille il l'a lâchement abandonnée. Pour moi, ce monsieur a commis une mauvaise action; je ne puis voir en lui autre chose qu'un misérable.

— Certainement, il a mal agi.

— Vous lui avez fait des reproches, madame, vous avez bien fait. A-t-il cherché à s'excuser? Que vous a-t-il dit?

— Que je l'accusais à tort d'avoir abandonné Gabrielle. — Oui, m'a-t-il dit, je le reconnais, je l'ai trompée et je le regrette vivement aujourd'hui; je voudrais pouvoir réparer le mal que j'ai fait. Je l'aimais, je l'aime encore, et je sens bien que son souvenir restera éternellement dans mon cœur. Ce n'est pas volontairement que je l'ai abandonnée. Au moment où je m'y attendais le moins, j'ai reçu l'ordre de quitter Paris immédiatement. Il fallait partir, les minutes étaient comptées; c'est à peine si j'avais le temps de boucler mes malles : j'aurais voulu voir Gabrielle avant mon départ, cela ne me fut pas possible. Gabrielle savait que je l'aimais, ajouta-t-il, elle a eu tort de douter de moi.

— Si ce que ce monsieur vous a dit est vrai, il ne demeure pas à Paris ; il y était de passage lorsqu'il a connu mademoiselle Liénard.

— Dame, je le crois.

— Vous a-t-il dit de quel pays il était? ce qu'il faisait ?

— Je lui ai fait ces questions, il n'y a pas répondu.

— Cela ne me surprend pas. Ce monsieur doit faire partie d'une catégorie d'individus qui ne tiennent pas à être connus.

— C'est possible. Dans tous les cas, il a l'apparence d'un homme très-bien ; autant que j'ai pu en juger, il doit avoir une belle position.

Morlot hocha la tête.

— On est souvent trompé par les apparences, fit-il. Enfin, ce que je vois de plus clair dans tout cela, c'est qu'il n'avait pas complétement oublié mademoiselle Gabrielle, puisqu'il est revenu ici, pensant qu'elle y était encore. Il y a de cela un mois, m'avez-vous dit, peut-être est-il encore à Paris?

— C'est peu probable. Il a dû repartir le lendemain ou le surlendemain du jour où je l'ai vu ; d'après ce qu'il m'a dit, il n'était venu à Paris que pour voir Gabrielle.

N'ayant plus rien à demander à la femme du négociant, et celle-ci n'ayant plus rien à lui apprendre, Morlot se retira.

Cependant, dans ce qu'on venait de lui dire, il y avait matière à réflexions. Aussi se mit-il à réfléchir sérieusement. Mais ses réflexions eurent pour résultat d'augmenter sa mauvaise humeur et de le rendre plus soucieux encore.

— Avec tout cela, se dit-il, je ne fais pas un pas en avant. J'ai beau examiner, regarder de tous les côtés, je ne vois rien. Vais-je donc en être réduit à constater mon impuissance et à me battre les flancs ? Ainsi, voilà encore un individu qui passe sans laisser une trace derrière lui. Il vient compliquer l'affaire. Au lieu de l'éclaircir, il ne se montre que pour l'embrouiller. J'avais pensé qu'il n'était pas étranger à l'enlèvement de l'enfant, c'était absurde. C'est égal, ce M. Octave Longuet, — encore un faux nom, j'en suis sûr, — ne m'inspire pas la moindre confiance. Quand on n'a rien de grave sur la conscience, on ne craint pas de donner son adresse et de dire qui on est.

Après tout, je n'ai pas à m'occuper de ce monsieur, et je n'ai nulle envie de courir après lui. Plus tard, peut-être, nous verrons... Pour le moment, j'ai d'autres chiens à fouetter ; ce que je cherche, ce qu'il faut que je trouve, c'est la femme d'Asnières !

Si, malgré ses efforts, Morlot ne parvenait pas à découvrir les auteurs de l'enlèvement de l'enfant, ou tout au moins des renseignements pouvant mettre la police sur leurs traces, il ne voulait pas qu'on pût dire qu'il n'avait pas cherché partout.

Afin de remplir consciencieusement son mandat, il résolut de se rendre à Orléans et de voir par lui-même ce qu'était réellement le père de Gabrielle.

— Qui sait ? se disait-il, je trouverai peut-être là-bas le fil conducteur que je cherche vainement à Paris. Et puis, il y a le hasard, et je commence à m'apercevoir que je dois beaucoup compter sur lui.

Quelques jours après il entrait dans la capitale de l'ancien Orléanais. Il ne connaissait pas la ville, où il venait pour la première fois. Mais il ne lui vint pas à la pensée de la visiter et de voir ses monuments. C'est à peine si, en passant, il jeta un regard distrait sur la belle statue équestre de Jeanne d'Arc.

Or, voici ce que Morlot apprit à Orléans :

M. Liénard, le père de Gabrielle, était mort presque subitement ; il y avait de cela cinq mois. Sa veuve, malgré les avantages qui lui avaient été faits lors de son mariage, et se basant sur un testament en sa faveur, avait eu l'audacieuse prétention de s'emparer de toute la fortune du commerçant décédé. Mais la justice avait été prévenue. L'absence de la fille unique de M. Liénard ayant été constatée, le juge de paix était venu et avait posé les scellés. Plus tard la maison de commerce avait été vendue. Un compte de succession avait été établi et la veuve s'était vue contrainte de verser entre les mains d'un notaire la part d'héritage revenant de droit à Gabrielle Liénard.

Mais on disait que la veuve s'était fait la part du lion, et qu'au moment même de la mort du commerçant, elle s'était emparée de toutes les valeurs mobilières qu'elle avait fait disparaître.

Les choses en étaient là. Depuis que Gabrielle avait quitté Orléans, on n'avait plus entendu parler d'elle. On supposait seulement qu'elle était à Paris.

L'inspecteur de police s'intéressait trop vivement à Gabrielle pour ne pas écouter ce qu'on lui racontait avec la plus grande attention. En effet, tout cela était très-sérieux.

Bien qu'il n'apprît rien touchant l'événement d'Asnières, il s'applaudissait d'avoir eu l'heureuse idée de faire le voyage d'Orléans. Évidemment, Gabrielle ignorait la mort de son père et ne pouvait savoir, naturellement, que, par suite de ce décès, elle avait une somme plus ou moins importante à toucher.

— Voilà ce que je pourrai lui dire le jour où je la retrouverai, pensait-il.

Cette fois, c'est un service direct qu'il allait rendre à la jeune fille. Ne demandant, ne cherchant qu'à lui être utile, il était enchanté. Enfin, à côté de tous ses déboires, il éprouvait une satisfaction.

Il ne voulut pas quitter la ville sans avoir vu le notaire chez lequel était déposé l'héritage de Gabrielle. L'officier ministériel le reçut d'autant mieux qu'il lui donna l'assurance qu'avant peu il lui ferait connaître l'adresse à Paris de mademoiselle Liénard.

L'agent de police avait la discrétion de son métier. Malgré les questions que lui fit le notaire, il ne lui dit rien des malheurs de la jeune fille.

Le soir, il reprit la route de Paris.

Le lendemain, il alla porter son rapport à la préfecture de police. Il avait passé une partie de la nuit à le rédiger. Ce rapport était l'aveu, humiliant pour lui, de son insuccès. Mais s'il n'avait pas réussi, il eut au moins cette consolation d'apprendre que les plus habiles parmi ses collègues n'avaient pas été mieux favorisés que lui.

D'après ce qu'il entendit dire, il comprit que la ténébreuse affaire d'Asnières allait être de nouveau abandonnée.

— C'est bien, se dit-il, quand il fut sorti des bureaux de la préfecture; mais je ne l'abandonne pas, moi ; je la poursuivrai quand même. Seul, j'irai jusqu'au bout. Il faudra bien que je parvienne un jour à pénétrer ce mystère. En attendant, je vais, dès aujourd'hui, me mettre à la recherche de mademoiselle Gabrielle ; je me donne trois jours pour la retrouver.

X

LA LOCATAIRE PALE

Après avoir laissé la malle contenant ses effets chez un marchand de vin, comme nous l'avons raconté, Gabrielle se mit aussitôt en devoir de chercher un logement. Elle passa successivement devant plusieurs hôtels sans oser y entrer. Elle éprouvait une sorte de crainte qui la faisait reculer. Alors elle poursuivait son chemin, marchant lentement, en continuant à regarder à droite et à gauche. C'est ainsi qu'elle parcourut plusieurs rues qui aboutissent à l'avenue de Clichy. Le temps se passait et elle commençait à se sentir fatiguée.

— Il faut pourtant que je me décide, car la nuit ne tardera pas à venir, se dit-elle.

A ce moment elle se trouvait dans la cité des Fleurs.

Soudain, ses yeux tombèrent sur un écriteau sur lequel elle lut : Jolie petite chambre meublée à louer.

Elle examina la façade de la maison, qui avait une assez belle apparence, et n'eut pas de peine à reconnaître que ce n'était ni un hôtel, ni une maison meublée.

— Oui, pensa-t-elle, c'est là que j'aimerais demeurer.

Cette fois, elle n'hésita plus. Elle entra dans la maison, et, s'adressant à la concierge :

— Madame, lui dit-elle, je viens pour la chambre meublée qu'il y a à louer dans votre maison.

La femme la regarda dans les yeux, puis ayant probablement jugé qu'elle n'avait pas affaire à une de ces créatures qu'on ne saurait recevoir dans une maison bien tenue, elle demanda :

— Est-ce pour vous que vous voulez louer ?
— Oui, madame.
— Vous êtes seule ?
— Seule.
— Comme vous êtes pâle ! Est-ce que vous êtes malade ?
— Non, je me porte bien maintenant ; mais je sors d'une longue et douloureuse maladie.
— Ça se voit. Vous êtes ouvrière ?
— Oui.
— Où travaillez-vous ?
— Nulle part, en ce moment. Mais je sais travailler ; je ne serai pas longtemps, je l'espère, sans trouver de l'ouvrage. Heureusement, je possède une petite somme d'argent qui me permettra d'attendre un peu.
— Eh bien, reprit la concierge, vous me plaisez, vous avez l'air très-convenable et je vous crois honnête. La chambre meublée est à moi ; si elle vous convient, je ne demande pas mieux que de vous avoir pour locataire.
— Quel est le prix de la chambre ?
— Pas trop cher : vingt-cinq francs par mois.
— Voulez-vous me la faire voir ?
— Dame, vous ne pouvez pas louer sans cela.

Elles montèrent au troisième étage, qui était le dernier. La jeune fille entra dans la chambre meublée. C'était une toute petite pièce, mais carrée, propre, fraichement décorée, meublée convenablement, et surtout très-bien éclairée.

Gabrielle se montra aussitôt satisfaite. En effet, elle ne pouvait rien désirer de mieux. Elle ouvrit la fenêtre, qui donnait sur des jardins et des terrains incultes,

— Ah! dame, fit la concierge, vous n'aurez pas la vue sur la rue.

— Oh! je n'y tiens nullement, fit Gabrielle.

Et un sourire doux et triste effleura ses lèvres.

— J'aurai sous les yeux des arbres, les champs et les belles fleurs de ces jardins, reprit-elle.

— C'est vrai. Ici les fleurs ne manquent pas; autrement, nous ne serions pas dans la cité des Fleurs. Ainsi, la chambre vous convient?

— Beaucoup.

— En ce cas, vous pouvez venir quand vous voudrez.

— Je la prends tout de suite, madame. Je vais vous donner le prix du premier mois.

— Et vos effets?

— J'ai laissé ma malle dans une boutique en haut de l'avenue de Clichy. Je vais tâcher de trouver quelqu'un qui me l'apportera ici.

— S'il en est ainsi, vous n'avez pas besoin de vous déranger; mon mari ne tardera pas à rentrer. Dès qu'il sera arrivé, il ira avec vous, et c'est lui qui apportera votre malle. Venez, vous attendrez dans la loge.

Une heure après, Gabrielle était installée dans la petite chambre qu'elle venait de louer cité des Fleurs. Ce soir-là, elle partagea le dîner des concierges; il ne lui avait pas été possible de refuser l'invitation de sa propriétaire, qui était réellement une très-bonne femme.

Dès le lendemain, la jeune fille songea à l'emploi qu'elle devait faire de son temps.

— Si, comme je le crois, se dit-elle, la misérable qui m'a volé mon enfant demeure dans ce quartier, je finirai par la rencontrer un jour ou l'autre. Mais, pour cela, il ne faut pas que je reste enfermée ici entre ces quatre murs. Il est certain qu'il faut que je travaille, que je gagne ma vie, puisque je veux vivre ; seulement je puis bien consacrer quelques jours à chercher, tout en me mettant en quête de trouver de l'ouvrage. Mais, n'importe, même quand je travaillerai, je prendrai tous les jours trois ou quatre heures pour me livrer à mes recherches. Retrouver mon enfant ! c'est la seule raison que j'aie d'exister. Voilà le but de ma vie. Hélas ! si ce n'était pour cela, si je ne n'avais pas cet espoir, pourquoi vivrais-je ?... Les heures que je perdrai dans la journée, je les prendrai sur celles de la nuit. J'ai mis en Dieu tout mon espoir ; il me conservera la force, le courage et la santé dont j'ai tant besoin.

Gabrielle venait de se tracer sa ligne de conduite. C'était là tout l'arrangement de sa vie. Elle ne voyait pas autre chose dans l'existence nouvelle qui commençait pour elle.

Il était huit heures du matin. Elle sortit. Toute la journée elle erra, comme une âme en peine, à travers les rues des Batignolles, de Montmartre et des Ternes. Elle rentra le soir, à la nuit. Elle se soutenait à peine. Elle avait les jambes brisées.

— Ce n'est rien, se dit-elle, il faut bien que je m'habitue à la fatigue. Le lendemain et les jours suivants elle recommença sa promenade à travers les rues. Le soir elle ne se sentait plus aussi fatiguée. Ses pieds étaient moins sensibles à la dureté du pavé. Comme elle l'avait prévu, son corps et ses membres s'habituaient à la fatigue des marches forcées.

Le soir du dixième jour, en rentrant, elle dit à la concierge :

— Je n'ai pas fait une longue promenade aujourd'hui. J'ai lu, sur un petit carré de papier, collé contre un mur, qu'on demandait des ouvrières en lingerie rue des

Dames. Je me suis présentée. Immédiatement la patronne de l'atelier a voulu voir ce que je savais faire. J'ai donc travaillé avec d'autres ouvrières depuis une heure jusqu'à sept heures. La maîtresse a été contente de mon travail, je crois, car elle m'a promis que demain elle m'enverrait de l'ouvrage. Je ne sortirai donc pas demain dans la matinée ; j'attendrai.

Peu de temps après, on se présenta chez la concierge pour lui demander des renseignements sur sa locataire. La brave femme s'empressa de répondre qu'on pouvait, sans aucun danger, lui donner de l'ouvrage chez elle.

Le lendemain, Gabrielle, qui avait cru devoir changer de nom, et qui se faisait appeler simplement madame Louise, reçut un paquet de lingerie assez volumineux. Elle avait pour quatre ou cinq jours de travail. Elle se mit courageusement à l'ouvrage.

Pendant ce temps, l'inspecteur de police Morlot la cherchait dans tous les hôtels des Batignolles.

Morlot s'était donné trois jours pour retrouver Gabrielle ; or, depuis huit jours déjà il se livrait à des recherches inutiles. Aucun hôtel, aucune maison meublée ne lui avait échappé ; il était également entré dans les garnis les plus infimes. Rien. Quand il fut bien sûr qu'il était allé partout, au lieu de se décourager, il recommença son inspection, qui fut plus sévère et plus minutieuse encore. Comme toujours, il s'en prenait au guignon qui s'acharnait à le poursuivre; mais, cette fois, à sa vive contrariété, se mêlait une grande inquiétude.

Bref, après avoir fait une deuxième et une troisième tournée dans les hôtels, ce qui lui prit quinze grands jours, Morlot ne savait plus que penser. Allait-il donc falloir mettre sur pied toute la police de Paris pour retrouver la jeune fille ?

Il remontait tristement l'avenue de Clichy lorsque, tout à coup, il vit passer devant lui une jeune femme dont la pâleur le frappa. Il se souvint aussitôt de certaines réflexions du cocher de la Villette, sur la figure pâle de Gabrielle.

En effet, cette jeune fille que Morlot venait de rencontrer et qu'il suivait encore des yeux, tout en marchant, était bien celle qu'il cherchait.

Bien qu'il l'eût vue, blanche comme neige, étendue sur un lit, il ne l'avait pas reconnue.

— Pourtant, si c'était elle ? murmura-t-il.

Il reprit aussitôt :

— Après tout, il est facile de le savoir; je n'ai qu'à le lui demander.

Il doubla le pas pour rejoindre la jeune fille. Au même instant il la vit disparaître au tournant d'une rue.

— Que ce soit Gabrielle ou non, se dit-il, il faut que je sache où elle va.

Il se mit à courir et il arriva assez tôt à l'angle de la cité des Fleurs pour voir entrer la jeune fille dans la maison où elle demeurait.

Un instant après, Morlot était dans la loge en présence de la concierge.

— Madame, lui dit-il avec beaucoup de politesse, je vous serais infiniment obligé si vous vouliez bien me dire quelle est cette jeune femme qui vient d'entrer dans votre maison.

La concierge parut très-étonnée et le regarda de travers.

— Eh bien, c'est une locataire, répondit-elle sèchement.

— Y a-t-il longtemps qu'elle demeure ici ?

— Dites donc, vous êtes bien curieux ; qu'est-ce que

cela peut vous faire ? D'ailleurs je n'ai pas de compte à vous rendre.

Le front de Morlot se plissa.

— Ma chère dame, répliqua-t-il, je vous assure que vous avez tort de le prendre sur ce ton. Je ne crois pas m'être présenté chez vous d'une manière inconvenante ; je vous demande un renseignement, il me semble que la plus simple politesse exige au moins que vous me répondiez.

— C'est possible. Mais je ne vous connais pas, moi ; qui êtes vous ?

— Oh ! soyez sans crainte, je ne suis pas un voleur.

— Je ne dis pas ça. Mais enfin, il y a tant de gens malintentionnés...

— Je vais tâcher de vous rassurer complétement. Depuis quinze jours je ne quitte pas les Batignolles : j'y cherche une jeune fille d'une vingtaine d'années, à laquelle j'ai plusieurs communications très-importantes à faire. Comprenez-vous, maintenant ? Je dois ajouter que je m'intéresse beaucoup à cette jeune fille. Tout à l'heure j'ai cru la reconnaître dans votre locataire ; cela vous explique pourquoi je vous demande en ce moment des renseignements.

— Dans ce cas, c'est différent. Comment se nomme-t-elle, la jeune fille que vous cherchez ?

— Gabrielle Liénard.

— Alors, vous vous êtes trompé ; notre locataire s'appelle Louise.

— Louise ? fit Morlot.

— Oui, madame Louise.

— Elle n'a pas un autre nom ?

— C'est probable.

— En effet, fit Morlot, laissant voir son dépit, je me

suis trompé. Excusez-moi, madame, je regrette de vous avoir dérangée.

Il se dirigea vers la porte ; mais au moment de sortir de la loge, il lui vint à l'idée que Gabrielle avait parfaitement pu changer de nom. Il revint vers la concierge.

— La jeune fille à laquelle je m'intéresse, lui dit-il, est sortie de l'hospice, il y a aujourd'hui juste vingt-quatre jours.

— Ah ! fit la concierge, ouvrant de grands yeux étonnés.

— Comme elle est à peine guérie d'une longue maladie, continua l'agent, elle a la figure excessivement pâle ; votre locataire ayant aussi une grande pâleur, j'ai pu facilement me tromper. Il est vrai que cette maison n'est ni un hôtel ni un garni, et je suis à peu près certain que la jeune fille en question a loué une chambre meublée.

— Ma foi, monsieur, tout ce que vous me dites est extraordinaire, répondit la concierge.

— Comment cela ?

— D'abord, c'est bien une chambre meublée que ma locataire occupe dans la maison ; ensuite, c'est aujourd'hui le vingt-quatrième jour qu'elle est ici, et elle a loué le jour même de sa sortie de l'hospice.

— C'est elle, c'est Gabrielle ! s'écria joyeusement Morlot. Enfin !...

— Pourquoi donc nous a-t-elle donné un faux nom ? demanda la concierge.

— Ma chère dame, ne vous préoccupez pas de cela, répondit l'agent ; elle avait ses raisons.

XI

UN AMI

Il était cinq heures de l'après-midi. Assise près de sa fenêtre ouverte, Gabrielle travaillait. C'était la fin d'une belle journée. Le ciel était sans nuage. Le soleil descendait vers le couchant, et ses rayons pénétraient obliquement dans la chambre. Le parfum des fleurs des jardins montait jusqu'à la jeune fille.

Elle avait la tête inclinée sur sa poitrine et, tout en travaillant, elle songeait. Hélas ! elle pensait à son enfant et en même temps à ses jeunes années, à son excellente mère, qu'elle avait trop tôt perdue.

Soudain, elle entendit frapper discrètement à sa porte. Sa tête se redressa. Elle pensa que la concierge venait lui faire une visite, comme cela lui arrivait quelquefois. Elle se leva et alla ouvrir. Elle se trouva en face d'un homme inconnu.

Un petit cri de surprise lui échappa et elle fit trois pas en arrière.

L'homme restait immobile sur le seuil. On aurait dit qu'il n'osait pas avancer.

— Monsieur, vous vous êtes trompé de porte, sans doute, lui dit la jeune fille.

— Non, non, je ne me suis pas trompé, répondit-il, c'est bien vous que je viens voir.

— Mais c'est impossible, répliqua-t-elle, en le regardant avec effarement.

Il se décida à entrer.

— Mon Dieu, que me voulez-vous donc? s'écria-t-elle en reculant encore.

— C'est vous qu'on appelle madame Louise, n'est-ce pas? dit-il en refermant la porte.

— Oui, c'est moi, balbutia-t-elle.

Et elle se mit à trembler de tous ses membres.

— Oh! je vous en supplie, ne vous effrayez pas!

— Pourquoi venez-vous ici, monsieur?

— Je vous le dirai tout à l'heure.

— Je ne vous connais pas, qui êtes-vous?

— Vous le saurez. Vous dites que vous ne me connaissez pas; certainement, vous ne pouvez pas me connaître... Peut-être m'avez-vous déjà vu; vous ne vous en souvenez pas. Mais si vous ne me connaissez pas, je vous connais, moi.

— Vous me connaissez? s'écria-t-elle.

— Oui, beaucoup!

— Beaucoup! répéta-t-elle stupéfiée.

— Allons, remettez-vous, reprit-il; vous êtes toute tremblante; est-ce que je vous fais peur?

— Non, mais...

— Vous n'êtes pas rassurée. Eh bien, regardez-moi, vous verrez tout de suite que je ne suis pas un homme méchant, que je ne vous veux pas de mal, au contraire. Voyons, est-ce que quelque chose ne vous dit pas que je suis votre ami? Oui, continua-t-il d'un ton pénétré, je suis votre ami, le plus sûr, le plus dévoué, le seul peut-être que vous ayez encore aujourd'hui. Vous le croyez, n'est-ce pas? Dites-moi que vous le croyez...

— Oui, je veux bien le croire, seulement...

— Je comprends, vous n'êtes pas convaincue. Il faut d'abord que je vous donne la preuve que je vous connais. Dans cette maison, on vous appelle Louise, madame Louise ; ce n'est pas votre nom. Vous vous nommez Gabrielle Liénard, vous êtes née à Orléans.

La jeune fille fixa sur lui ses yeux hagards, puis elle fit entendre un gémissement et se laissa tomber sur un siége.

— Voyons, mademoiselle Gabrielle, reprit-il d'un ton affectueux et avec respect, n'êtes-vous pas encore rassurée sur mes intentions ? Pourtant, si je vous ai cherchée depuis votre sortie de la Salpêtrière, si je suis près de vous en ce moment, vous devez bien penser que je ne puis avoir qu'un désir : celui de vous être utile et de vous servir.

J'ai beaucoup de choses à vous dire, mademoiselle, beaucoup de choses qui vous intéressent ; j'attends que vous soyez en état de m'écouter. Encore une fois, n'ayez aucune crainte ; je vous l'ai dit, je suis un ami, un ami qui ne demande qu'à vous servir. Vous êtes très-malheureuse, je le sais. Vous n'avez rien à me cacher et probablement peu de chose à m'apprendre. Je connais votre triste histoire ou, du moins, ce que vous avez raconté de votre vie au juge d'instruction.

Rassurée par ces paroles et l'attitude respectueuse du visiteur, Gabrielle était parvenue à se remettre de son émotion.

— Je crois que vous êtes venu me trouver dans une bonne intention, dit-elle. Si vous savez ce que j'ai raconté au juge d'instruction, je n'ai, en effet, rien à vous dire, rien à vous apprendre. On m'a interrogée, j'ai dit la vérité. Vous venez sans doute de la part du juge d'instruction ? Lui seul sait que je suis ici, sous le nom de Louise.

— Non, répondit-il, je ne suis envoyé vers vous par personne. J'ignorais que vous eussiez donné votre adresse au parquet. Il y a quinze jours que je vous cherche dans tous les hôtels du quartier.

— Pourquoi ? qu'avez-vous donc à m'apprendre ?

— Je vous l'ai dit, beaucoup de choses.

— Mon enfant ! on a retrouvé mon enfant ! exclama-t-elle.

Le visage de l'agent s'attrista profondément.

— Hélas ! non, dit-il, je n'ai pas le bonheur de vous apporter cette joie.

Elle eut un soupir étouffé et laissa tomber sa tête sur son sein.

— Mademoiselle Gabrielle, reprit Morlot avec énergie, je cherche les coupables, car ils sont plusieurs ; je les trouverai, il le faut, c'est un serment que j'ai fait, et ils seront punis, sévèrement punis, je vous le promets !

— Ah ! répliqua la jeune fille d'une voix vibrante, ce que je veux, ce n'est pas le châtiment des coupables, c'est mon enfant, c'est mon enfant !...

— Nous le retrouverons, j'en suis convaincu, dit l'agent.

Gabrielle secoua tristement la tête.

— J'ai aussi cet espoir, murmura-t-elle ; c'est l'espoir qui me fait vivre.

Morlot, qui était resté debout jusqu'alors, prit une chaise et s'assit en face de la jeune fille.

— Maintenant, reprit-il, il faut que je vous dise qui je suis ; je vous apprendrai ensuite où et comment je vous ai connue. Seulement, n'oubliez pas que je vous suis tout à fait dévoué ; je ne voudrais pas vous inspirer de la défiance et moins encore vous effrayer.

— Non, j'ai confiance en vous ; maintenant vous pouvez me dire tout ce que vous voudrez, répondit Gabrielle.

— Eh bien, mademoiselle, mon nom est Morlot, je suis agent de police.

La jeune fille ne put s'empêcher de tressaillir.

— Oui, continua Morlot, je suis agent de police. Dans une grande ville comme Paris, il faut bien qu'il y ait des hommes comme moi, sans cela qui trouverait les criminels? Il y en a déjà tant qui parviennent à échapper à la justice... Je sais bien qu'on a certaines préventions contre nous ; on nous repousse, on nous craint, on nous suspecte, souvent on nous méprise. Eh bien, on a tort. Nous sommes utiles et nous rendons des services importants à la société. Je ne dis pas qu'il n'y a point parmi nous des indignes, mais il y a les bons. Nous sommes des hommes comme les autres. Dans toutes les classes il y a les bons et les mauvais. Est-ce que chaque troupeau n'a pas ses brebis galeuses? Nous avons le courage, l'énergie, et nous savons faire notre devoir. Nous servons la justice, dont nous sommes les yeux, les jambes et les bras. Aussi bien que les autres hommes nous avons du cœur, des sentiments ; nous savons nous dévouer et nous savons aimer. Vous en avez la preuve, mademoiselle Gabrielle, puisque c'est par dévouement pour vous que je vous ai cherchée si longtemps et que je suis ici en ce moment.

La jeune fille lui tendit la main.

— Vous êtes bon, fit-elle d'une voix émue, et je crois que vous êtes mon ami.

Les yeux de Morlot étincelèrent de joie.

— Voilà une parole qui me rend bien heureux, dit-il, en serrant la main de la jeune fille dans les siennes.

Oui, continua-t-il après un moment de silence, je suis votre ami et je saurai vous le prouver. Vous pouvez compter sur mon dévouement. Vous savez maintenant, mademoiselle Gabrielle, que vous n'êtes plus seule, isolée dans Paris ; il y a près de vous un homme qui veillera sur vous. Je ne suis qu'un pauvre agent de police, c'est vrai ; mais dans toutes les circonstances je saurai vous protéger et vous défendre. Je ne vous demande que d'avoir confiance en moi.

La jeune fille ne doutait pas de sa sincérité ; mais elle essayait vainement de s'expliquer la raison du dévouement qu'il venait lui offrir.

Comme s'il eût saisi la pensée de Gabrielle, Morlot poursuivit :

— Vous pourriez vous étonner qu'un inconnu, un pauvre diable comme moi, ait la témérité de se mêler de vos affaires, et vous demander en même temps d'où peut venir l'intérêt qu'il a pour vous. Eh bien, mademoiselle, c'est bien simple : j'ai vu votre malheur si grand que, tout de suite, je vous ai prise en pitié ; c'est de la compassion qu'est sortie ma résolution de vous être utile, de vous soutenir, de vous aider, de vous donner enfin mon dévouement complet.

Je n'ai pas cherché à m'expliquer autrement pourquoi je m'intéressais si vivement à vous ; vous étiez jeune, vous étiez une victime, je n'ai vu que cela. J'ai senti que dans votre situation vous aviez besoin d'un véritable ami, et j'ai voulu être cet ami-là. Alors il m'est venu cette pensée... Je me dévouerai pour elle, en me mettant entièrement à son service. C'est à Asnières que je me suis dit cela, le jour où des infâmes scélérats vous ont volé votre enfant !

— Quoi ! fit Gabrielle, vous étiez à Asnières ce jour-là ?

— Oui, mademoiselle. Vous voyez que je ne mentais pas en vous disant tout à l'heure que je vous connaissais depuis longtemps déjà. Je me trouvais à Asnières, par hasard ; avec le commissaire de police, je suis entré dans la maison et dans la chambre où vous étiez. On vous avait trouvée sans connaissance, étendue sur le parquet; on vous avait relevée et remise dans votre lit. Vous veniez d'être rappelée à la vie, mais vous étiez dans le délire; il ne vous fut pas possible de répondre aux questions que vous adressa le commissaire de police ; c'était le commencement de la maladie dont vous avez été guérie à la Salpêtrière.

— Que de douloureux souvenirs ! soupira la jeune fille.

— C'est ainsi que je vous ai vue la première fois, continua l'agent, sans mouvement, les yeux fixes, blanche comme vous l'êtes encore aujourd'hui. Près de votre lit il y avait le berceau vide de l'enfant et plusieurs femmes qui pleuraient à chaudes larmes. J'ai toujours devant les yeux cette scène désolante ; je ne l'oublierai de ma vie. Ah ! si on n'eût pas été ému, si l'on était resté insensible à votre malheur, c'est qu'on n'aurait pas eu de cœur !

C'est moi qui, le premier, me mis à la recherche des misérables qui vous ont volé votre enfant.

— Et rien, rien ! dit la jeune fille avec douleur.

— Impossible de découvrir leurs traces. Et pourtant on a bien cherché.

— Mon Dieu, pourquoi donc me l'ont-ils pris ? Qu'en ont-ils fait ?

— Patience, nous le saurons un jour.

— Qu'il vienne vite, ce jour, qu'il vienne vite !

— Les criminels finissent toujours par tomber entre les mains de la justice. Souvent, après de longues et inutiles recherches, c'est au moment où l'on s'y attend le moins qu'on les trouve sans les chercher.

Je ne vous dirai pas aujourd'hui tout ce que j'ai fait déjà pour découvrir les coupables et retrouver votre enfant, ce serait trop long. D'ailleurs, j'ai d'autres choses à vous apprendre.

— Hélas! monsieur, en dehors de mon enfant, rien ne peut plus m'intéresser.

— Permettez-moi de croire, mademoiselle Gabrielle, que vous ne pourrez pas être indifférente aux choses que je vais vous dire.

— Ah! répliqua-t-elle, en secouant la tête, vous ne savez pas encore combien est étroit maintenant le cercle de ma vie !

— Il faut pourtant que je parle, c'est nécessaire, forcé... Cependant, si je vous fatigue, dites-le-moi.

— Non, je ne suis pas fatiguée.

— Alors, vous voulez bien m'écouter?

— Oui, je vous écouterai ; vous pouvez parler.

Après avoir réfléchi un instant, Morlot reprit :

— Je vais vous dire, d'abord, ce que j'ai appris il y a quelques jours dans la maison où vous étiez autrefois demoiselle de magasin.

XII

LE CŒUR FERMÉ

Gabrielle rapprocha sa chaise de la table sur laquelle elle appuya ses bras, et son regard s'arrêta sur le visage de l'inspecteur de police. Ce dernier, toutefois, n'était pas parvenu à exciter sa curiosité.

— Quand un crime a été commis, reprit-il, et que

nous avons à en rechercher les auteurs, nous allons partout où nous pouvons espérer obtenir des renseignements. Cela vous explique pourquoi j'ai voulu voir les propriétaires de la maison de commerce où vous avez été employée. Je ne veux pas vous cacher qu'il m'était venu à l'idée que le jeune homme que vous avez connu, votre séducteur, pouvait être l'auteur de l'enlèvement de votre enfant.

— Comment, fit la jeune fille étonnée, vous avez eu cette pensée ?

— Je l'ai eue. La chose ne me paraissait pas impossible. Quand on est en présence d'un mystère, on réfléchit, on examine, on cherche, on soupçonne tout. Il faut un mobile qui explique l'action, on le trouve. J'avais donc pensé que M. Octave Longuet, ayant intérêt à faire disparaître l'enfant, était le coupable. J'ai reconnu que je m'étais trompé.

— Ah !

— M. Octave Longuet, — si c'est réellement son nom, — ne savait pas dans quelle position vous étiez le jour où il a quitté Paris si brusquement, que son départ ressemblait à une fuite. En somme, il vous a lâchement abandonnée.

— Oui, lâchement abandonnée, répéta tout bas la jeune fille.

— Cependant, reprit Morlot, il paraît qu'il avait pour vous une affection sincère.

— Hélas ! c'est parce que j'ai cru qu'il m'aimait qu'il a pu profiter de ma faiblesse. Je ne cherche pas à m'excuser, j'ai été coupable ; je devais réfléchir, voir le danger et le fuir. Il m'a perdue, je lui dois mon malheur ; mais je lui pardonne.

— Écoutez, mademoiselle Gabrielle, si j'en crois ce

qui m'a été dit, il n'est pas aussi coupable qu'on pourrait le supposer.

— Oh ! je le suis plus que lui, je viens de vous dire pourquoi.

— Ce n'est pas volontairement qu'il vous a abandonnée.

— Je n'en sais rien.

— Subitement rappelé de Paris, il a dû partir sans avoir le temps de vous voir et de vous prévenir.

— C'est possible et je veux bien le croire.

— Mademoiselle Gabrielle, aimez-vous encore ce jeune homme ?

— Pourquoi me faites-vous cette question ?

— J'ai besoin de savoir...

— Eh bien, monsieur, j'ai oublié l'homme pour ne me souvenir que du mal qu'il m'a fait. J'ai fermé mon cœur à tout autre sentiment que celui de mon amour pour mon pauvre enfant.

— En ce cas, je n'hésite plus à parler. Il n'y a pas encore deux mois de cela, M. Octave Longuet est revenu à Paris.

La jeune fille resta impassible.

— Croyant vous retrouver au magasin de la rue Montmartre, il s'y est présenté, continua Morlot. On lui a dit ce qu'on savait : que vous aviez quitté la maison pour ne pas subir l'affront d'être renvoyée ; que vous étiez allée cacher votre honte avenue de Clichy, au fond des Batignolles, qu'au bout de quelque temps vous aviez de nouveau changé de domicile et que, depuis, on ignorait absolument ce que vous étiez devenue.

Le jeune homme apprit tout cela avec une vive surprise et une véritable douleur, paraît-il. Comme on lui reprochait sévèrement sa conduite envers vous, il convint qu'il avait des torts, et il ajouta qu'il était désolé de ne pouvoir les réparer.

— Trop tard ! murmura Gabrielle.

— Bref, il prétendit qu'il vous aimait réellement, qu'il ne vous avait pas abandonnée, qu'il regrettait vivement le mal qu'il avait fait et que ce serait le remords de toute sa vie.

— Alors il habite actuellement à Paris ? demanda la jeune fille.

— Non. Il a déclaré que, n'étant venu à Paris que pour vous, il allait repartir immédiatement. Du reste, il n'a point dit ni ce qu'il faisait, ni où il demeurait habituellement.

— Je le regrette.

— Pourquoi ?

— Je vous aurais prié d'aller le trouver et de lui dire : « La pauvre Gabrielle, que vous avez connue, n'est pas morte encore ; mais elle est condamnée au malheur pour toute sa vie ; oubliez-la tout à fait ; elle souhaite que vous soyez heureux, et je vous apporte son pardon ! »

Morlot était très-étonné qu'elle restât si calme et si froide. Il ne put s'empêcher de le lui dire.

— C'est ainsi que je dois être, répondit-elle en secouant la tête ; je ne veux plus penser qu'à mon enfant. Excepté pour lui, mon cœur est mort.

L'agent resta un moment silencieux.

— Au fait, dit-il, vous avez peut-être raison. Maintenant, je vais vous parler d'Orléans.

Elle fit un brusque mouvement.

— Vous êtes allé à Orléans ?

— Oui. Mon devoir était d'aller partout.

— Soit. Qu'avez-vous appris à Orléans ?

— Concernant le véritable but de mes recherches, rien.

— Oui, toujours rien, soupira-t-elle.

— Mademoiselle Gabrielle, reprit Morlot d'une voix grave et triste, j'ai une mauvaise nouvelle à vous apprendre.

— Je vous écoute, monsieur, de quoi s'agit-il ?

— Je vais certainement vous faire de la peine ; pourtant, il faut que vous sachiez...

— Eh bien, parlez ; vous savez que vous pouvez tout me dire.

— Mademoiselle Gabrielle, votre père est mort.

—Mon père est mort ! s'écria-t-elle, en se dressant sur ses jambes d'un seul mouvement.

Le regard fixe, les bras pendants, elle resta un instant immobile comme pétrifiée. Puis sa poitrine se souleva, elle appuya une de ses mains sur son cœur et retomba lourdement sur son siége, en faisant entendre un sourd gémissement.

Morlot vit deux grosses larmes descendre le long de ses joues pâles.

— Mort, mort ! reprit-elle d'une voix étranglée ; mon pauvre père ! Et je ne sais pas, je ne saurai jamais s'il a eu, à sa dernière heure, une pensée pour sa malheureuse fille !

Elle couvrit son visage de ses mains et, ne pouvant les retenir plus longtemps, ses larmes inondèrent ses joues.

Morlot respecta sa douleur et la laissa pleurer.

Au bout de quelques minutes, s'étant calmée, elle essuya sa figure et ses yeux.

— Je croyais n'avoir plus de larmes, dit-elle ; je ne pensais pas non plus que je pusse éprouver de nouvelles douleurs. Il paraît qu'il y a encore place dans mon cœur pour la souffrance! Il est vrai qu'il s'agit de mon père... J'ai été saisie brusquement; je m'attendais si peu à ce nouveau malheur! J'aurais voulu être près de lui à son dernier moment pour l'embrasser et lui demander pardon. Et pourtant, je sens que je ne pouvais pas le revoir. Hélas! il m'aurait repoussée et peut-être maudite!

Je suis très-affligée, monsieur; mais, n'importe, vous avez bien fait de ne pas me cacher la mort de mon père.

— Dans votre intérêt, je devais vous l'apprendre. Votre père possédait une petite fortune, vous avez votre part d'héritage à recueillir.

— Non, non, répliqua vivement la jeune fille, je ne veux rien, je ne réclame rien.

— Permettez-moi de vous dire, mademoiselle...

— Non, vous dis-je, l'interrompit-elle, plutôt que de revoir ma belle-mère, je préfère lui laisser tout ce que possédait mon père. D'ailleurs, mon travail me suffit, car je sais me contenter de peu.

— Soit. Mais si désintéressée que vous soyez, vous ne devez pas renoncer à la petite fortune qui vous appartient légitimement. Je m'empresse de vous dire que vous n'avez nullement besoin de vous adresser à votre belle-mère. Je sais qu'après avoir eu beaucoup à vous plaindre d'elle, il vous serait pénible de la revoir; mais cela n'est pas nécessaire. La maison de votre père a été vendue. Madame Liénard a touché sa part de succession, et la somme qui vous revient, à vous, est déposée chez un notaire. C'est à ce notaire seul que vous aurez affaire. Je l'ai vu, il vous attend.

— Ainsi vous me conseillez de réclamer?

— Certainement. Songez à votre enfant que vous retrouverez un jour.

Gabrielle hésitait encore. Ces dernières paroles achevèrent de la décider.

— Vous avez raison, dit-elle ; ce que je ne ferais pas pour moi, je dois le faire pour mon enfant. Mais, continua-t-elle, je n'entends rien à ces sortes de choses, il doit y avoir des formalités à remplir, je vais me trouver très-embarrassée.

— Ne vous ai-je pas dit que vous pouviez compter sur moi en toutes circonstances ?

— Alors vous m'aiderez de vos conseils ?

— Oui, et si vous le voulez, je vous accompagnerai à Orléans.

— Je n'aurais pas osé vous le demander ; merci, dit-elle.

Et une seconde fois elle lui tendit sa main.

— Vous aviez raison tout à l'heure en disant que je n'étais plus seule, isolée dans Paris, reprit-elle ; j'accepte avec reconnaissance l'amitié que vous êtes venu m'offrir. Hélas ! je sens que j'ai besoin d'être protégée. Eh bien, oui, soyez mon ami. A partir de ce moment, je vous donne toute ma confiance.

Morlot ne put que serrer la main de Gabrielle. Mais sa joie était grande. Il devait être aussi très-ému, car il passa rapidement sa main sur ses yeux pour faire disparaître une larme.

Un instant après, il prit congé de la jeune fille.

Ils avaient décidé qu'ils partiraient le surlendemain pour Orléans.

Quinze jours plus tard, Gabrielle quittait la cité des Fleurs pour aller habiter rue Guénégaud dans une maison voisine de celle où demeurait l'inspecteur de police. C'est ce dernier qui avait loué, au nom de madame Louise, le logement qui se composait d'une chambre à coucher, d'une petite salle à manger et d'une cuisine. Le mobilier avait été acheté par la jeune fille, en compagnie de madame Morlot, chez un marchand de meubles du voisinage.

Gabrielle avait touché la somme de quarante-deux mille francs chez le notaire d'Orléans.

Sur le conseil de Morlot, et par ses soins, la presque totalité de cette somme avait été convertie immédiatement en titres nominatifs trois pour cent de la dette publique.

La jeune fille avait juste deux mille francs de rente. Pour une autre c'eût été peu, pour elle c'était beaucoup. Elle n'était plus obligée de travailler pour gagner son pain quotidien et elle se trouvait pour toujours à l'abri de la misère.

— C'est toujours ça ! se disait l'agent de police.

Et il se frottait les mains.

Le brave homme était content.

XIII

LES ENFANTS

Les époux Morlot étaient véritablement de bonnes gens, ayant, comme on dit, le cœur sur la main. Dès les premiers jours, la femme témoigna à Gabrielle une grande affection, et tous deux donnaient à la jeune fille de nombreuses preuves de leur dévouement. Celle-ci ne tarda pas à apprécier leurs excellentes qualités et elle ne put plus douter de la sincérité de leur amitié. Elle se félicita de les avoir rencontrés, car elle savait combien elle avait besoin d'aide et de protection. Elle se sentit rassurée dans le présent et un peu moins inquiète en face de l'avenir.

Seule au monde, sans famille, sans parent, c'est presque une famille qu'elle trouvait dans ses nouveaux amis, dont l'affection était aussi discrète que pleine de dévouement.

Après s'être tenue d'abord vis-à-vis d'eux dans une certaine réserve, qui n'était peut-être que de la timidité, elle se laissa aller peu à peu à une douce confiance. Pénétrée, d'ailleurs, d'une vive reconnaissance pour les soins et les attentions dont elle était l'objet, elle permit à son cœur de répondre aux sollicitations de l'amitié, et une grande intimité s'établit bientôt entre elle et la femme de l'agent de police.

Elles se voyaient souvent, presque tous les jours, soit que Gabrielle allât chez Morlot ou que la femme de l'agent vînt lui rendre visite.

Madame Morlot n'avait que sept ou huit ans de plus que Gabrielle. Sans être jolie, elle avait une figure agréable, le regard doux et sympathique. Elle se nommait Mélanie.

Quatre ans auparavant, Morlot s'était trouvé avec elle à une noce de village, à vingt-cinq ou trente lieues de Paris, à laquelle il assistait en sa qualité d'ami du marié. Mademoiselle Mélanie Rouget lui plut à première vue. Alors il songea qu'il avait passé la trentaine et que l'heure était venue de se donner une compagne. Rien ne dispose mieux un célibataire à renoncer à la vie de garçon que d'assister au mariage d'un intime. Morlot, persuadé qu'il avait vécu seul assez longtemps, se mit à faire la cour à la jeune paysanne, avec la volonté d'en devenir amoureux.

En effet, avant la fin du deuxième jour, il était absolument fou d'amour. Mais, tout à coup, il apprit que mademoiselle Mélanie Rouget était du nombre des riches héritières du pays. Elle demeurait chez son oncle, en attendant qu'elle trouvât un mari.

Depuis quelques années elle avait perdu son père et sa mère, lesquels lui avaient laissé une vingtaine de mille francs.

— Diable, diable ! se dit Morlot, en se grattant l'oreille, je viens de faire une fameuse sottise.

Et toute sa gaîté disparut comme par enchantement.

Il s'éloigna subitement de la jeune héritière et affecta de ne plus faire attention à elle.

Mademoiselle Mélanie s'aperçut de ce changement trop visible et n'eut pas de peine à en découvrir la cause. L'effet produit fut excellent. Morlot lui plaisait, elle approuva sa délicatesse, tout en se disant qu'un aussi honnête garçon méritait bien d'être aimé.

Morlot revint à Paris, persuadé qu'au bout de quelques jours il ne penserait plus à mademoiselle Mélanie. Mais il était sérieusement pris du désir de se marier, et, loin d'oublier la paysanne, il l'avait constamment devant les yeux, ce qui lui occasionnait des battements de cœur fort singuliers.

Un jour il se dit :

— Je ne peux pas vivre éternellement ainsi ; il faut que j'en aie le cœur net.

Il s'arma de courage et écrivit deux lettres ; l'une à mademoiselle Mélanie pour lui dire qu'il l'aimait ; l'autre à son oncle pour la demander en mariage.

La jeune fille se montra tout de suite très-favorable à la demande. Quant à l'oncle, il fit la grimace et essaya de peser en sens contraire sur la décision de la jeune fille.

— Tu ne voudrais pas prendre pour mari un agent de police ! lui dit-il.

— Pourquoi donc ? répondit-elle. Je sais qu'il est honnête, je crois qu'il a un bon cœur, et je suis sûre qu'il me rendra heureuse.

Elle était majeure, c'est-à-dire libre de disposer d'elle. Malgré tout ce que put lui dire son oncle, qui était du reste un très-brave homme, elle épousa Morlot.

Elle avait espéré avoir le bonheur. Son mari le lui donna. Alors elle put s'applaudir d'avoir suivi l'inspiration de son cœur. De son côté, Morlot découvrit bientôt que les qualités de sa femme valaient mille fois mieux que sa dot. Économe et bonne ménagère, affectueuse, tendre et dévouée, le pauvre agent de police avait eu le bonheur de trouver un véritable trésor.

Il n'y eut jamais entre eux une difficulté, un mot plus haut que l'autre, et ils s'aimèrent chaque jour davantage.

Voilà quels étaient les nouveaux amis de Gabrielle Liénard.

La jeune fille, n'ayant plus besoin de travailler pour vivre, pouvait se livrer plus facilement aux recherches qu'elle avait commencées dans le but de retrouver son enfant, pendant que, de son côté, l'agent de police continuait les siennes sans relâche et sans se décourager. Donc, Gabrielle sortait tous les jours afin d'aller explorer les uns après les autres tous les quartiers de Paris ; car elle conservait l'espoir qu'elle finirait par rencontrer cette Félicie Trélat qui l'avait si odieusement trahie et qui, — cela n'était pas douteux — n'avait été que l'instrument dont d'autres s'étaient servis pour commettre le crime.

Si fragile qu'il soit, l'espoir est une des meilleures

choses qui puisse entrer dans le cœur des hommes, de ceux surtout qui sont malheureux.

Gabrielle voulait espérer ; hélas ! pour qu'elle pût vivre, il lui fallait l'espoir.

Un soir, au retour d'une de ses longues et inutiles promenades dans les rues de la ville, elle dit à la femme de Morlot :

— J'ai un conseil à vous demander.

— A moi ! fit Mélanie ; mais en quoi puis-je vous conseiller ?

— Comme vous le savez, j'ai deux mille francs de rente; pour moi, c'est une fortune, car de la façon dont je vis et veux continuer à vivre, c'est à peine si je dépenserai mille à douze cents francs chaque année.

— C'est vrai. Eh bien, vous ferez des économies.

— Il me semble que je pourrais employer autrement l'argent que je ne dépense pas.

— Quelle est votre idée ?

— Avec ma petite fortune, je n'ai pas besoin de travailler, n'est-ce pas ?

— Certainement.

— Pourtant, en dehors des heures que je veux consacrer à mes recherches, il me reste, le matin et le soir, beaucoup de temps à employer. J'aime le travail et je me reproche mon oisiveté.

— Vous voulez donc travailler ?

— Oui, mais pas pour gagner de l'argent, puisque j'ai déjà plus qu'il ne me faut pour vivre ; je voudrais, au contraire, tout en travaillant, trouver le moyen de faire un emploi utile de mon superflu. C'est sur cela que je vous prie de me donner un conseil...

— Si je ne me trompe pas, Gabrielle, votre intention serait de travailler pour les pauvres ?

— Oui.
— C'est là une bonne pensée.
— Ainsi vous m'approuvez?
— De tout mon cœur.

— Cette idée m'est venue aujourd'hui, à Grenelle, en voyant des enfants couverts de misérables haillons, qui jouaient dans la rue. Je me suis arrêtée pour les regarder et, malgré moi, je me suis mise à pleurer. Je pensais au mien... Ils étaient cinq ou six, je leur ai donné à chacun une pièce de vingt sous, puis j'ai embrassé le plus petit et je me suis sauvée toute honteuse, comme si j'eusse commis une mauvaise action.

J'ai pensé à la misère qu'il y a dans Paris, au grand nombre de malheureux qui n'ont pas les moyens d'habiller leurs enfants et qui, souvent peut-être, ne peuvent pas leur donner du pain. Pauvres petits innocents! il doit y en avoir des milliers comme ceux que j'ai vus tantôt. L'été, ils ne souffrent pas trop; mais c'est l'hiver, quand il gèle ou que la neige tombe!... Eh bien, je me suis dit que je devais faire quelque chose pour eux. Si j'étais riche, bien riche, si j'avais des millions, je voudrais tout donner aux enfants des pauvres! Mélanie, faire du bien aux malheureux, cela doit porter bonheur!

— Oui, je le crois.

— Eh bien, oui, je veux travailler, confectionner des petits vêtements pour les enfants, des layettes complètes; j'en ai une que je n'ai pas pu employer; mais je la conserve celle-là; elle me servira de modèle pour les autres. Ah! en la préparant j'étais bien heureuse; je ne me doutais guère... Mon pauvre enfant!... Enfin, ma chère Mélanie, voilà quelle est mon intention, voilà ce que je veux faire. Seulement je me trouve embarrassée.

— Qu'est-ce qui vous embarrasse, Gabrielle ?
— Quand j'aurai confectionné un ou plusieurs petits vêtements, fabriqué de petits bonnets, cousu de petites chemises, tricoté des couvertures et autres objets, je me demande comment je pourrai donner tout cela.
— Oh! rien ne vous sera plus facile, répondit en souriant la femme de Morlot. Soyez tranquille, nous ne chercherons pas longtemps pour trouver de pauvres gens qui accepteront vos dons avec reconnaissance. Est-ce que tous les jours il ne vient pas au monde de pauvres petits êtres qu'on recommande à la charité publique ? Et puis il y a les asiles, les maisons hospitalières, où l'on recueille les enfants abandonnés, ceux qui naissent à l'hospice et ceux aussi que leurs mères ne peuvent pas élever. Ma chère Gabrielle, tout ce que vous porterez à une crèche sera accepté avec plaisir. Il y a beaucoup de dames riches qui travaillent pour les crèches et les orphelinats. Tous ces malheureux enfants ont besoin de bien des choses. Si personne ne s'occupait d'eux, que deviendraient-ils ? Assurément, la charité est grande ; mais on ne saurait trop faire pour les innocents que le malheur frappe à l'heure même de leur naissance.
— C'est vrai, dit tristement Gabrielle.
Dès le lendemain elle fit un important achat de diverses étoffes et se procura en même temps des patrons de plusieurs grandeurs. Elle se trouvait en mesure de confectionner, selon son désir, toutes sortes de petits vêtements pour enfants. Pleine d'ardeur, elle se mit à l'ouvrage.
— Il me semble que c'est pour mon enfant que je travaille, disait-elle à Mélanie.
Tous les jours, régulièrement, elle se levait à six heures. Elle prenait son ouvrage et travaillait jusqu'à

dix heures. Alors elle déjeunait. Immédiatement après son modeste repas elle sortait. Elle s'en allait à travers les rues pleines de mouvement et de bruit, marchant lentement et regardant les passants, sans cesser un seul instant de penser à son enfant. Il lui était indifférent d'aller d'un côté ou d'un autre. Elle marchait à l'aventure, laissant au hasard le soin de diriger ses pas. Quand elle se sentait fatiguée, elle s'asseyait sur un banc ou sur une pierre et, après s'être reposée, elle reprenait sa promenade errante.

Le soir elle rentrait chez elle entre cinq et six heures. Elle dînait, puis elle se remettait à travailler jusqu'à dix heures.

Très-souvent Morlot et sa femme venaient lui tenir compagnie. Mélanie apportait son ouvrage et elles travaillaient ensemble. Gabrielle avait du plaisir à les voir. Causer intimement avec eux était sa seule distraction, car elle ne parlait jamais à personne, pas même aux concierges de la maison. Elle n'oubliait pas, cependant, mais quand les époux Morlot étaient près d'elle, il lui semblait qu'ils apportaient un adoucissement à sa douleur.

Un jour, vers trois heures de l'après-midi, elle entra dans le jardin du Palais-Royal. Aussitôt mille petits cris joyeux frappèrent ses oreilles et elle vit des centaines d'enfants de tout âge, qui jouaient et couraient sous les arbres. Ses yeux étincelèrent et son cœur se mit à battre avec violence.

— Oh! les jolis enfants! murmura-t-elle émerveillée.

Et, tout en marchant lentement, elle les regardait avec des yeux ravis.

— Pourquoi donc ne suis-je pas encore venue ici? se demanda-t-elle. Oh! j'y reviendrai souvent, oui, souvent!

Comme ils sont beaux ! continua-t-elle ; les jolies petites figures roses, épanouies ! Comme elles ont de beaux cheveux, ces gentilles petites filles ! Ah ! cela me fait du bien de les voir courir et de les entendre rire... Quelle gaieté ! La joie éclate dans leurs yeux. Ils sont contents, ils sont heureux, tous ils ont leur mère !

Ses yeux s'étaient voilés de larmes. Elle les essuya pour continuer à jouir du ravissant tableau qui s'offrait à elle.

On était aux plus beaux jours de l'été, et il y avait un soleil magnifique. La grande chaleur obligeait à chercher l'ombre et un peu de fraîcheur sous les feuillages verts. Le jardin regorgeait de monde, on se pressait dans les galeries en attendant l'heure du concert. Chaque arbre abritait sous son ombrage un groupe de plusieurs personnes. Les bancs et toutes les chaises étaient occupés. On causait et on riait. Les petites bonnes au minois chiffonné, avec le tablier blanc, étaient nombreuses. Il y avait aussi beaucoup de nourrices tenant dans leurs bras leur nourrisson.

Mais Gabrielle ne voyait que les enfants, elle ne regardait qu'eux. Elle aurait voulu les tenir tous ensemble dans ses bras pour les serrer contre son cœur et les couvrir de baisers. Parfois elle s'arrêtait devant une nourrice et elle s'oubliait un instant à contempler le bébé rose et blond. On aurait dit alors qu'elle venait de tomber en extase.

Un enfant, un petit garçon de deux à trois ans, fit une chute sous ses yeux. Au cri qu'il poussa, la mère accourut et le releva ; puis elle se mit à le bercer dans ses bras et à l'embrasser sur le front et sur les yeux pour sécher ses larmes.

Gabrielle, toute tremblante, regarda la jeune mère avec un œil d'envie.

— Est-elle heureuse ! soupira-t-elle.

Elle remarqua que, pour la plupart, ces enfants étaient richement vêtus, ce qui indiquait qu'ils avaient des parents aisés. Mais c'est surtout les petits garçons qu'elle aimait à regarder. Et pendant que son cœur palpitant débordait de tendresse, elle semblait les dévorer des yeux. Les plus jeunes, ceux qui paraissaient avoir l'âge de son fils, attiraient particulièrement son attention. Dans chacun elle croyait voir son enfant. A chaque instant elle ouvrait ses bras, comme si l'un d'eux allait la reconnaître tout à coup et accourir vers elle.

Elle ne s'apercevait pas que ses allures singulières étonnaient, qu'elle devenait un objet de curiosité, et elle n'entendait pas que beaucoup de gens disaient derrière elle :

— C'est une folle !

Non, elle ne voyait que les enfants qui jouaient autour d'elle, elle n'entendait que leurs cris joyeux.

Pauvre mère ! Pour une minute l'illusion la rendait heureuse !

Quand elle eut fait le tour du jardin, elle s'assit sur un banc où elle trouva une place. Alors, en présence de la joie des autres, ses douloureuses pensées revinrent l'assaillir.

— Si mon enfant était ici, parmi tous ces enfants, se disait-elle, j'aurais beau le regarder, lui tendre mes bras et l'appeler des yeux et de la voix, il ne voudrait voir en moi qu'une étrangère. Hélas! moi-même je ne pourrais pas le reconnaître. Oh ! c'est horrible de penser que je peux me trouver en face de lui sans qu'il sache que je suis sa mère, sans que je puisse me douter qu'il est mon enfant !

Elle laissa échapper un long soupir.

— Mais non, reprit-elle aussitôt, si une chose semblable arrivait, mon cœur aurait des tressaillements qui me feraient reconnaître mon enfant, ou bien une voix d'en haut me crierait : « C'est lui ! »

Hélas ! continua-t-elle tristement, je ne vois que l'impossible, tout cela n'est qu'un rêve comme j'en ai déjà fait tant d'autres. Cette rencontre ne peut pas arriver, elle n'arrivera jamais... Morlot a raison : pour retrouver mon enfant il faut d'abord découvrir ceux qui me l'ont volé.

Lentement sa tête s'inclina sur sa poitrine.

Pendant dix minutes elle resta ainsi dans une immobilité complète, les yeux presque fermés, absorbée dans ses sombres pensées.

Quand elle releva la tête, elle se vit seule sur un banc. Une trentaine d'enfants étaient devant elle, formant un demi-cercle. Tous la regardaient avec de grands yeux étonnés. Pour mieux la voir, ceux qui étaient derrière poussaient les autres afin de se glisser au premier rang. Gabrielle excitait au plus haut point leur curiosité enfantine. Évidemment elle les intéressait. Il n'y avait rien d'hostile, ni de moqueur dans leur attitude. Ils étaient aussi sérieux que des enfants peuvent l'être. Ils s'étaient approchés et groupés pour regarder la jeune fille, attirés par l'extraordinaire. En effet, on ne voit pas tous les jours un visage blanc comme un flocon de neige. Ils regardaient, comme regardent les enfants, une chose qui leur paraissait étrange. Pour eux, c'était un spectacle, une curiosité. Une figure blanche, cela les amusait.

Gabrielle fut un peu surprise, d'abord, de se voir ainsi entourée ; mais ne se sentit ni inquiète, ni gênée. Elle éprouva, au contraire, une émotion de plaisir indéfinissable.. Certes, elle aimait trop les enfants pour avoir seulement la pensée de les repousser ou de s'éloigner d'eux. Elle leur sourit en leur faisant signe de s'approcher davantage. Mais ils jugèrent prudent de continuer à se tenir à distance.

Pourtant, l'un d'eux, plus hardi que les autres, se détacha brusquement du groupe et marcha vers Gabrielle.

C'était un mignon petit bonhomme, ayant de grosses joues fraîches comme une rose, qui ne devait pas avoir plus de quatre ans.

La jeune fille eut le désir de l'embrasser. Elle le saisit par le bras et se baissa pour lui mettre un baiser sur le front. Mais l'enfant eut peur, sans doute, car il se mit à pousser des cris perçants.

Gabrielle, effrayée, le lâcha, et il se sauva de toute la vitesse de ses petites jambes.

Au même instant les autres enfants se dispersèrent comme une bande d'oiseaux effarouchés.

— Je les aime et je leur fais peur ! murmura tristement la jeune fille.

Elle poussa un gémissement, baissa la tête et fondit en larmes.

XIV

UN NOM TROUVÉ

Trois jours après, Gabrielle revint au Palais-Royal. Cette fois ce n'était pas le hasard, mais son cœur qui l'y avait amenée. Elle voulait se retrouver au milieu des enfants. Quelque chose de mystérieux et d'irrésistible la poussait ou l'attirait vers eux.

Ce ne fut d'abord qu'un désir, une sorte de joie qu'elle voulait se donner. Les émotions qui naissaient en elle lui semblaient d'une douceur infinie. Seuls, les enfants avaient le pouvoir de faire battre son pauvre cœur brisé. Près d'eux, elle éprouvait un immense soulagement, elle se sentait revivre.

Bientôt il ne lui fut plus possible de passer un seul jour sans les voir. Ils avaient pris place dans sa vie. Entendre leurs cris, écouter leur gentil babil, assister à leurs jeux, les contempler, les admirer, les caresser du regard, tout cela était devenu un besoin impérieux de son existence, une sorte de manne céleste, qui était la nourriture de son âme.

Le jardin du Palais-Royal n'a pas le privilège d'être l'unique endroit de la ville fréquenté par les enfants. Depuis que Paris a été pour ainsi dire transformé par ses nombreux embellissements, il y a dans tous les quartiers de très-jolis jardins auxquels on a donné le nom de squares, mot anglais qui signifie carré. Pendant toute la belle saison, c'est dans ces jardins qu'on conduit les enfants; du reste, c'est pour eux, principalement, que les squares ont été créés. Là, ils prennent de l'exercice, et ils ont le soleil et le grand air si nécessaires à leur santé et au développement de leurs forces.

Gabrielle pouvait donc rencontrer partout des enfants. Cependant, elle n'allait jamais qu'au Palais-Royal, aux Tuileries et au Luxembourg.

Quand, entre trois et quatre heures, elle n'était pas au Palais-Royal, elle se trouvait sûrement dans l'un des deux autres jardins.

Peu à peu, les enfants qu'on amenait dans ces trois

jardins s'habituèrent à la voir. Sa figure était toujours pour eux un objet de vive curiosité; mais ils n'avaient plus peur d'elle; ils devenaient, au contraire, de plus en plus familiers. Ils avaient compris que cette jeune femme si pâle et si triste était malheureuse. Et puis elle avait pour eux de si doux regards ! Souvent ils l'avaient vue pleurer en les regardant, et ils avaient deviné que, non-seulement elle ne voulait pas leur faire du mal, mais qu'elle les aimait.

Quand après trois heures ils ne la voyaient pas arriver, ils la cherchaient des yeux partout et devenaient inquiets, comme si quelque chose leur eût manqué.

Alors, les plus grands disaient aux autres :

— C'est demain qu'elle viendra.

Le lendemain ou le surlendemain, aussitôt que Gabrielle paraissait, des cris de joie saluaient son arrivée. Les enfants cessaient leurs jeux, se réunissaient, couraient à sa rencontre, l'entouraient, et les petites mains en l'air se tendaient vers elle. Elle s'asseyait sur un banc, une chaise ou se baissait. Alors grands et petits offraient leurs joues à ses baisers.

En voyant cela les mamans souriaient.

Gabrielle avait conquis l'amitié des enfants et acquis en même temps la sympathie des mères.

On ne savait pas qui elle était; mais on s'intéressait à elle et on la plaignait. Elle avait l'air si malheureux !

La jeune fille se laissait aller à l'attendrissement et, malgré elle, ses larmes coulaient. Elle se livrait à ces émotions comme d'autres se donnent au plaisir. Elle y trouvait une jouissance. Son cœur, s'ouvrant à l'illusion, elle réussissait, pour un instant, à tromper son amour maternel.

Quand elle fut convaincue que son affection pour les enfants ne portait ombrage à personne, quand elle vit qu'on ne leur défendait point d'aller vers elle et qu'on lui permettait de les embrasser, elle devint plus hardie. Elle osa prendre les plus petits dans ses bras; il n'était pas rare d'en voir jusqu'à quatre sur ses genoux pendant qu'un autre grimpait sur ses épaules pour se mettre à cheval sur son cou.

Elle causait et jouait avec eux; c'est elle qui organisait les rondes et les faisait danser; elle tenait un bout de la corde sur laquelle sautaient les petites filles. D'autres fois, quand ils étaient groupés autour d'elle, elle leur racontait de petites historiettes, des contes qu'elle avait appris dans son enfance et qui lui revenaient à la mémoire. Les mamans s'approchaient et elles aussi l'écoutaient avec plaisir. Elle avait la voix douce, très-agréable, et elle racontait d'une façon charmante, elle savait rendre intéressants et touchants les plus simples récits.

Les enfants l'adoraient, ils ne pouvaient plus se passer de leur bonne amie.

Elle avait toujours dans ses poches des bonbons, et dans un petit panier des gâteaux, des macarons, des gaufres et autres friandises qu'elle leur distribuait.

Ce qui se passait au Palais-Royal se répétait exactement au jardin des Tuileries et au jardin du Luxembourg. Du reste, presque toujours, Gabrielle rencontrait dans un jardin quelques-uns des enfants qu'elle voyait dans les autres.

Souvent, des dames l'appelaient et l'invitaient à s'asseoir près d'elles. Assurément, la curiosité n'était pas étrangère à l'accueil affectueux qu'on lui faisait. On devinait qu'il y avait un mystère dans son existence et on aurait voulu savoir quelque chose de son passé.

Mais, quand on l'interrogeait sur sa famille ou sur les choses intimes de sa vie, la jeune fille restait muette.

Elle cachait avec soin son véritable nom et on ne la connaissait que sous celui de Louise. Toutefois, on l'appelait plus communément la jeune fille ou la jeune femme pâle.

Quand on ne lui adressait pas des questions touchant directement au secret qu'elle voulait garder, elle répondait volontiers.

Ainsi, le jour où on lui demanda l'âge qu'elle avait, elle n'hésita pas à répondre :

— Je n'ai pas encore vingt ans.

— Vous êtes bien jeune, et pourtant vous avez déjà beaucoup souffert; on le voit à votre profonde tristesse.

— C'est vrai, j'ai beaucoup souffert.

— Et vous souffrez encore?

— Oui.

— Vous êtes malheureuse?

— Très-malheureuse.

— Quelle est la cause de votre chagrin?

— Je ne peux pas le dire : moi-même je voudrais l'oublier. J'étais bien jeune quand le malheur est venu fondre sur moi; depuis il n'a pas cessé de me poursuivre impitoyablement.

— Est-ce que votre visage a toujours eu cette pâleur?

— Non. Autrefois, j'avais les lèvres roses et de belles couleurs sur les joues.

— C'est donc par suite de vos chagrins que vous êtes changée ainsi?

— Oui.

— En effet, vous avez été impitoyablement frappée.

— J'ai fait une longue et cruelle maladie dont je suis guérie depuis quelques mois seulement. C'est pendant cette maladie que ma figure a pris cette pâleur qui lui est restée.

— Avez-vous encore vos parents?

— Je suis orpheline!

— Vous devez avoir des moyens d'existence?

— Je possède un petit capital bien placé, dont la rente suffit grandement à mes besoins et assure mon indépendance.

— On voit que vous aimez beaucoup les enfants.

— Oh! oui, je les aime! Je ne vis que pour eux, et il me semble que ce sont eux qui me font vivre.

— Souffrez-vous physiquement?

— Non, le corps est guéri, c'est au cœur qu'est la souffrance.

A toutes les personnes qui s'intéressaient assez à elle pour l'interroger, Gabrielle faisait à peu près les mêmes réponses et c'était tout ce qu'on savait d'elle.

Un jour, comme elle arrivait au jardin des Tuileries, un petit garçon de sept à huit ans, qui l'aperçut le premier, se mit à crier :

— La Figure de cire! la Figure de cire!

Et tous les autres répétèrent après lui :

— La Figure de cire!

Cette fois, les enfants avaient trouvé le nom à lui donner.

Quand elle fut au milieu d'eux, une petite fille s'approcha d'elle et lui dit :

— Tu ne sais pas, la Pâle? eh bien, les petits garçons t'ont appelée Figure de cire.

— Vraiment, ma mignonne! fit Gabrielle en l'embrassant.

Aussitôt, une vingtaine de voix dirent ensemble :
— La Pâle, ce n'est pas moi, c'est lui !

Un sourire doux et triste effleura les lèvres de la jeune fille.

— Mes petits amis, il n'y a pas de mal à ce que vous m'appeliez Figure de cire ; vous pouvez me donner ce nom, si cela vous est agréable.

Et elle se mit à faire, comme d'habitude, sa distribution de bonbons et de petits gâteaux.

Un instant après, d'un bout à l'autre de la promenade, les enfants lançaient dans l'air comme une acclamation, ces mots :
— La Figure de cire ! la Figure de cire !

Ce nouveau nom donné à la jeune fille pâle passa du jardin des Tuileries à ceux du Palais-Royal et du Luxembourg, et bientôt Gabrielle ne fut plus appelée autrement que la Figure de cire.

L'automne arriva, le vent fit tomber les feuilles mortes. Toutefois, pendant un mois encore, il y eut de belles journées de soleil. Ensuite les nuits devinrent froides ; le matin, une gelée blanche couvrait la terre ; le ciel se chargeait d'une brume épaisse ; il n'y avait plus de verdure aux branches, les dernières fleurs mouraient sur les plates-bandes ; les grands vents de tempête se mirent à souffler, la pluie tomba pendant des semaines entières. C'étaient les avant-coureurs de l'hiver.

Les promeneurs désertèrent les jardins, les enfants n'y venaient plus. Néanmoins, on y voyait encore Gabrielle les jours où le soleil promettait de se montrer ; mais, comme elle n'y trouvait plus ses petits amis, elle ne faisait que passer, en jetant autour d'elle des regards désolés.

Alors, plus que jamais, elle sentit combien les enfants étaient nécessaires à son existence.

On comprend que la mauvaise saison dut lui paraître bien longue. Heureusement, elle avait son travail, un travail qui lui était agréable, qu'elle faisait avec plaisir. Elle adorait les enfants et c'est pour eux qu'elle travaillait. Mais ce n'était pas assez pour elle.

Tous les jours elle disait à son amie Mélanie :

— C'est bien triste, l'hiver; il me tarde de voir arriver les beaux jours du printemps !

Enfin, les lilas fleurirent, des feuilles vertes sortirent de tous les bourgeons. Les beaux jours tant désirés, si impatiemment attendus, étaient revenus. Ils avaient ramené dans les jardins, en même temps, les ramiers, les corneilles, les moineaux, les enfants et leur bonne amie la Figure de cire.

Ce fut avec une véritable joie que Gabrielle reprit ses chères habitudes de l'année précédente.

Et c'est ainsi qu'elle vécut pendant plusieurs années.

La pauvre Figure de cire était loin de se douter que le hasard, duquel elle n'attendait plus rien, allait bientôt la mettre en présence de son enfant.

XV

LES AMERTUMES

La petite Maximilienne de Coulange grandissait sous la douce protection de sa mère, qui lui prodiguait les trésors de sa tendresse maternelle.

Mais ce qui était fatal arriva.

La jeune femme crut découvrir que le marquis n'avait aucune affection pour sa fille.

Jamais il ne demandait à la voir ; il ne pensait qu'à son fils, ne parlait que de son fils et n'avait d'autres préoccupations que celles des joies présentes et du bonheur dans l'avenir du petit Eugène.

Quand la marquise lui parlait de sa fille, il lui répondait avec la plus grande indifférence, et lorsque, voulant à toute force émouvoir ses entrailles, elle lui présentait l'enfant, il restait froid comme un marbre, et laissait voir un embarras pénible.

La jeune mère éprouva d'abord de douloureuses surprises. Mais, quand elle se fut sérieusement convaincue que le marquis donnait à son fils toute sa tendresse, qu'il n'aimait pas sa fille, que peut-être même il la détestait, elle ressentit une immense douleur qui devint bientôt un véritable désespoir.

Les souffrances morales qu'elle endurait étaient épouvantables.

Au milieu de ses crises de désespoir qui se renouvelaient presque chaque jour, elle prenait sa fille, la serrait convulsivement contre son cœur, la couvrait de baisers délirants et l'inondait de ses larmes.

— C'est sa fille, pourtant, s'écriait-elle ; c'est sa fille, et il ne peut pas la voir, et il ne l'aime pas ! Le malheureux ! le malheureux !

Puis elle reprenait avec plus de force :

— Mais c'est horrible, cela ; c'est contre nature, c'est monstrueux !... Oh ! un père qui n'aime pas son enfant !

Et c'est l'autre qu'il aime, l'autre, l'enfant d'une étrangère ! Et cet enfant, que sa mère, une misérable femme, a vendu sans doute pour quelques pièces d'or, cet enfant ne se contente pas d'occuper ici une place qui ne lui appartient pas, il faut encore qu'il vole à ma fille la tendresse de son père ! Comme je le hais, comme je le hais !

Alors une sorte de rage s'emparait d'elle et elle voulait, tous les malheurs dussent-ils fondre sur elle, révéler à son mari le secret terrible, en lui criant :

— Cet enfant que tu aimes, dont tu fais ton idole, pour lequel tu repousses ta fille, eh bien, cet enfant n'est pas le tien, il n'est pas à nous, c'est un étranger ! Mon frère l'a ramassé je ne sais où, probablement dans la fange où se traînait sa mère !

Oui, voilà ce que dans sa colère elle voulait dire à son mari.

Mais, après l'explosion de la douleur et du désespoir, la réflexion venait.

Alors, elle voyait se dresser devant elle les terribles conséquences de sa révélation tardive : le scandale, le nom de Coulange livré en pâture à la curiosité de la France entière, le déshonneur et la perte des siens ; et puis, pour le marquis qu'elle aimait, quel coup de foudre !

Et en pensant que son mari ne voudrait pas voir en elle une victime, qu'il l'accuserait, elle aussi, de l'avoir trompé, qu'il la maudirait, qu'il cesserait de l'aimer, elle était prise d'un frisson de terreur qui glaçait son cœur et tous ses membres.

Les mêmes raisons qui, bien des fois déjà, avaient retenu les paroles sur ses lèvres, la faisaient reculer encore.

Après avoir reconnu son impuissance, à ses révoltes intérieures, à ses accès de fureur, succédait un profond découragement.

— Trop tard, il est trop tard, se disait-elle avec amertume; c'est autrefois que je devais parler, maintenant je suis forcée de me taire. Je ne peux plus sortir de l'abîme où j'ai été précipitée... J'avais prévu ce que me coûte aujourd'hui le silence que j'ai gardé; oui, je savais que mon cœur connaîtrait toutes les angoisses, toutes les douleurs, toutes les tortures! Après avoir tant souffert il faut que je souffre encore, que je souffre toujours! J'ai laissé s'accomplir le crime, je suis coupable. Ah! c'est alors que je devais me révolter contre l'oppression; ma faiblesse, la lâcheté m'ont faite la complice de ma mère et de mon frère... Dieu me punit! Mais s'il me fait souffrir ainsi, moi, quel effroyable châtiment réserve-t-il donc aux autres?...

C'est sur madame de Perny et Sosthène qu'elle faisait retomber sa colère. Elle ne prononçait leurs noms qu'avec un frémissement de terreur. Elle appelait sur eux, dans ses imprécations, toutes les malédictions du ciel, et elle jurait de ne les revoir jamais.

Ce qui existait au sujet des enfants aurait pu amener de la froideur et susciter des querelles entre la marquise et son mari. Il n'en était rien. Si, sur ce point, il n'y avait pas entre eux communauté de pensées et de sentiments, ils n'en restaient pas moins unis. Rien ne pouvait altérer leur mutuelle affection. L'amour qu'ils avaient l'un pour l'autre conservait toute sa puissance.

M. de Coulange, toujours empressé, généreux et bon, avait pour Mathilde la même sollicitude, les mêmes attentions, les mêmes prévenances. Il aurait considéré comme indigne de son caractère de lui adresser un reproche ou de lui faire seulement une observation.

Ils avaient chacun une plaie saignante au cœur. Et si Mathilde cachait soigneusement ses douleurs à son mari, le marquis ne mettait pas moins de soin à lui cacher les siennes.

En s'occupant exclusivement de son fils, M. de Coulange semblait vouloir justifier son indifférence pour sa fille. Mais s'il ne lui témoignait aucune affection, s'il refusait de la voir, s'il voulait qu'on la tînt éloignée de lui, c'était un parti pris, un système adopté. Il était uniquement dirigé par cette idée que Mathilde refusant sa tendresse à son fils, il devait à l'enfant, repoussé par la mère, réparation du tort qui lui était fait. Il se contraignait, se faisait violence pour imposer silence à son cœur, et ce n'était pas sans souffrir beaucoup qu'il donnait à son fils la part de tendresse paternelle qu'il devait à sa fille.

Si la marquise eût pu lire dans le cœur de son mari ou surprendre sa pensée, elle aurait découvert avec joie que sa froideur et son indifférence pour la petite Maximilienne n'existaient pas réellement.

Mais elle ne pouvait pas deviner les motifs de la conduite du marquis. Comme elle, il gardait son secret.

La marquise allait peu dans le monde. Les amusements si avidement recherchés par la plupart des femmes, étaient sans attraits pour elle. Les soins qu'elle donnait à sa fille étaient ses plus chères distractions. Elle voulait se consacrer entièrement à son devoir de mère.

Bien qu'elle eût sa loge à l'Opéra, c'est à peine si on la voyait au théâtre une ou deux fois par mois; et encore était-ce pour faire plaisir à son mari.

C'était également pour lui être agréable qu'elle consentait à assister avec lui à quelques-unes de ces fêtes mondaines où se donne rendez-vous l'élite de la haute société parisienne.

Du reste, malgré son grand amour pour la solitude, elle comprenait facilement que la fortune de son mari, sa position, son rang leur imposaient à tous les deux certaines obligations envers le monde. Ils ne cherchaient pas à agrandir le cercle de leurs relations intimes, mais ils conservaient leurs anciens amis.

Cela obligeait madame de Coulange à donner quelques dîners, suivis souvent d'un concert et d'une sauterie, et à rendre les visites qu'on lui faisait le jeudi, qui était son jour de réception.

— Mathilde, lui dit un jour le marquis, il y a plus d'un mois que tu n'es allée chez la comtesse de Germond, qui vient te voir régulièrement tous les jeudis, j'ai eu l'occasion de la rencontrer hier, et, tout en me disant qu'elle avait pour toi une grande amitié, elle ne m'a pas caché qu'elle était surprise de te voir si rarement chez elle.

— Madame de Germond reçoit le soir, répondit la marquise, et tu sais que je n'aime guère à sortir la nuit. Je n'ai qu'à me louer de la comtesse, qui s'est toujours montrée très-affectueuse pour moi, et je serais désolée de lui causer le moindre déplaisir. Si tu le veux, Édouard, nous irons chez elle ce soir.

— Cela me serait très-agréable ; malheureusement, j'ai un rendez-vous qui ne me permet pas de t'accompagner.

— Alors, nous ferons cette visite un autre jour.

— Pourquoi, puisque tu étais décidée à sortir ce soir, n'irais-tu pas seule chez madame de Germond?

— Est-ce que ton rendez-vous te retiendra longtemps?

— Je ne saurais le dire, peut-être jusqu'à minuit.

Après un moment de silence, la marquise reprit:

— Eh bien, j'irai ce soir chez madame de Germond. Si tu es libre de bonne heure, tu viendras me prendre ?
— Je te le promets.
— Je t'attendrai jusqu'à onze heures.
— C'est convenu.

Le soir, à neuf heures et demie, madame de Coulange entrait dans le salon de la comtesse de Germond où se trouvaient déjà réunies une quinzaine de personnes.

Après l'échange des compliments d'usage, la conversation reprit son cours et devint bientôt très-animée. D'une chose plus ou moins intéressante on passait rapidement à une autre.

Un grand jeune homme blond, très-répandu dans le monde où il recueillait avec soin les anecdotes gaies, les aventures piquantes et les petits faits scandaleux, se mit à raconter la chronique parisienne des jours précédents, en y mêlant avec infiniment de brio et d'esprit le mot drôle, l'épigramme et le trait mordant, ce qui fit rire ses auditeurs jusqu'aux larmes.

Ensuite on parla théâtre.

— Le théâtre est en pleine décadence, dit un vieux monsieur amoureux des classiques ; le grand art n'existe plus, le romantisme l'a tué. Il n'y a plus de Corneille, plus de Racine, et c'est à peine si l'on se souvient de Molière.

— Je ne suis pas de votre avis, répliqua un autre monsieur ; l'art ne peut pas mourir, il se transforme, voilà tout. C'est ce qu'a fait le romantisme, et, on peut le dire, avec succès. Quand une chose a vieilli on la change. Nos mœurs, nos habitudes et nos aspirations ne sont pas les mêmes qu'au siècle dernier. L'art ne peut pas rester en arrière du progrès dont il est la plus noble expression ; il doit, lui aussi, donner satisfaction aux exigences du public. Nous devons applaudir à toutes les innovations. Le drame a remplacé la tragédie, et la comédie moderne prend la place longtemps occupée par la comédie classique ; pour ma part, je ne vois pas que nous ayons à nous en plaindre. Mais cela ne nous empêche pas d'admirer dans leurs écrits les hommes de génie qui ont été et resteront la gloire de notre pays.

Ces paroles furent vivement applaudies.

— Il faut bien en convenir, dit une dame, la tragédie eu son temps, elle n'est plus de mode aujourd'hui.

— C'est une dépravation du goût, riposta le vieux monsieur, défenseur acharné du théâtre classique.

— Quelle est en ce moment la pièce à succès ? demanda une jeune femme en s'adressant au jeune homme blond.

— Un drame, madame la baronne, dont la première représentation a eu lieu la semaine dernière.

— A quel théâtre ?

— A la Gaîté.

— Et ce drame s'appelle ?

— La *Mendiante*. Il est dû à la collaboration de MM. Anicet Bourgeois et Michel Masson. Ce sont les auteurs de *Marceau* ou les *Enfants de la République*, drame militaire joué il y a quelques années et interdit depuis par la censure. Les deux célèbres dramaturges viennent de retrouver avec la *Mendiante* l'immense succès de *Marceau*. On applaudissait dans *Marceau* le patriotisme et les hautes vertus militaires. La *Mendiante* est un drame d'un genre tout différent ; mais chaque soir les artistes qui le jouent sont acclamés. C'est, à mon avis, la meilleure pièce qui ait été donnée depuis longtemps. Ce drame est pris dans la vie de famille : il est pathétique, poignant ; il exalte le dévouement et glorifie l'amour maternel; il fait vibrer toutes les cordes du cœur, et je vous préviens, mesdames, que, si vous allez le voir, vous n'aurez pas trop de quatre mouchoirs pour essuyer vos larmes. Je ne veux pas vous raconter ce drame, ce serait trop long; je vous engage à aller passer une soirée agréable au théâtre de la Gaîté. Comme moi, vous vous intéresserez à un pauvre enfant volé à ses parents par des saltimbanques de passage dans le pays.

— Alors un des personnages de cette pièce est un enfant volé ? interrogea la femme d'un ingénieur.

— Oui, madame, et c'est sur lui et sa mère, la mendiante, que repose tout l'intérêt du drame.

— Heureusement que c'est une fiction, dit une autre dame; je ne puis croire qu'il y ait des gens assez audacieux pour voler un enfant à ses parents.

— Et pourtant cela arrive, répondit le jeune homme blond; trop souvent les journaux rapportent un de ces faits.

— Oh! le papier laisse écrire ce qu'on veut, fit la dame incrédule.

— Je ne sais pas s'il faut croire tout ce que disent les journaux, reprit la femme de l'ingénieur, mais je puis affirmer qu'il y a des voleurs d'enfants. Il y a quelques années de cela, à Asnières, un enfant, un petit garçon, a été volé à sa mère quelques heures seulement après sa naissance.

Jusque-là, la marquise de Coulange ne s'était pas beaucoup intéressée à la conversation. En entendant ces dernières paroles, elle tressaillit et se redressa brusquement.

— Je ne sais pas si vous êtes comme moi, mesdames, dit elle d'une voix émue, ce que madame vient de dire excite vivement ma curiosité.

— Et la nôtre aussi, dirent plusieurs dames.

— En ce cas, reprit la comtesse de Germond, madame Wendel ne refusera pas de nous raconter dans quelles circonstances a eu lieu l'enlèvement de l'enfant dont elle vient de nous parler.

— Je ne demande pas mieux, répondit la femme de l'ingénieur; mais je dois vous prévenir que je raconterai fort mal.

— Ces messieurs vous tiendront compte de votre modestie, répliqua gracieusement la comtesse.

— On écoute toujours avec plaisir une histoire vraie, ajouta le vieux monsieur, en ajustant ses lunettes sur son nez.

Tous les yeux se fixèrent sur madame Wendel.

La marquise de Coulange tendit avidement l'oreille.

XVI

LE RÉCIT

Voyant que tout le monde était prêt à l'écouter, madame Wendel prit la parole en ces termes :

— A cette époque nous avions à Asnières une maison que mon mari avait fait construire et qu'il a vendue depuis. Je l'ai un peu regretté, car Asnières est un séjour très-agréable l'été, et je m'y trouvais bien avec mes enfants.

C'est donc tout près de moi et pour ainsi dire sous mes yeux que s'est accompli le fait que je vais vous raconter.

Dans une maison de la rue Vieille-d'Argenteuil, bâtie

au milieu d'un petit jardin entouré de murs, demeuraient deux femmes. Elles ne recevaient personne et vivaient tellement retirées qu'on ne voyait jamais la plus jeune, qui passait pour être la fille ou la nièce de l'autre. Celle-ci se faisait appeler madame Trélat. La maison avait été louée à son nom, par un inconnu, pour les six mois d'été. Jusqu'ici rien d'intéressant, comme vous le voyez. Chacun vit à sa guise, et je suis persuadée qu'on ne s'occupait guère, à Asnières, de l'existence mystérieuse de ces deux femmes.

Un matin, après avoir fait son marché, ma domestique rentra toute bouleversée.

— Qu'avez-vous donc ? lui demandai-je.

— Ah! madame, c'est épouvantable, me répondit-elle ; la nuit dernière on a volé un enfant, un tout petit enfant, qui venait de naître. Il y a plus de trois cents personnes rue Vieille-d'Argenteuil, devant la maison où la chose s'est passée. C'est comme s'il y avait une émeute dans la ville. On a prévenu le commissaire de police. Il paraît que la mère de l'enfant va mourir.

Toute la journée et pendant plusieurs jours on ne parla à Asnières que de cet étrange évènement. Je n'eus qu'à écouter ce qui se disait autour de moi pour être parfaitement renseignée.

Or, voici ce qui s'était passé :

La veille, la dame Trélat était allée chercher une sage-femme et l'avait amenée rue Vieille-d'Argenteuil, en lui disant qu'elle avait besoin de ses services pour sa nièce qui était au moment d'accoucher. C'était probablement a première fois qu'une personne étrangère pénétrait dans la chambre de la jeune fille. Bref, elle mit au monde un petit garçon gros, gras, bien portant, un enfant superbe, au dire de la sage-femme.

Le lendemain, celle-ci revint pour donner ses soins à l'enfant et à la jeune mère.

Elle trouva la porte fermée et commençait à s'étonner de ce qu'on ne lui répondait point, lorsque tout à coup des cris déchirants et désespérés retentirent dans la maison. Elle comprit qu'un malheur était arrivé, et, comme il lui était impossible d'ouvrir la porte, elle appela au secours. Plusieurs personnes accoururent à son appel. Celles-ci trouvèrent une autre porte qui, heureusement, n'était pas fermée, et on se précipita dans la maison. On trouva la jeune mère étendue sur le parquet, sans mouvement, raide. On s'empressa de la relever et de la coucher dans son lit. Quant à l'enfant, il avait disparu.

La sage-femme envoya chercher un médecin, et on courut prévenir le commissaire de police.

Après un certain temps et avec beaucoup de peine on parvint à ranimer la pauvre mère. Mais elle ne put répondre à aucune des questions qui lui furent adressées, car elle était en proie à un affreux délire.

— Qu'a-t-on fait de mon enfant? Rendez-moi mon enfant! criait-elle à chaque instant.

En recueillant d'autres paroles incohérentes qu'elle prononça dans son délire, on apprit qu'elle n'était ni la fille, ni la nièce de la femme avec laquelle elle demeurait et qu'elle n'était pas mariée, comme la sage-femme le croyait. Malheureusement, elle ne put dire ni qui elle était ni d'où elle venait.

Le commissaire de police constata qu'avant de quitter la maison en emportant l'enfant, la dame Trélat avait préalablement enlevé ou fait enlever tous les objets qui lui appartenaient. Cette femme avait naturellement pris toutes ses précautions pour échapper aux recherches de la justice. En effet, la justice ne put rien découvrir. Il est probable que cette affaire est restée un mystère.

Il résulta de l'enquête du commissaire que le vol de l'enfant avait été longuement prémédité; que c'était dans ce but seulement qu'on avait amené la jeune fille à Asnières, qu'on l'avait isolée et tenue en quelque sorte prisonnière.

Pourquoi a-t-on pris l'enfant à sa mère? Qu'en a-t-on fait? Tout le monde se fit ces questions impossibles à résoudre. On dut s'en tenir à des conjectures plus ou moins vraisemblables.

La marquise écoutait evec une agitation croissante.

Madame Wendel continua :

— C'est dans la nuit de l'accouchement, entre neuf et dix heures du soir, que la dame Trélat enleva l'enfant, pendant que la jeune mère dormait. Quel affreux réveil le lendemain quand, ayant ouvert les yeux, elle voulut voir son cher bébé et ne le trouva plus dans le petit berceau où on l'avait couché la veille!

— Oh! c'est horrible! s'écria une dame.

— La sage-femme s'était retirée vers neuf heures, poursuivit madame Wendel, sans que rien dans les allures de la dame Trélat ait pu lui faire soupçonner le crime qu'elle allait commettre. Un homme d'Asnières raconta qu'il avait vu une voiture de maître, attelée de deux chevaux superbes, stationnant sur le chemin au bord de la Seine, et que, un peu avant dix heures, une femme assez grande, vêtue de noir, qui portait une espèce de paquet dans ses bras, était arrivée en courant près de la voiture dans laquelle elle s'était jetée précipitamment. Aussitôt, le cocher, qui était resté sur son siége, avait fouetté ses chevaux et ils étaient partis, rapides comme le vent, dans la direction de Paris.

On ne douta pas que la femme vêtue de noir ne fût la voleuse d'enfant, et on eut le droit de supposer qu'elle avait eu un ou plusieurs complices. On pensa également qu'elle n'avait été qu'un instrument docile au service de gens riches, qui avaient intérêt à enlever l'enfant à sa mère et à le faire disparaître.

Mais, comme je vous l'ai déjà dit, on ne put faire que des suppositions, car toutes les recherches auxquelles se livra la police restèrent sans résultat.

— Est-ce que la mère n'a donné aucun renseignement? demanda-t-on.

— Aucun, ni sur elle, ni sur la femme avec laquelle elle demeurait.

Madame de Coulange était très-émue, et c'est avec beaucoup de peine qu'elle parvenait à se contenir et à cacher son trouble. On comprend quelles devaient être ses pensées en entendant cette histoire d'un enfant volé et avec quelle attention elle avait écouté. Chaque phrase, chaque mot avait eu dans son cœur un écho douloureux. Une voix intérieure lui disait : « C'est toi seule que ce récit intéresse ; écoute, écoute bien ! Il s'agit de l'enfant qu'on a introduit frauduleusement dans ta maison. » Quelle révélation imprévue !

Elle se souvenait que la femme qui avait apporté l'enfant à Coulange, et qui, pendant quatre ou cinq jours, avait joué au château le rôle de sage-femme, était grande et habillée de noir ; elle se rappelait parfaitement aussi que cette femme et l'enfant avaient été amenés par son frère dans une voiture attelée de deux chevaux appartenant au marquis de Coulange.

Avait-elle besoin d'autres preuves pour acquérir la certitude que l'enfant volé à Asnières était bien le même que celui qui passait pour être son fils et le fils du marquis ?

— J'ai interrogé la femme au sujet de l'enfant, se dit-elle, elle m'a répondu, mais elle m'a menti ! Cela se comprend, elle s'est bien gardée de me dire la vérité, la misérable !

Cependant, bien qu'elle fût à peu près certaine d'avoir des preuves évidentes, en faisant ressortir du récit de madame Wendel ce qui se rattachait à ses souvenirs, la marquise crut devoir adresser quelques questions à la femme de l'ingénieur, afin qu'il ne pût rester aucun doute dans son esprit.

— Ce que vous venez de nous raconter, madame, est véritablement bien triste, lui dit-elle. On est forcé de s'intéresser vivement à cette pauvre mère, qui a été victime d'une telle infamie... Quelle qu'elle soit, serait-elle la plus indigne de ces malheureuses filles, dont on n'ose prononcer le nom, elle est tout à fait digne de compassion, et je la plains de tout mon cœur.

— Cette malheureuse, madame la marquise, répondit madame Wendel, a été à Asnières l'objet de la sympathie générale, et elle méritait, paraît-il, le grand intérêt que tout le monde lui témoignait. Je n'ai pas eu la curiosité d'aller la voir, mais j'ai su par le médecin et la sage-femme qui l'ont soignée, qu'elle était remarquablement jolie et paraissait très-distinguée. Selon leur appréciation, elle devait appartenir à une bonne famille et avait dû recevoir une excellente éducation. J'ai aussi entendu dire à Asnières qu'elle était musicienne et qu'elle jouait du piano d'une façon admirable.

— Elle devait avoir, naturellement, des sentiments élevés ; alors elle est doublement à plaindre, répliqua la marquise, dont l'émotion augmenta encore.

— Oui, ajouta la comtesse, car elle a dû souffrir plus cruellement qu'une autre.

— Y a-t-il longtemps que ce vol d'enfant a eu lieu ? demanda la marquise.

— Attendez, je vais me rappeler facilement ; c'était la deuxième année que je passais l'été à Asnières. Oui, c'est bien cela, en 1853, au mois d'août.

— Au mois d'août, répéta tout bas la marquise.

— Il y a donc, par conséquent, six ans et demi de cela, reprit madame Wendel. Je puis même vous dire que c'est le 19, dans la nuit, que l'enfant a été volé.

La marquise ne put s'empêcher de tressaillir. Cette fois, elle ne pouvait plus douter. En effet, c'était le 20 août 1853 que l'enfant avait été apporté au château de Coulange. Elle n'avait jamais oublié cette date, qui marquait une des effroyables douleurs de sa vie.

— Pour qu'il ne vous semble pas surprenant que j'aie une aussi bonne mémoire, continua madame Wendel, je m'empresse de vous dire que mon mari s'appelle Bernard, que la Saint-Bernard tombe le 20 août, et que chaque année, le 19, il y a chez nous une petite fête de famille.

La marquise était devenue très-pâle. La tête baissée et les yeux à demi fermés, elle réfléchissait. Pour un instant, elle oubliait son malheur et elle pensait aux souffrances qu'avait dû éprouver la pauvre mère d'Asnières, qui était, comme elle, une victime de son misérable frère.

Depuis un instant, madame de Germond regardait la marquise avec inquiétude. Elle se leva, s'approcha d'elle, et lui dit tout bas d'un ton affectueux :

— Ma chère marquise, est-ce que vous vous sentez indisposée ?

— Nullement, répondit madame de Coulange.

— Je vous ai vue pâlir, cela m'a effrayée.

— Ah ! je suis pâle ? fit la marquise avec un sourire plein de tristesse.

Aussitôt le rose reparut sur ses joues.

— Vous ne l'êtes plus, répondit la comtesse ; voilà vos fraîches couleurs revenues.

La marquise ébaucha un nouveau sourire.

— Ce que vient de nous raconter madame Wendel m'a vivement impressionnée, dit-elle.

— Et c'est ce qui vous a attristée ; je sais combien vous êtes sensible ; votre bon cœur prend toujours part aux douleurs des autres.

La marquise jeta un coup d'œil sur la pendule.

— Est-ce que vous songez déjà à nous quitter ? lui demanda la comtesse.

— M. de Coulange m'a dit, sans me le promettre positivement, qu'il viendrait me prendre avant onze heures ; si à onze heures il n'est pas arrivé, je me retirerai. Mais je veux vous dire tout de suite que je suis très-heureuse d'être venue vous voir ce soir.

Elle reprit en élevant la voix :

— Il me semble que madame Wendel oublie de nous faire connaître la fin de son intéressant récit.

— J'ai tout dit, madame la marquise, répondit la femme de l'ingénieur.

— Et la mère de l'enfant ? Vous ne nous avez pas appris ce qu'elle est devenue.

— C'est vrai, fit madame de Germond, vous ne nous avez pas dit cela.

— Et pour cause, madame la comtesse ; je l'ignore absolument.

— Ah ! la pauvre mère ! s'écria la marquise d'une voix tremblante, elle est morte, peut-être ?

— C'est ce que m'ont dit, mais sans pouvoir l'affirmer,

quelques personnes d'Asnières. Je vais vous apprendre, d'ailleurs, tout ce que je sais concernant cette malheureuse jeune femme.

Quand, en se réveillant le matin, elle découvrit que la femme chez laquelle elle demeurait avait disparu avec son enfant, elle se mit à pousser, comme je vous l'ai dit, des cris désespérés et elle tomba sur le parquet où on la trouva, quelques instants après, ne donnant plus signe de vie.

La pauvre enfant avait été frappée d'un coup terrible qui, dans sa position, pouvait être mortel. Heureusement, les soins ne lui manquèrent point. Pendant plusieurs semaines, elle fut dans un état désespéré. Chaque jour, à Asnières, on s'attendait à apprendre sa mort. Enfin, elle guérit. Peut-être eût-il mieux valu qu'elle mourût. Le médecin constata qu'elle avait complètement perdu la mémoire. La malheureuse était folle !

— Folle ! soupira la marquise.

Et elle voila son visage de ses mains.

— Hélas ! oui, reprit madame Wendel, elle était folle !... Voilà pourquoi elle ne put fournir aucun renseignement à la justice sur la femme qui lui avait volé son enfant et sur les moyens qu'on avait employés pour l'amener dans la maison d'Asnières.

Comment se nommait-elle ?... Avait-elle une famille, des parents ? Était-elle née à Paris ? Quel était son passé ? Comment avait-elle été séduite ? Il fut impossible de le savoir.

Un jour, on la fit monter dans une voiture et on l'emmena. Depuis on n'a plus entendu parler d'elle à Asnières. Évidemment on l'a enfermée dans une maison d'aliénées.

Maintenant, est-elle toujours dans un hospice, condamnée à vivre privée de sa raison, ou bien est-elle morte, comme quelques personnes le prétendent ? Voilà ce que je ne saurais dire.

La marquise éprouvait un horrible malaise. Elle sentait son cœur se serrer et sa poitrine se gonflait de sanglots prêts à éclater. Et devant le monde elle était forcée de se contenir, de refouler les larmes qui lui venaient aux yeux et les sanglots qui montaient à sa gorge.

La conversation continuait. On parlait maintenant d'une chose et d'une autre ; mais la marquise n'écoutait plus. A chaque instant ses yeux se tournaient vers la pendule. Si on l'eût observée un peu attentivement, on aurait vite remarqué qu'elle était contrainte, impatiente, inquiète, fiévreuse. Et c'est là ce qu'elle redoutait, car elle sentait qu'à la moindre question qui lui serait adressée elle ne pourrait plus retenir ses larmes.

Enfin, la pendule sonna onze heures. Elle se leva et sortit du salon. Elle était délivrée de son embarras pénible. Elle poussa un long soupir et respira avec force. Elle se trouva un peu soulagée.

Madame de Germond vint la rejoindre et elles s'embrassèrent avant de se séparer. La marquise descendit rapidement l'escalier. Dans la rue, devant la maison, elle trouva sa voiture qui l'attendait. Dès que le valet de pied eut refermé la portière, elle se mit à pleurer à chaudes larmes.

XVII

LES SURPRISES

La marquise s'était blottie et se cachait pour ainsi dire dans un coin du coupé, comme si elle eût craint de montrer sa douleur à quelque regard indiscret.

Toutes sortes de pensées se croisaient, se heurtaient tumultueusement dans son cerveau. En ouvrant son cœur à une pitié profonde pour la mère, elle avait senti que déjà sa haine pour l'enfant diminuait.

— Je ne l'aimerai jamais, se disait-elle, c'est impossible ; mais, après ce que je viens d'apprendre, je n'ai plus le droit de le haïr. Il est innocent, innocent comme sa pauvre mère, et ce n'est pas à lui de porter la peine des coupables. Qui sait ? S'il apprend un jour qu'il est étranger à la famille de Coulange, peut-être trouvera-t-il qu'on n'aura pas assez fait pour lui après l'avoir enlevé à la tendresse de sa mère. Pour un enfant, rien au monde ne vaut l'amour maternel !

Et en pensant que la mort pouvait la séparer de sa fille, elle sentait un frisson courir dans ses membres.

— Ainsi, continua-t-elle, cet enfant n'a pas été ramassé près d'une borne, au coin d'une rue ; ce n'est pas un pauvre petit abandonné ; il n'a pas été livré, vendu par une mère sans entrailles, comme je le croyais... Ah ! je suis heureuse d'être délivrée de cette mauvaise pensée ! Ils ont trouvé une jeune fille séduite par un de ces misérables qui sacrifient tout à leurs passions, qui se font un jeu des larmes et des souffrances et pour lesquels la femme n'est qu'un hochet, un instrument de plaisir. Honteuse, désolée, elle s'était probablement enfuie de la maison de ses parents pour leur cacher sa faute et se soustraire à leur colère. Quelles promesses lui ont-ils faites pour l'attirer dans le piège qu'ils lui tendaient? Ils l'ont amenée à Asnières et là ils l'ont emprisonnée. Ils avaient peur que leur victime ne leur échappât. Et ils lui ont volé son enfant! volé!...

Et Dieu, qui voit tout, Dieu, qui protège les innocents, défend les faibles, qui tient en sa main le tonnerre qui foudroie les scélérats, le Dieu de justice a laissé s'accomplir cette infamie!...

Les misérables, les lâches! leur crime est doublement monstrueux!... Oh! la pauvre mère! Il me semble que je la vois affolée devant le berceau vide de son cher petit, et que je suis témoin de son épouvantable désespoir! Car elle l'aimait son enfant, elle l'aimait... Mais, pour le but qu'ils voulaient atteindre, il leur fallait cet enfant. Et ils ont été sans pitié pour la pauvre mère! Elle! allons donc, est-ce qu'ils ont compris que c'était son sang, que c'était sa vie qu'ils lui arrachaient? Ont-ils seulement pensé à ce qu'elle deviendrait? Une femme, une mère, qu'est-ce que c'est que cela pour certaines gens? Rien. Nous t'avons volé ce que tu as de plus cher et de plus précieux, ton enfant, qui nous est nécessaire pour commettre un autre crime; maintenant, meurs si tu veux! Et la malheureuse est devenue folle... Et si Dieu n'a pas eu pitié d'elle en lui reprenant la triste existence qu'il lui avait donnée, elle est encore aujourd'hui dans une maison de fous!...

Eh bien, oui, s'écria-t-elle, je suis contente de savoir tout cela! J'ai été bien inspirée en me rendant ce soir chez la comtesse. Oui, je suis contente d'avoir appris ces affreuses choses. C'est une nouvelle souffrance ajoutée à tant d'autres. N'importe ! Je sais enfin d'où vient l'enfant, je sais que sa mère n'est pas une créature méprisable. Maintenant, en pensant à la pauvre mère, je serai meilleure pour son enfant !

La marquise fut interrompue par la voix du cocher qui criait :

— La porte !

Un instant après, la voiture entra dans la cour de l'hôtel et alla s'arrêter au bas du perron. Le valet de pied sauta lestement à bas de son siège et ouvrit la portière.

La marquise mit pied à terre en achevant de faire disparaître la trace de ses larmes.

Elle monta les marches de pierre et entra dans la maison, dont la porte venait de s'ouvrir devant elle.

Dans l'antichambre elle trouva sa femme de chambre et Firmin.

Elle se débarrassa de son chapeau et de son manteau de velours, qu'elle remit à la femme de chambre, en lui disant :

— Allez m'attendre chez moi.

La femme de chambre prit le flambeau qu'elle venait d'allumer pour éclairer sa maîtresse et sortit aussitôt.

Alors la marquise se tourna vers le vieux domestique :

— Firmin, votre maître est-il rentré ? lui demanda-t-elle.

— Pas encore, madame la marquise. Du reste, ajouta-t-il en montrant la pendule, il n'est que onze heures vingt.

La marquise sortit de l'antichambre par la porte opposée à celle qui conduisait à son appartement. Elle traversa trois pièces sans s'arrêter et entra dans une quatrième où une femme lisait, assise devant un feu qui achevait de s'éteindre.

Cette femme était la gouvernante du petit Eugène.

En voyant la marquise, elle laissa échapper un cri de surprise et se leva précipitamment.

Elle pouvait être étonnée, en effet, car c'était la première fois que madame de Coulange entrait dans sa chambre.

— Vous veillez bien tard, lui dit la marquise avec bonté.

— Je ne me couche jamais avant que M. le marquis ne soit rentré, répondit la gouvernante.

— Ah! Et pourquoi cela?

— Parce que M. le marquis ne manque jamais, en rentrant, de venir embrasser son fils...

Le cœur de la marquise se serra douloureusement.

— Et jamais il n'embrasse sa fille, se dit-elle en soupirant.

Elle passa rapidement sa main sur son front comme pour chasser ses tristes pensées.

— Je sais, reprit-elle, que vous avez une grande affection pour l'enfant qui vous est confié et que vous veillez sur lui avec beaucoup de sollicitude, c'est bien. Je suis heureuse de pouvoir vous témoigner ma satisfaction et de vous dire que nous ne serons pas ingrats envers vous.

— Mon Dieu, madame la marquise, je ne fais que mon devoir et vos éloges me rendent confuse.

— Ces éloges, vous les méritez, vous pouvez donc les accepter.

Elle fit deux pas en avant et, de la main, montrant une porte :

— C'est la chambre de l'enfant ? demanda-t-elle.
— Oui, madame la marquise.
— Il est couché, il dort ?
— Oui, madame la marquise, il dort.
— Y a-t-il de la lumière dans la chambre ?
— Non, madame la marquise. Est-ce que madame la marquise désire...
— Soyez assez bonne pour m'allumer une bougie...

Quand la bougie fut allumée, la marquise prit le bougeoir des mains de la gouvernante et marcha vers la porte de la chambre de l'enfant.

— Restez, je désire être seule, dit-elle à la gouvernante, qui se disposait à la suivre.

Elle entra dans la chambre et referma la porte.

— Ah ! fit la gouvernante ébahie ; elle vient le voir, elle vient le voir, elle va peut-être l'embrasser ; c'est donc un miracle qu'a fait le bon Dieu ?

Et elle restait immobile au milieu de la chambre, les bras tendus en avant et les yeux grands ouverts fixés sur la porte. La joie rayonnait sur son front.

C'est dans cette attitude que le marquis de Coulange la surprit.

— Eh bien, que faites-vous donc ainsi ? lui dit-il.
— Chut ! fit-elle à voix basse ; parlez tout bas, monsieur le marquis.

Le marquis s'approcha d'elle vivement.

— Est-ce que mon fils est malade ? demanda-t-il avec inquiétude, en baissant la voix.
— Non, monsieur le marquis, rassurez-vous.
— Alors, expliquez-vous. Pourquoi ces airs mystérieux ? Que se passe-t-il ?
— Elle est là.
— Qui ça, elle ?

— Madame la marquise !

— Hein ! fit M. de Coulange, qui crut avoir mal entendu. Voyons, reprit-il, êtes-vous bien éveillée ? Est-ce que vous ne rêvez pas ?

— Je suis bien éveillée, monsieur le marquis ; oui, madame la marquise est en ce moment près de son fils.

Le marquis se redressa, les yeux étincelants de joie.

— Ne bougez pas, dit-il à la gouvernante.

Il entr'ouvrit doucement la porte de la chambre de l'enfant et, immobile sur le seuil, il avança curieusement la tête pour voir ce qui se passait.

La marquise avait posé le bougeoir sur un guéridon, de façon à mettre en pleine lumière le visage de l'enfant endormi. Debout, près du lit, la tête inclinée, la jeune femme contemplait la charmante figure de l'enfant, dont le rose des joues ressortait vigoureusement sur la blancheur de l'oreiller.

La marquise tournant le dos à la porte, M. de Coulange ne pouvait voir son visage ; mais, au bruit de sa respiration entrecoupée de soupirs, il comprit qu'elle était très-émue et qu'elle pleurait.

— Comme il est beau ! se disait mentalement la marquise, il ressemble sans doute à sa pauvre mère ; il a le sommeil tranquille de l'innocence. Ce doit être un rêve, comme en font les anges, qui met sur ses lèvres purpurines ce doux et gracieux sourire. Si jeune, il a déjà la bonté qui vient du cœur. Quand je ne ferme pas l'oreille aux paroles qu'on prononce autour de moi, c'est toujours son éloge que j'entends. M. de Coulange l'élève ; il veut faire de lui un homme digne du nom qu'il porte déjà. On ne parle que de son amabilité, de ses gentillesses, on vante sa précoce intelligence. Ici, tout le monde l'aime, tout le monde, excepté moi... Eh bien, pauvre innocent, en souvenir de ta malheureuse mère, j'essayerai de t'aimer, oui, j'essayerai... Un crime t'a fait mon fils, l'héritier de la maison de Coulange, soit ; aujourd'hui je t'accepte, tu cesses d'être un étranger pour moi, je ne te chasserai pas !...

Elle se pencha davantage sur l'enfant, et bien doucement, craignant sans doute de le réveiller, elle lui mit un baiser sur le front.

Le marquis entendit le bruit du baiser, et il éprouva un saisissement de joie ineffable.

La jeune femme reprit assez haut, cette fois, pour que M. de Coulange pût l'entendre...

— Pauvre petit, pardonne-moi ; j'ai été bien injuste envers toi, pardonne-moi !

Le marquis avait vu et suffisamment entendu.

Il retira sa tête de l'ouverture et referma la porte sans bruit.

Il s'approcha de la gouvernante et lui dit tout bas :

— Madame la marquise va sortir dans un instant, vous ne lui direz pas que je suis venu ici ce soir.

— Je serai muette, monsieur le marquis, répondit-elle.

M. de Coulange sortit précipitamment de la chambre.

Après être restée un moment silencieuse, les yeux toujours fixés sur le visage de l'enfant, la marquise joignit les mains, et, levant son regard vers le ciel :

— Et toi, pauvre mère, dit-elle tristement, toi, qui es aussi une innocente victime des méchants, si tu n'es plus de ce monde où tu as tant souffert, et si Dieu permet à ton âme de voir et d'entendre, reçois le serment que je te fais de ne tenter jamais rien contre le bonheur de ton enfant. Je te promets de ne plus le repousser, et, si cela m'est possible, de l'aimer !

Mon Dieu, continua-t-elle d'une voix tremblante, donnez-moi la force de ne plus regarder cet enfant avec colère, afin que je puisse réparer, autant que je le pourrai, le mal que les miens ont fait à sa mère !

Ses yeux se fixèrent de nouveau sur le visage de l'enfant.

— Dors, pauvre petit, dors, murmura-t-elle, que ton sommeil soit toujours aussi calme et que toujours ton réveil soit heureux ! Va, qu'elle soit vivante ou qu'elle soit au ciel, dernier refuge des malheureux, ta mère veille sur toi et te protége !

Elle passa rapidement son mouchoir sur ses yeux et son visage, prit le bougeoir et se retira en marchant à petits pas.

Ne trouvant pas autre chose :

— Je vous fais mes compliments, dit-elle à la gouvernante, la petite chambre est propre et fort bien tenue. Continuez, comme par le passé, à avoir bien soin de l'enfant.

— S'est-il réveillé, madame la marquise ?

— Non, il n'a pas ouvert les yeux ; du reste, j'ai marché doucement et n'ai fait aucun bruit. Monsieur le marquis ne tardera pas à rentrer, il est inutile de lui dire que vous m'avez vue.

La gouvernante s'inclina respectueusement, cachant ainsi le sourire qu'elle avait sur les lèvres.

La marquise s'en alla.

— Ils sont comme deux enfants, murmura la gouvernante ; on dirait vraiment qu'ils jouent à cache-cache.

XVIII

SCÈNES INTIMES

Comme le petit garçon, la petite Maximilienne de Coulange était confiée aux soins d'une gouvernante à laquelle il était expressément recommandé de ne pas la quitter d'une seconde en l'absence de sa mère.

La petite fille et sa gouvernante couchaient toutes deux dans une chambre contiguë à celle de la marquise.

Avant de songer au repos dont elle avait grand besoin, après les émotions successives qu'elle venait d'éprouver, la jeune femme voulut voir sa fille et l'embrasser. Elle entra dans la chambre de l'enfant, faiblement éclairée par la lueur pâle d'une veilleuse.

La gouvernante dormait profondément.

Marchant sur la pointe des pieds, un peu courbée, allongeant le cou, la marquise s'approcha du lit de la petite fille, et, doucement, elle écarta les rideaux de dentelle, avide de contempler le doux visage de l'ange endormi.

Aussitôt elle se redressa, les yeux hagards, et fit un pas en arrière comme si elle eût été frappée d'épouvante.

La petite fille n'était pas dans son lit.

La marquise voulut crier; mais son saisissement était si grand, qu'aucun son ne put sortir de sa gorge étranglée.

En une seconde elle se rappela tout ce qui avait été dit,

le soir, chez la comtesse de Germond. Et cette horrible idée, qu'on pouvait avoir profité de son absence pour lui voler son enfant, traversa sa pensée comme un éclair.

Elle s'élança vers le lit de la gouvernante, la saisit par le bras et la secoua avec une extrême violence.

La femme, réveillée en sursaut, ouvrit les yeux, se dressa sur son lit, haletante, effarée, et se mit à regarder sa maîtresse d'un air stupide.

La marquise retrouva sa voix un instant paralysée.

— Ma fille, où est ma fille? demanda-t-elle sourdement.

— L'enfant? balbutia la pauvre femme, en se frottant les yeux; mais... mais... je ne sais pas.

— Malheureuse, malheureuse! s'écria la marquise; c'est donc ainsi que vous avez veillé sur mon enfant!

Et, tournant subitement le dos à la femme, affolée, incapable de raisonner, elle se précipita vers le cordon d'une sonnette.

Mais, au moment où sa main allait le saisir, un petit éclat de rire argentin frappa tout à coup son oreille.

C'est de sa chambre que sortait le rire, et elle reconnut la voix de sa fille.

— Ah! ah! ah! fit-elle.

Et elle poussa un long soupir de soulagement.

Cependant, il lui fallut un peu de temps pour se remettre de son trouble.

— Pourquoi cette affreuse pensée m'est-elle venue? J'étais folle! murmura-t-elle.

La petite Maximilienne devait être bien joyeuse, car elle continuait à rire de tout son cœur.

— Je regrette de vous avoir réveillée, vous pouvez vous recoucher, dit la marquise à la gouvernante, qui venait de sauter à bas de son lit.

En achevant ces mots elle ouvrit la porte de sa chambre.

Alors un tableau charmant, à la fois délicieux et touchant, s'offrit à ses yeux ravis.

Assis dans un fauteuil, le corps en arrière, le marquis tenait la petite Maximilienne et la faisait danser sur ses genoux.

L'enfant s'amusait beaucoup à ce jeu tout nouveau pour elle. En quelques minutes elle s'était apprivoisée avec son père. Elle lui tirait la barbe, l'adorable lutin, et son contentement se manifestait par de joyeux éclats de rire.

Si le marquis cessait un instant de la faire danser pour se donner le plaisir de mettre un baiser sur son front et embrasser ses petits bras roses, la mignonnette lui disait aussitôt :

— Papa, encore, encore !

Et le marquis, obéissant, se remettait à faire sauter le lutin, qui recommençait à rire et à lui tirer la barbe.

La surprise, le bonheur, la plus grande joie qu'elle eût éprouvée de sa vie, firent pousser à la marquise un cri qui sortait de son cœur.

Après la peur qu'elle venait d'avoir, quelle indicible ivresse !

Au cri poussé par sa mère, l'enfant tourna vivement la tête et cria :

— Maman ! maman !

La jeune femme ne put contenir son émotion plus longtemps. Un sanglot s'échappa de sa poitrine. Elle s'avança, tomba à genoux devant son mari, et, tournant vers lui ses beaux yeux noyés de larmes :

— Ah ! Édouard, Édouard ! s'écria-t-elle.

— Mathilde, dit le marquis avec un sourire intraduisible, tu viens d'embrasser notre fils, moi j'embrasse notre fille !

— Édouard, tu l'aimes donc, ta fille ! tu l'aimes donc ! exclama-t-elle.

— Ne le vois-tu pas ? Oui, je l'aime ! Voyons, est-ce que tu as cru réellement que je ne l'aimais pas ?

— Oui, je l'ai cru, je le croyais.

— Mathilde, reprit le marquis avec douceur, je t'imitais ; voyant que tu donnais à ta fille toute ta tendresse, que ton fils n'existait pas pour toi, je feignais d'être indifférent et froid pour cette chère petite et d'aimer uniquement notre autre enfant. Repoussé par toi, sevré de tes caresses, je voulais, autant que possible, réparer ton injustice envers lui. Je voulais surtout te faire juger par ma conduite combien la tienne était singulière, et te faire comprendre qu'une mère doit aimer également ses enfants.

J'ai longtemps attendu, mais n'importe, puisque j'ai réussi. Bien des fois, ne sachant plus que penser, irrité contre moi-même, j'ai été sur le point de sortir de ma réserve, et de provoquer entre nous une explication sérieuse. Mais toujours je me disais : Non, attendons encore ; une affection ne s'impose pas ; il faut que Mathilde arrive d'elle-même à reconnaître ses torts. Va, je ne te dirai pas ce que m'a coûté le silence que j'ai gardé, ce que j'ai souffert d'être obligé de me contraindre et de réprimer à chaque instant les élans de mon cœur.

Ce soir, en une minute, j'ai oublié tout cela. Maintenant, il n'y a plus en moi que de l'allégresse.

Le marquis avait entouré de ses bras sa femme et sa fille, et il les tenait toutes deux serrées contre son cœur.

Ils formaient ainsi un groupe ravissant.

21.

— Tout à l'heure, continua le marquis, pendant que tu étais près de notre fils, j'ai entr'ouvert la porte de sa chambre. Je t'ai vue l'embrasser et ensuite tu as dit : « Pauvre petit, j'ai été bien injuste envers toi, pardonne-moi ! »

Alors, je m'éloignai sans bruit, le cœur inondé de joie, pour aller à mon tour embrasser ma fille.

Elle se réveilla, me sourit et me tendit ses petits bras. Je l'enlevai de son lit et je l'apportai ici, dans ta chambre, jouissant d'avance de la surprise que je te préparais.

— Oh ! une douce et heureuse surprise ! murmura la marquise.

— Ainsi, tu es contente ?

— Oui, mon ami, contente, heureuse, autant que je peux l'être.

— Je n'oublierai jamais ce doux instant, qui ramène autour de nous bien des joies disparues. Un nuage sombre obscurcissait notre ciel, un double baiser vient de le faire disparaître, et j'espère que, désormais, rien ne pourra plus troubler notre bonheur. Maintenant, Mathilde, nous allons être mieux unis encore, car nous aurons les mêmes pensées ; nous allons vivre l'un et l'autre pour nos deux enfants.

— Oui, pour nos deux enfants, répéta la marquise.

— Je sens que notre chère petite Maximilienne t'appartiendra toujours plus qu'à moi ; mais je te promets de ne pas être jaloux. Si tu t'aperçois que, de mon côté, je m'occupe un peu plus de mon fils que de ma fille, il ne faudra pas que cela te porte ombrage. Élever nos enfants, diriger leurs premiers pas dans la vie, ennoblir leurs sentiments en vue de l'avenir que nous leur préparerons est une tâche assez lourde, nous en prendrons chacun notre part. Je te laisserai le soin d'élever notre fille et je me chargerai de l'éducation de notre fils. Je l'ai déjà commencée, bien qu'il ne soit encore qu'un enfant, et je n'ai qu'à me louer de sa docilité. J'ai la conviction qu'il deviendra un homme digne de ses ancêtres et du nom qu'il porte.

La marquise ne répondit pas.

— Il paraît que mademoiselle Maximilienne ne s'est guère intéressée à notre conversation, reprit le marquis d'un ton joyeux et en baissant la voix ; regarde, Mathilde, elle vient de s'endormir.

— Dans tes bras, contre ton cœur, ajouta la marquise avec une expression impossible à rendre.

Elle prit doucement l'enfant, tous deux lui mirent un baiser sur le front et elle alla la remettre dans son lit.

— Mathilde, sais-tu qu'il est plus d'une heure ? lui dit le marquis en souriant, quand elle reparut au bout d'un instant.

— Il n'y a que les heures d'ennui qui paraissent longues, répondit-elle gracieusement. C'est pour cela que Juliette ne m'a pas attendue, ajouta-t-elle ; elle s'est couchée, elle a bien fait.

Elle poussa la porte de son cabinet de toilette, qui était entr'ouverte.

Juliette, sa femme de chambre, était là. Étendue sur une causeuse, elle paraissait dormir d'un profond sommeil. La marquise l'appela trois fois de suite. Enfin Juliette fit un mouvement, ouvrit ses yeux et se dressa sur ses jambes.

— Que faites-vous là ? Pourquoi n'êtes-vous pas couchée ? lui demanda la marquise d'un ton presque sévère.

— Madame la marquise m'avait ordonné de l'attendre, répondit la femme de chambre. Je suis entrée dans le cabinet, je me suis assise là et puis je me suis endormie.

La marquise était extrêmement bonne pour ses domestiques. Elle se contenta de cette explication.

— C'est bien, dit-elle, vous pouvez aller vous coucher, je ferai seule ma toilette de nuit. Mais rappelez-vous que ce n'est pas dans mon cabinet de toilette que vous devez m'attendre.

Juliette baissa la tête et s'éloigna sans répliquer.

— Est-ce que tu supposes que ta femme de chambre s'était cachée dans le cabinet pour nous écouter? demanda le marquis à sa femme.

— J'ai eu d'abord cette idée; mais je crois que réellement elle s'était endormie.

— Dans tous les cas, reprit le marquis, elle n'aurait pas surpris un secret bien important; ce que nous avons dit n'était pas de nature à l'intéresser beaucoup.

La marquise se trompait et le marquis aussi. Juliette ne s'était pas endormie dans le cabinet de toilette et elle n'avait pas perdu un mot de leur conversation, qui lui avait paru fort intéressante.

Dès qu'elle fut dans sa chambre, Juliette prit du papier, de l'encre, une plume, s'assit à une petite table et écrivit les lignes suivantes :

« La vie qu'on mène ici est bien monotone; pourtant,
» je suis toujours contente de cette place que j'ai trouvée,
» grâce à vous. Je ne vous écris pas souvent parce que je
» n'ai rien à vous dire; mais si je ne vois et n'entends
» rien, ce n'est pas faute de regarder et d'écouter; je ne
» ferme ni mes yeux ni mes oreilles, et je n'oublie aucune des recommandations que vous m'avez faites.

» Enfin, aujourd'hui il y a du nouveau.

» Madame la marquise est sortie hier soir; en rentrant

» elle est allée dans la chambre du petit Eugène, et, pour
» la première fois, elle l'a embrassé.

» M. le marquis, qui l'épiait, a aussi entendu qu'elle
» disait: « Pauvre petit, j'ai été injuste envers toi, par-
» donne-moi ! »

» Alors M. le marquis est venu dans la chambre de la
» petite; il l'a réveillée, l'a prise dans ses bras et s'est
» amusé à la faire sauter sur ses genoux. Sans mentir,
» il l'a bien embrassée cent fois. Pendant ce temps, ma-
» dame la marquise était probablement encore dans la
» chambre du petit garçon. Elle surprit M. le marquis
» jouant avec sa fille. Je n'ai pas besoin de vous dire si
» elle fut heureuse.

» Ils causèrent pendant une heure au moins, parlant
» toujours des deux enfants.

» Je faisais semblant de ne pas aimer notre fille, a dit
» M. le marquis, parce que toi tu refusais ta tendresse à
» notre fils.

» Bref, madame la marquise a pleuré, ils se sont em-
» brassés, et les voilà plus unis que jamais et tout à fait
» d'accord au sujet des enfants.

» Je ne sais pas si ce renseignement vous sera utile,
» je vous le donne parce que vous voulez savoir tout ce
» qui se fait dans la maison, et particulièrement tout ce
» qu'on dit concernant les enfants.

» Votre servante, toujours à vos ordres,

» JULIETTE. »

La femme de chambre plia sa lettre et la glissa dans une enveloppe sur laquelle elle mit cette suscription: Monsieur de Perny, rue Richepanse, n°3.

Sosthène reçut cette lettre le lendemain dans l'après-midi.

Après l'avoir lue, il resta un moment pensif, les sourcils froncés. Puis une lueur étrange passa dans son regard et il prononça sourdement:
— Qu'est-ce que cela veut dire?

XIX

LE TIROIR SECRET.

Le matin, vers neuf heures, la petite Maximilienne était levée. La marquise la tenait sur ses genoux, prenant plaisir à écouter son gai babil.

Tout à coup, le marquis entra dans la chambre.
— Je viens embrasser ma fille, dit-il.
La jeune femme eut un tressaillement de joie.
— Bonjour papa, dit la mignonne.
La marquise la mit dans les bras de son père, et pendant un instant, elle les contempla tous deux avec ravissement.
— Édouard, pourquoi ne m'as-tu pas amené Eugène? demanda-t-elle d'une voix un peu émue.
— Je ne voulais pas le faire sans ta permission.
— Je désire le voir et l'embrasser tous les matins, reprit-elle.
Et elle ajouta avec son doux sourire:
— N'est-il pas convenu que, maintenant, nous allons vivre l'un et l'autre pour nos deux enfants?
Le marquis sortit de la chambre et reparut au bout de deux minutes, amenant le petit garçon qu'il tenait par la main. Tout en entrant, il lui dit:
— Eugène, va embrasser ta maman.

La marquise se tenait debout, roide, immobile et un peu pâle. Une dernière et suprême lutte se livrait dans son cœur. Son angoisse était inexprimable. Allait-elle repousser encore le pauvre enfant?

Le petit garçon fit quelques pas en avant, les yeux fixés sur la marquise, puis il s'arrêta craintif et tout interdit.

Mais madame de Coulange pensa à la mère devenue folle de désespoir, et la glace de son cœur se fondit. Elle était vaincue. La pitié avait pris la place de la haine. Ses traits s'animèrent, ses bras s'ouvrirent et elle se baissa en s'écriant:

— Viens donc, mon enfant, viens donc m'embrasser!

Le petit Eugène poussa un cri de joie et s'élança d'un bond dans les bras de la marquise.

— Mathilde, dit M. de Coulange, dans quelques jours ton fils ne se souviendra plus que, depuis sa naissance, il a été privé de ta tendresse.

Un chângement important venait de s'accomplir dans l'existence de la marquise. Assurément, elle n'était pas délivrée du lourd fardeau qu'elle portait. Comme par le passé, elle était toujours condamnée à mentir; il y avait toujours entre elle et son mari le secret terrible; mais il lui semblait que, désormais, ce secret fatal lui serait moins pénible à garder.

Un instant après le marquis s'étant retiré avec le petit garçon, et la gouvernante ayant emmené la petite fille, la marquise, restée seule, s'absorba dans ses pensées.

— Hier soir j'étais encore dans une grande perplexité, se disait-elle; je ne croyais pas qu'il me fût possible de voir cet enfant à côté de ma fille, sans laisser éclater mon indignation et ma colère. L'épreuve a eu lieu; un instant j'ai été bouleversée, mais j'ai eu la force de me contenir, puis je me suis attendrie. Ah ! ma situation est étrange !

Est-ce réellement la pitié qui a fait en moi cette révolution ? Oui, c'est d'un côté la pitié et de l'autre la volonté de réparer le mal qui a été fait. Voilà pourquoi hier soir je l'ai embrassé ; voilà pourquoi ce matin je n'ai plus eu la force de le repousser. Maintenant, c'est fini ; je lui ai ouvert mes bras, je l'ai adopté, il est mon fils... Il est mon fils, et je dois m'imposer le devoir de l'aimer !...

Je devrais oublier le passé ou l'ensevelir dans une nuit profonde ; mais, hélas ! je sens que je ne pourrai jamais faire un pas sans me heurter à l'horrible ! Si j'éprouve une joie, c'est lui, c'est le passé qui viendra aussitôt me l'arracher du cœur... Épouvantable fantôme, il sera toujours là, debout, hideux, sinistre, pour tourmenter ma vie ! sans cesse menaçant, il me défendra d'espérer et s'il me permet de tourner les yeux vers l'avenir, je ne pourrai le faire sans frissonner de terreur !

Ah ! j'ai beau le vouloir, je ne puis réparer le crime, et c'est moi qui dois payer pour les coupables. Toujours il me faudra combattre et vaincre les révoltes de mon cœur et de ma conscience, sans cesse il faudra tromper... Toujours et sans cesse il me faudra souffrir !

Elle continua avec amertume :

— J'ai pour époux le meilleur des hommes, je suis marquise, je suis riche, jeune, belle, et tout le monde me croit heureuse, et il y a des gens à qui mon sort fait envie... Ah ! s'ils savaient, s'ils savaient !

Tout à coup elle fut prise d'un tremblement nerveux ; d'un bond elle se dressa sur ses jambes et se mit à marcher avec égarement.

Elle venait d'avoir cette pensée que la mort pouvait la frapper subitement.

— Oh ! ce serait épouvantable ! s'écria-t-elle. Et cela peut arriver ! Aujourd'hui je suis pleine de vie, mais j'ignore ce que je serai demain. Oui, je peux mourir sans avoir eu le temps de parler, et ce secret qui m'étouffe et qui me ronge le cœur serait enfermé avec moi dans la tombe ! Et M. de Coulange ne saurait jamais rien, car ce n'est pas ma mère, et encore moins mon frère qui lui diraient la vérité. Eux, s'accuser ! allons donc ! Il faudrait pour cela qu'ils eussent le repentir de leur crime ! Je les ai chassés, mais ils reviendraient ; ils abuseraient encore de la confiance aveugle du marquis, qui se laisserait facilement tromper par leur hypocrisie.

Ah ! après ce qu'ils ont fait, je les crois capables de tout. Aujourd'hui, ils se tiennent à distance, ils se font humbles, petits, ils sont soumis. Pourquoi ? Parce que je suis là et qu'ils ont peur. Ils savent que je tiens le châtiment supendu sur leurs têtes. Si je n'étais plus, ils relèveraient audacieusement la tête. Ah ! je n'ose pas me demander ce qu'ils feraient pour ressaisir cette fortune qu'ils convoitaient et qu'ils croyaient déjà tenir dans leurs mains. L'impunité de leur première infamie serait pour eux un encouragement à commettre d'autres crimes. Et mon mari et ma fille, peut-être, deviendraient leurs victimes !

Eh bien, non, continua-t-elle avec énergie, je veux tout prévoir, je veux qu'ils restent à jamais impuissants, écrasés sous la crainte du châtiment. Si, vivante, j'ai pris la résolution de garder le silence, il faut, dans le cas où la mort viendrait me surprendre, il faut que mon mari sache tout. Alors il apprendra ce que j'ai souffert, et, comme il est bon, il me pardonnera.

Oui, voilà ce que je dois faire, reprit-elle après avoir

réfléchi un instant : j'écrirai ma douloureuse histoire, ce sera mon testament. Dès ce soir je me mettrai à l'œuvre ; le papier sera mon confident discret. Je ne lui cacherai rien, il recevra mes pensées les plus intimes, je lui dirai toutes mes angoisses, toutes mes douleurs.

C'était un commencement ou un semblant de satisfaction que la marquise allait donner à sa conscience inquiète et tourmentée.

Peu à peu son agitation se calma.

Elle s'approcha d'un joli meuble style Louis XIII et ouvrit un tiroir rempli de fleurs, de rubans, de dentelles et autres menus objets de toilette. Ensuite elle plongea son bras au fond du tiroir et fit mouvoir un ressort secret, ce qui lui permit d'ouvrir un second compartiment du meuble, dans lequel se trouvait un petit paquet enveloppé dans une étoffe de soie.

Elle ouvrit le paquet en enlevant les épingles qui attachaient l'étoffe de soie. Cette enveloppe contenait le maillot que portait le petit Eugène le jour où on l'avait apporté au château de Coulange.

La marquise le conservait religieusement, comme une relique.

Il se composait d'un bonnet garni de valenciennes et délicieusement brodé, d'une chemise, d'un bandelette de toile, d'une autre pièce de toile carrée et d'une petite couverture de laine tricotée à la main.

Les yeux de la marquise se mouillèrent de larmes.

Elle prit le bonnet et la petite chemise.

— C'est l'ouvrage de la pauvre mère, murmura-t-elle. C'est fait avec beaucoup de goût, par des doigts habiles ; on voit qu'elle travaillait pour son enfant, le cœur rempli des joies maternelles. Hélas ! elle ne se doutait guère alors que des misérables attendaient la naissance de son enfant pour le lui prendre. Elle espérait le bonheur, la pauvre mère, et c'est le malheur qui l'a frappée comme un coup de foudre.

La chemise est marquée G. L., continua la marquise, ce sont probablement les initiales du nom et du prénom de la mère, ou bien l'une de ces lettres serait la première du nom qu'elle voulait donner à son enfant. Malheureusement, ce n'est pas assez pour qu'on puisse d'écouvrir un jour à quel monde et à quelle famille appartenait cette pauvre jeune fille. N'importe, je les conserverai toujours, ces tristes objets, qui seront un jour, si c'est nécessaire, la seule preuve matérielle du crime.

En replaçant le petit bonnet et la petite chemise, sa main froissa un morceau de papier.

— Je me souviens, dit-elle ; quand j'ai demandé à la femme de me dire son nom et de me donner son adresse, elle m'a répondu qu'elle se nommait Rosine Dubois et qu'elle demeurait rue Saint-Denis, n° 70. Etait-ce un mensonge ? Aujourd'hui même, je le saurai. J'ai écrit ce nom et cette adresse sur ce papier et je l'ai mis là. Alors, condamné par les médecins, mon mari pouvait mourir ; et moi avant de le suivre dans la tombe je voulais faire des recherches, retrouver la mère et lui rendre son enfant ; à tout prix je voulais empêcher mon frère de profiter de son crime.

Elle prit le papier, le plia en quatre et le glissa dans sa poche.

Puis elle rattacha l'enveloppe du maillot, remit le paquet à sa place et ferma les tiroirs du meuble.

— C'est là, se dit-elle, près des langes de l'enfant, que je placerai mon manuscrit. Le secret du tiroir gardera mon secret.

Le tantôt, vers deux heures, la marquise sortit à pied

de l'hôtel. Elle prit une voiture de remise, rue de Varennes, et se fit conduire rue Saint-Denis, le coupé s'arrêta devant la maison portant le n° 70.

La marquise descendit de voiture, entra dans la loge, et s'adressant à la concierge :

— Madame, lui demanda-t-elle, avez-vous dans votre maison une dame qui se nomme Rosine Dubois?

— Non, madame, répondit la concierge : je ne connais ici personne de ce nom-là.

— C'est une adresse qu'on m'a donnée il y a quelques années, reprit la marquise ; il peut se faire que cette dame ait déménagé.

— Est-ce que tu te souviens d'une Rosine Dubois? demanda la concierge, interpellant son mari, qui ornait d'une bordure neuve un vieux paletot.

— C'est la première fois que j'en entends parler, répondit-il.

— Mon mari a une excellente mémoire, reprit la femme ; il y a dix ans que nous sommes concierges de cette maison et je puis vous assurer que la dame que vous cherchez n'a pas demeuré ici depuis que nous y sommes.

— Je vous remercie, madame, dit la marquise.

Et elle se retira. Elle savait à quoi s'en tenir. D'ailleurs elle avait fait cette démarche, presque certaine qu'elle serait inutile. C'est une satisfaction qu'elle s'était donnée.

— Ainsi, se dit-elle, la femme qui a apporté l'enfant à Coulange est bien la femme d'Asnières, celle qui a volé l'enfant. Cela ne peut plus laisser un doute. Et tout ce qu'elle m'a dit était un conte habilement inventé!

La marquise remonta dans la voiture, qui la ramena rue de Babylone.

Le soir, après le dîner, quand la petite Maximilienne fut couchée, la marquise s'enferma dans sa chambre. Voulant passer immédiatement du projet à l'exécution, elle écrivit avec une rapidité fiévreuse le premier chapitre de sa vie.

La marquise de Coulange allait raconter son histoire, une histoire vraie, intéressante et poignante comme un roman.

XX

LE SOMMEIL

On était à la veille du printemps et au commencement des beaux jours. En avance d'une semaine, le célèbre marronnier du vingt mars était déjà couvert de feuilles.

Le charmeur d'oiseaux avait reparu dans le jardin des Tuileries en même temps que Gabrielle Liénard, appelée par les enfants la Figure de cire.

Un soir, après être restée assez longtemps à sa fenêtre, pensive, regardant dans la rue et écoutant le bruit sourd produit par le roulement lointain des voitures, Gabrielle venait d'allumer sa lampe avec l'intention de travailler pendant une heure ou deux, avant de se coucher, lorsqu'on frappa deux petits coups à sa porte.

Elle alla ouvrir. Morlot entra.

— Mademoiselle Gabrielle, dit-il, je viens passer la soirée près de vous, si je ne dois pas vous déranger ; dans le cas contraire, content de vous avoir vue, je suis prêt à me retirer.

— Non-seulement, vous ne me dérangez pas, répondit-elle, mais votre visite me fait plaisir. Il y a près de quinze jours que vous n'êtes venu me voir.

— C'est vrai. J'ai été très-occupé : Mélanie a dû vous dire que, plus d'une fois, je ne suis pas rentré la nuit.

— C'est un dur métier que le vôtre, monsieur Morlot !

— Oui, mais pour celui qui le fait de bon cœur et même avec passion, comme moi, il a ses côtés agréables. Aujourd'hui, par exemple, je suis très-satisfait.

— En effet, dit Gabrielle en le regardant, vous avez l'air tout joyeux.

— J'ai pincé ce matin un malfaiteur de la plus dangereuse espèce. Je le cherchais depuis près d'un an sans pouvoir arriver à mettre la main sur lui. C'est une sorte d'hercule qui porte le nom de Gargasse, et seul, j'ai eu le bonheur de me rendre maître de lui. Ce coquin faisait certainement partie d'une bande de scélérats parfaitement organisée. On l'a interrogé, mais il a été impossible de lui arracher une parole. Il craint de compromettre ses complices. Je suis sûr qu'il ne dira rien, même devant la cour d'assises. Quant à lui, son affaire est claire : il aura de la chance s'il n'attrape pas au moins quinze ans de travaux forcés.

— Et en ce qui me concerne, monsieur Morlot, toujours rien ?

Le front de l'agent de police s'assombrit subitement.

— Oui, toujours rien, répondit-il d'une voix creuse.

Gabrielle laissa échapper un profond soupir.

— Oh ! mais je ne me décourage pas, reprit Morlot en se redressant, une flamme dans le regard ; ils se cachent bien, les misérables ! Mais je suis patient, j'ai des yeux, des oreilles : je regarde et j'écoute. Il faudra bien qu'un jour...

Gabrielle secoua tristement la tête.

— Comme vous le dites souvent, monsieur Morlot, fit-elle, vous êtes dans les ténèbres. En attendant, je cherche à calmer mes douleurs en regardant et en embrassant les enfants des autres.

Aujourd'hui je suis triste, continua-t-elle, votre présence va peut-être me distraire.

— Hélas! répliqua Morlot, vous êtes triste toujours.

— C'est vrai. Mais, ce soir, une pensée que j'ai eue déjà plusieurs fois m'est revenue.

— Quelle est cette pensée?

— Je m'imagine que mon pauvre enfant n'existe plus.

— Oh! fit Morlot.

— Alors, reprit Gabrielle, pendant quelques instants je suis sous le coup d'une hallucination; c'est comme un cauchemar que j'ai les yeux ouverts. J'entends des cloches qui tintent, je vois un grand nombre de cierges allumés, et au milieu des cierges, un petit cercueil. Dans le cercueil, qui s'ouvre tout à coup, je vois, enveloppé d'un suaire, le corps roide, glacé d'un enfant.

Sa figure est blanche comme le linceuil, acheva Gabrielle, ses yeux ne sont pas fermés ; ils sont fixes, sans mouvement, et on dirait qu'ils regardent quelque chose dans le ciel. Eh bien, monsieur Morlot, dans cet enfant mort je reconnais mon fils.

— Et ce vilain rêve, mademoiselle Gabrielle, vous cause un tourment de plus. Non, non, votre enfant n'est pas mort. Il ne faut pas que vous ayez cette affreuse pensée: Si elle vous vient encore, il faudra bien vite la chasser loin de vous.

— C'est ce que je fais. Une seule chose me soutient et me donne la force de supporter ma peine: c'est l'espoir que j'ai de retrouver mon enfant; si je ne l'avais plus cet espoir qui me sourit et souvent me console, je serais bientôt morte !

Mais pourquoi donc restons-nous debout? reprit-elle; je vous reçois comme si j'avais hâte de vous voir partir. Voilà une chaise, monsieur Morlot, asseyez-vous.

L'agent obéit et Gabrielle s'assit, à son tour, en face de lui, près de sa table à ouvrage.

— Ainsi, dit-elle, vous avez eu la bonne idée de venir me tenir compagnie ce soir?

— C'est un bonheur que je me donne.

— Merci !

— Après avoir passé deux nuits blanches, je peux bien me reposer un jour ou deux.

— Certainement.

— Si je ne viens pas vous voir plus souvent, mademoiselle Gabrielle, croyez-bien que ce n'est pas faute de le désirer.

— Vous ne m'avez pas trompée, monsieur Morlot; c'est une sincère amitié et du dévouement que vous avez pour moi.

— Malheureusement, je ne fais pas pour vous tout ce que je voudrais.

— Vous faites ce que vous pouvez et c'est déjà beaucoup. Comment se fait-il que vous soyez venu seul? Est-ce que je ne verrai pas Mélanie ce soir ?

— Elle ne m'a pas dit qu'elle viendrait me rejoindre; elle a mis tout sens dessus-dessous chez nous cette après-midi, et je l'ai laissée gravement occupée à ranger son linge dans son armoire.

— Comme une bonne ménagère qu'elle est.

— J'oubliais qu'elle m'a chargé de vous souhaiter le bonsoir et de vous dire mille choses aimables de sa part. Vous travailliez probablement quand je suis arrivé, mademoiselle Gabrielle ; il ne faut pas que je vous empêche de reprendre votre ouvrage.

— Je ne travaillerai pas ce soir, répondit-elle ; je me sens fatiguée, les nerfs me font mal.

— C'est vrai, vous avez l'air souffrant ; vous avez sans doute besoin de repos ; je vais vous quitter.

Et il fit un mouvement pour se lever.

— Non, lui dit-elle, restez encore. Dites-moi quelque chose. Racontez-moi comment vous avez arrêté ce matin l'homme dont vous m'avez parlé.

— Volontiers, répondit Morlot.

Et immédiatement il commença son récit.

Tout en parlant, il s'anima et se mit à faire des gestes expressifs, voulant sans doute dramatiser et rendre plus frappante la scène qu'il racontait. Il ne s'aperçut point que Gabrielle faisait de grands efforts pour lui prêter une attention soutenue, et qu'elle cherchait ainsi à échapper à un malaise qui était en elle.

Morlot arrivait au moment le plus intéressant de son récit lorsque, soudain, Gabrielle sursauta. Aussitôt, ses bras tombèrent inertes à ses côtés, elle poussa un soupir, ses yeux se fermèrent et sa tête se renversa en arrière.

L'agent de police s'interrompit brusquement, et d'un seul mouvement se dressa sur ses jambes, en jetant un cri d'effroi.

— Mon Dieu, murmura-t-il d'une voie étranglée par l'émotion, elle vient de se trouver mal, de perdre connaissance, que faire ? que faire ?

Il s'élança vers la porte pour appeler au secours. Mais, au moment de l'ouvrir, réfléchissant que d'autres personnes ne feraient pas plus que lui pour l'instant, il se ravisa.

I.   22.

Il revint près de la jeune fille, qui n'avait pas fait un mouvement.

— Mademoiselle Gabrielle, mademoiselle Gabrielle ! l'appela-t-il.

Il vit remuer ses lèvres.

— Ah ! çà, s'écria-t-il avec une sorte de fureur, est-ce que je vais rester là, planté devant elle sans rien faire ? Est-ce que je suis stupide ?

Il regarda autour de lui. Ses yeux tombèrent sur deux burettes contenant l'une de l'huile, l'autre du vinaigre.

— Voilà ce qu'il me faut, dit-il.

Il courut au buffet et prit le vinaigre, dont il mouilla la moitié d'un linge blanc qui tomba sous sa main. Cela fait, tenant encore la burette d'une main, le linge de l'autre, il s'approcha de la jeune fille.

Mais avant qu'il eût touché son visage, toujours immobile, la tête en arrière et les yeux fermés, Gabrielle parla :

— Ne vous effrayez pas, dit-elle de sa douce voix, je ne suis pas malade, je dors.

Morlot la regarda avec stupeur, écarquillant les yeux.

— Comment, vous... vous... dormez ? bégaya-t-il.

— Oui, je dors, répondit-elle.

— Et vous m'entendez ?

— Je vous entends et je vous vois.

— Vous me voyez, les yeux fermés ? s'écria-t-il.

— Oui, quoique mes yeux soient clos, je vois à travers mes paupières. Vous tenez une serviette que vous avez imbibée de vinaigre ; ah ! vous la mettez sur la table ainsi que le flacon.

C'était vrai ; Morlot faisait cela.

Il remarqua que, ne dormant pas et ayant les yeux

ouverts, Gabrielle, placée comme elle l'était, n'aurait pu voir qu'il posait les objets sur la table.

Son ahurissement était complet. Il se touchait le front, les yeux, se pinçait le nez, en se demandant s'il était bien éveillé, si ce qu'il voyait n'était pas un rêve.

Mais il fallait bien qu'il se rendît à l'évidence. Gabrielle était là, devant lui, ne faisant aucun mouvement. Et endormie, ayant les yeux fermés, elle entendait, elle voyait.

Tout à coup, une lueur traversa son cerveau.

— Ah ! fit-il en sursautant.

Et tout bas, il prononça ce mot :

— Somnambule !

Gabrielle l'entendit, car elle répondit aussitôt :

— Je ne sais pas si je suis ce que vous dites ; je dors en ce moment d'un sommeil étrange, qui ne ressemble pas au sommeil ordinaire.

Morlot se rapprocha.

— Mademoiselle Gabrielle, dit-il d'une voix pleine d'anxiété, vous devez souffrir, souffrir beaucoup ?

— Oui, à la tête et dans tous les membres.

— Est-ce que je ne peux pas vous réveiller ?

— Je ne sais pas.

Il lui prit les bras et la secoua assez fortement. Elle poussa un cri.

— Laissez-moi, laissez-moi, lui dit-elle d'une voix suppliante ; vous me faites mal ; il me semble que vous m'arrachez les bras.

Morlot eut un sourd gémissement et il se laissa tomber sur un siége. Il souffrait affreusement, lui aussi, de voir la jeune fille dans cet état et de ne pouvoir rien faire pour la soulager. Il la regardait avec une commisération profonde, des larmes dans les yeux.

— Mademoiselle Gabrielle, est-ce la première fois que vous avez cet étrange sommeil ? lui demanda-t-il.

— Non, j'ai déjà dormi ainsi.

— Souvent ?

— Quatre ou cinq fois.

— Comment vous réveillez-vous ?

— Le réveil arrive tout d'un coup, comme le sommeil est venu.

Ces paroles furent suivies d'un assez long silence. Morlot était en proie à une agitation extraordinaire. Il éprouvait en même temps de la surprise et de la terreur. Ce sommeil étonnant, inexplicable, et cette faculté merveilleuse qu'avait Gabrielle de voir, d'entendre et de parler en dormant, étaient des choses inouïes, surnaturelles, qui confondaient sa raison.

— C'est étrange, se disait-il, oh ! oui, bien étrange ! D'autres pourront ne pas le croire ; mais moi, je vois et j'ai entendu... Si quelqu'un était venu me dire hier ou tantôt que je serais ce soir témoin d'une chose pareille, je lui aurais certainement ri au nez ; ou bien je me serais mis en colère pour prouver que je ne suis pas un imbécile.

Non, je ne suis pas un imbécile, je ne suis pas non plus un naïf ; mais, je suis bien forcé de l'avouer, je ne comprends rien à cela. C'est miraculeux !

XXI

CONVERSION D'UN SCEPTIQUE

Tout soucieux et l'esprit troublé, Morlot regardait tristement Gabrielle, qui restait dans son effrayante immobilité. Il aurait pu la croire morte, s'il n'eût vu les mouvements de sa poitrine et entendu le bruit de sa respiration oppressée.

— Si je courais chercher un médecin? se demanda-t-il. Mais non, je ne peux pas la quitter, la laisser seule. D'ailleurs, elle va probablement se réveiller. Ah! malgré l'effroi que j'éprouve en l'entendant parler, j'aime encore mieux cela que de la voir ainsi inerte, sans voix, pareille à un cadavre! Elle respire; mais il me semble que la mort va la frapper dans son sommeil. C'est épouvantable! Ce silence autour de nous est lugubre.

Il sentit un frisson courir dans ses membres.

Il se secoua avec force, comme s'il eût voulu se débarrasser de quelque chose de gênant.

— Oh! oh! murmura-t-il, pour la première fois de ma vie, je crois que j'ai peur!

Il prit doucement la main de la jeune fille. Elle était froide et en même temps moite de sueur.

— Mademoiselle Gabrielle, dit-il, est-ce que vous n'allez pas vous réveiller bientôt?

— Je ne sais pas, répondit-elle.

— Me voyez-vous?

— Je vous vois.

— Sentez-vous que je tiens votre main?

— Non, mais je vois que ma main est dans la vôtre.

— Avez-vous toujours la même douleur à la tête et dans les membres?

— Oui.

Gabrielle lui répondant, Morlot se sentit un peu rassuré. Alors il lui vint une pensée, et il s'étonna de ne pas l'avoir eue plus tôt.

— Mademoiselle Gabrielle, demanda-t-il, est-ce que

vous pouvez voir autre chose que les objets qui sont autour de vous? Est-ce que votre vue peut s'étendre au delà de votre chambre.

— Oui, je vois à une grande distance.

— Pouvez-vous voir ma femme, votre amie Mélanie?

— Mélanie? Je suis chez vous, je la vois.

— Vraiment, vous la voyez?

— Je la vois.

— Que fait-elle?

— Elle compte une douzaine de serviettes.

— C'est inimaginable, cela dépasse le merveilleux, se dit Morlot, en s'agitant sur son siége. Si ce n'est pas du somnambulisme, qu'est-ce que c'est donc?

— Mademoiselle Gabrielle, reprit-il, voyez-vous toujours Mélanie?

— Oui.

— Que fait-elle, maintenant?

— Ce qu'elle fait? Rien. Si, on vient de sonner à la porte, elle marche, elle ouvre la porte, elle pousse un cri de surprise. Un homme entre.

— Un homme? fit Morlot.

— Il porte une blouse bleue et il est coiffé d'un chapeau de feutre gris à larges bords. Ce doit être un homme de la campagne.

— Tiens, pensa Morlot, est-ce que ce serait Blaisois, le cousin de ma femme, qui nous a annoncé, il y a deux mois, qu'il avait l'intention de venir à Paris.

Gabrielle continua :

— Il embrasse Mélanie: un gros baiser sur chaque joue. Elle est contente, Mélanie.

— Mademoiselle Gabrielle, entendez-vous ce qu'ils disent? demanda Morlot.

— Non. L'homme est dans la salle à manger, il s'assied devant la table. Mélanie lui apporte une bouteille de vin, elle lui sert à manger. Ah! l'homme tire quelque chose de sa poche... C'est une bourse. Il la vide sur la table. Je vois des pièces d'or et des pièces d'argent.

— Plus de doute, se dit Morlot émerveillé, c'est le cousin Blaisois. C'est égal, tout cela est de plus en plus incroyable.

Il aurait voulu courir chez lui afin de s'assurer que ce que Gabrielle venait de lui dire était bien la vérité.

— Non, non, murmura-t-il, je ne peux pas, je ne dois pas la quitter tant qu'elle dormira.

Il regarda sa montre ; l'aiguille marquait neuf heures dix minutes.

Soudain, une nouvelle idée jaillit de son cerveau.

— Si c'était possible ? murmura-t-il.

Un double éclair s'alluma dans ses yeux.

Il se leva brusquement et fit quelques pas dans la chambre. Puis, se rapprochant vivement de la jeune fille :

— Mademoiselle Gabrielle, lui dit-il, puisque vous avez dans votre sommeil la faculté extraordinaire de voir à une grande distance, ne pouvez-vous pas, en regardant, en cherchant, retrouver la misérable femme qui vous a volé votre enfant ?

— Non, je ne vois pas, répondit-elle.

— Tout à l'heure, pourtant, vous voyiez Mélanie.

— Je la vois encore. Mais je la vois parce que je sais où elle est, et que ma pensée dirige ma vue vers elle.

— Alors, mademoiselle Gabrielle, si Mélanie n'était pas chez elle, vous ne la verriez point ?

— Je ne sais pas.

Avant que Morlot ait eu le temps de lui adresser une nouvelle question, elle lui dit :

— Ne m'interrogez plus, cela me fatigue beaucoup.

Depuis un instant, de grosses gouttes de sueur mouillaient son front et ses tempes.

— Ah ! je voudrais me réveiller, prononça-t-elle tout bas ; je souffre, je souffre !

Morlot resta silencieux et, dans la crainte de faire le moindre bruit, il n'osa plus faire un mouvement.

— Je vais attendre qu'elle se réveille, se dit-il.

L'agent de police n'était pas un savant ; cependant il avait reçu une certaine instruction et il était même un peu lettré. Il aimait la lecture et il avait lu beaucoup, principalement des romans. Pendant des années les *Causes célèbres* avaient fait ses délices. Son métier étant d'arrêter les criminels, il se plaisait à les voir sur les bancs de la cour d'assises et il applaudissait à leur condamnation.

Comme bien des gens qui lisent plutôt pour s'amuser que pour s'instruire, Morlot n'était pas très-fort en histoire. Malgré son goût pour la lecture, le titre seul d'un livre de science l'empêchait de l'ouvrir.

— Je n'ai pas besoin de lire cela, se disait-il, je n'y comprendrais rien.

Incrédule et sceptique sur bien des choses, il ne s'intéressait qu'au merveilleux qu'il trouvait dans les fictions des poëtes et des romanciers. Ainsi, il admirait les *Mille et une nuits* parce que les contes arabes lui présentaient des faits et des personnages en dehors du monde réel, sans essayer de lui faire croire des choses invraisemblables. Mais, si l'extraordinaire se montrait avec la prétention d'être la vérité, il s'écriait aussitôt :

— C'est absurde !

A cette époque, à Paris et dans le monde entier, on s'occupait beaucoup de somnambulisme et de magnétisme. On ne parlait que de la lucidité de certains somnambules, des merveilles du sommeil somnambulique, de tables tournantes, d'esprits frappeurs, de spiritisme et d'individus qui, sous le nom de *médiums*, avaient la prétention d'entrer en communication directe avec les esprits, de converser avec eux et d'écrire sous leur dictée.

Les hommes les plus intelligents, des esprits sérieux, même des savants, se passionnaient pour ces pasquinades. C'était une sorte de folie qui s'emparait de tout le monde. Les femmes, plus sensibles, généralement plus crédules que les hommes, et avides du merveilleux, devenaient facilement d'ardentes prosélytes.

Tout cela n'était pas nouveau. Déjà, avant la grande révolution française, le docteur allemand Mesmer et un de ses disciples, le marquis de Puységur, avaient causé une véritable révolution dans le monde savant par de nombreuses expériences de magnétisme.

De toutes ces manifestations, que reste-t-il? En faisant la part de l'exagération, en repoussant avec dédain et mépris toutes les jongleries et le charlatanisme qui s'empare de tout, il reste ce que nos physiologistes ont reconnu exact à la suite de laborieuses études : l'existence du fluide nerveux, improprement appelé le fluide magnétique, lequel produit le sommeil somnambulique; la puissance extraordinaire de l'activité cérébrale pendant ce sommeil; les phénomènes qui en sont la conséquence.

Le sommeil magnétique ou somnambulique est rempli de mystères.

« Les intuitions, les prévisions, et toutes les perceptions extraordinaires sont le produit de ce sommeil, dit le psychologue Brandis, car alors l'idéal se manifeste en nous sans notre participation et nous pousse irrésistiblement. »

« Pendant le sommeil magnétique, dit un autre savant, Montravel, l'esprit plane comme l'aigle au haut des nues, dominant sur les opérations de la matière. Il embrasse d'un vaste coup d'œil toutes les possibilités physiques, qu'il n'eût, dans l'état de veille, que parcourues successivement. Il voit partout et il lit dans le corps des autres et dans le sien tout le mécanisme des fonctions animales. »

Le baron Dupotet, qui est un doctrinaire du magnétisme, dit de son côté :

« La concentration d'esprit, le recueillement profond, l'isolement absolu, l'extase dématérialisent pour ainsi dire l'individu : l'influence magnétique, naturellement, augmente encore cet état. Alors la vue intérieure s'accroît d'une façon merveilleuse, la vie semble se spiritualiser, et les facultés de discerner, de voir intérieurement, sont portées à un point extraordinaire. »

Aujourd'hui, la lucidité dans l'état de sommeil magnétique n'est plus niée que par les adversaires du magnétisme.

Ce qu'il est impossible de nier, c'est le somnambulisme, qui est considéré par beaucoup de savants comme une névrose des fonctions cérébrales, et par d'autres comme un état nerveux particulier du cerveau.

Les somnambules perçoivent avec clarté, opèrent avec précision et agissent avec une surprenante agilité. Voltaire, Crébillon, Massillon ont composé et écrit des chefs-d'œuvre pendant des accès de somnambulisme. Des somnambules musiciens composent ou exécutent des chants délicieux. C'est ainsi que Tartini put composer sa fameuse sonate du *Diable*, à laquelle il travaillait vainement depuis un mois. Les sommeils somnambuliques et magnétiques sont produits par des causes purement physiques et n'ont rien de surnaturel.

Tout le monde sait ce que peuvent obtenir l'opiniâtreté et une volonté énergique, et ce que peut, parfois, la puissance fascinatrice du regard. L'être fort domine l'être faible et le force à l'obéissance ; d'où il résulte que la volonté a le pouvoir de provoquer le sommeil magnétique, en agissant sur tout le système nerveux facile à ébranler du sujet magnétisé.

Cependant on peut tomber dans l'état de sommeil magnétique sans que ce sommeil soit provoqué par l'action d'un magnétiseur, le sommeil du somnambule en est la preuve.

L'attention soutenue, prolongée, concentrée entièrement sur un objet, a pour résultat physiologique l'accumulation du fluide nerveux au cerveau. Cette accumulation incessante surexcite violemment l'organe cérébral, et après la surexcitation, comme conséquence forcée, arrive la lourdeur, l'affaissement, le sommeil qui chez certains individus, comme les visionnaires, les extatiques, les ascétiques, peut être le sommeil magnétique.

Or, c'est de cet étrange sommeil, que rien en apparence n'avait provoqué, que Gabrielle s'était subitement endormie sous les yeux de l'agent de police.

Par là concentration de ses pensées, qui amenait chez elle des instants d'hallucinations, Gabrielle, visionnaire et extatique, se rendait somnambule et se magnétisait elle-même.

Voilà ce que Morlot ne pouvait s'expliquer ni comprendre, lui qui, dans son scepticisme, n'acceptait que les vérités qui frappaient ses yeux et niait avec opiniâtroté les étranges phénomènes physiologiques qui appartiennent au domaine de la science.

Il savait parfaitement qu'on s'occupait beaucoup de magnétisme et que, dans un grand nombre de salons parisiens, on faisait des expériences qui, disait-on, donnaient des résultats merveilleux.

Mais il n'admettait pas que la volonté d'une personne pût en endormir une autre, et, moins encore, que cette dernière, dans l'état de sommeil, eût la faculté inconcevable de voir, d'entendre et de répondre aux questions quelconques qu'on lui adressait.

— Bêtises que tout cela, disait-il ; c'est avec de pareilles niaiseries qu'on amuse les imbéciles. Si je voulais voir des tours de prestidigitation, j'aimerais mieux aller passer ma soirée chez Robert-Houdin.

Quand on parlait devant lui de tables tournantes et parlantes, d'esprits frappeurs et bouleverseurs, de tels ou tels morts célèbres de leur vivant, qu'on évoquait, qui se présentaient, parlaient ou écrivaient par l'intermédiaire d'un spirite renommé, il haussait les épaules et se mettait à rire à se tenir les côtes.

— On n'a pas idée de cela, disait-il ; on ne sait pas, vraiment, jusqu'où peut aller la bêtise humaine.

Quelquefois, quand il était mal disposé, il se fâchait tout rouge.

Pourtant, l'incrédule Morlot croyait au somnambulisme. Il est vrai que quinze ans auparavant il avait connu une somnambule. C'était une jeune femme. Une nuit il l'avait vue, de ses yeux vue, sortir par une fenêtre d'une maison très-élevée, se cramponner aux angles du pignon, grimper sur le toit, se promener sur les plombs, au sommet de la toiture, et ensuite descendre avec une adresse surprenante et rentrer dans la maison par le même chemin difficile et dangereux. Seulement, cette jeune femme n'était pas endormie par un magnétiseur et elle ne parlait point. Du reste, il n'avait jamais cherché à comprendre le mystère de ce phénomène. Il croyait parce qu'il avait vu.

On comprend ce qui devait se passer en lui en présence de Gabrielle endormie et des preuves manifestes qu'il venait d'avoir des effets merveilleux du sommeil magnétique.

Et lui qui, tant de fois, avait traité d'absurdités les prodiges du magnétisme, qui avait traité de fous et de charlatans les magnétiseurs et les magnétisés, il venait de jouer, sans s'en douter peut-être, le rôle de magnétiseur.

Cette fois, son incrédulité était vaincue.

Gabrielle endormie avait parlé, vu à travers ses paupières baissées et répondu à presque toutes les questions qu'il lui avait adressées. Il ne pouvait plus nier. Il croyait.

— Oh! maintenant, je croirai tout, pensait-il, je peux tout croire.

Près de trois quarts d'heure s'écoulèrent au milieu d'un profond silence.

Soudain, Gabrielle sortit de son immobilité. Un tremblement nerveux secoua son corps tout entier; elle leva péniblement ses bras qu'elle croisa sur sa poitrine; puis elle allongea les jambes, en les roidissant. Un instant après elle eut plusieurs soupirs étouffés; elle s'agita convulsivement; sa tête changea de position et enfin elle ouvrit les yeux.

D'abord elle regarda autour d'elle avec étonnement, faisant des efforts pour ressaisir sa pensée, puis son regard s'arrêta sur l'agent de police.

— Ah ! je me souviens, dit-elle, vous êtes venu passer la soirée avec moi, monsieur Morlot ; vous me racontiez quelque chose, et, tout d'un coup, malgré moi, je me suis endormie. Ah ! excusez-moi, mon bon Morlot. Est-ce que j'ai dormi longtemps ?

— Environ une heure et demie.

— Si longtemps ! fit-elle. Et vous ne m'avez pas réveillée ?

— J'ai essayé ; mais vous dormiez d'un sommeil si profond...

— C'est singulier, murmura-t-elle.

— Mademoiselle Gabrielle, vous souvenez-vous d'avoir fait un rêve en dormant ?

— Non.

— Alors vous ne vous rappelez rien ?

— Absolument rien. Vous croyez donc que j'ai rêvé, monsieur Morlot ?

— Il ne faut rien lui dire, pensa l'agent de police, cela pourrait l'effrayer et la rendre malade.

Ah ! répondit-il avec un certain embarras, c'est une idée qui m'est venue de vous demander cela.

— J'ai donc eu le sommeil bien agité ?

— Au contraire, mademoiselle Gabrielle, vous n'avez pas fait un mouvement ; vous étiez si complétement immobile que j'ai cru un instant que vous aviez perdu connaissance.

— Je suis vraiment contrariée, monsieur Morlot.

— Pourquoi cela ?

— Vous m'aviez fait l'amitié de venir me tenir compagnie, et, au lieu de vous écouter, de causer avec vous, je me suis sottement endormie ; je vous ai fait passer une bien triste soirée.

— Il ne faut pas être contrariée pour cela, mademoiselle Gabrielle ; vous étiez fatiguée ; ce n'est pas votre faute si vous avez dormi ; cela peut arriver à tout le monde.

— N'importe, je ne suis pas contente de moi.

— L'essentiel est que vous ne soyez pas malade. Comment vous trouvez-vous ?

— Assez bien. J'ai seulement la tête lourde et dans les membres une grande lassitude. Mais cela n'a rien d'inquiétant, demain matin ce malaise aura disparu.

— Vous avez besoin de vous reposer.

— Et de dormir encore, ajouta-t-elle, en essayant de sourire.

— Si vous le désirez, reprit Morlot en se levant, je vous enverrai Mélanie et elle passera la nuit près de vous.

— Je vous remercie, mon bon Morlot ; mais, je vous le répète, je ne suis pas malade ; ce que j'éprouve n'est qu'un malaise passager, qui ne doit nullement vous inquiéter. Comme vous venez de le dire, j'ai seulement besoin de repos.

— Eh bien, je vous quitte pour que vous puissiez vous coucher tout de suite. Bonsoir, mademoiselle Gabrielle.

— Bonsoir, monsieur Morlot. Vous direz à Mélanie que j'irai la voir demain.

Morlot s'en alla.

Il s'empressa de rentrer chez lui, où il trouva sa femme et le cousin Blaisois qui causaient en l'attendant.

— A quelle heure êtes-vous arrivé chez nous, cousin Blaisois ? demanda Morlot.

— A neuf heures et quelques minutes, répondit le paysan. Dites donc, cousin, vous n'avez pas l'air du tout étonné de me voir !

— Ne nous avez-vous pas écrit il y a quelque temps que vous viendriez nous surprendre ?

— C'est vrai! fit le campagnard.

Quand une demi-heure plus tard le cousin Blaisois fut couché, Morlot dit à sa femme :

— Je savais que Blaisois était arrivé à neuf heures dix minutes.

— Tu l'as donc vu entrer dans la maison?

— Je ne pouvais pas le voir puisque j'étais chez Gabrielle.

— Alors, je ne comprends pas. Tu te moques de moi !

— Je ne me moque pas de toi et je vais te faire comprendre, si tu me promets de ne rien dire à Gabrielle.

— Je ne lui dirai rien, je te le promets.

— Je vais t'apprendre une chose étrange.

— Qu'est-ce donc ? demanda-t-elle curieusement.

— Eh bien, voilà ; Gabrielle est somnambule !

XXII

AU JARDIN DES TUILERIES

Morlot avait peur que Gabrielle ne fût réellement malade. Cette pensée le tourmentait et elle lui fit passer une très-mauvaise nuit. Il ne dit rien à sa femme, ne voulant pas lui faire partager ses inquiétudes.

Le matin, aussitôt levé, il sortit. Pensant à Gabrielle et à la découverte étonnante qu'il avait faite la veille, il se promena pendant près de deux heures en flâneur, le long des quais. Ensuite, après avoir fait acte de présence dans les bureaux de la sûreté, il reprit le chemin de la rue Guénégaud.

Toujours poursuivi par ses appréhensions de la nuit,

il monta chez Gabrielle. Il la trouva occupée à préparer son déjeuner.

— Je ne m'attendais pas au plaisir de vous voir, lui dit-elle.

— Vous étiez souffrante hier soir, j'étais un peu inquiet : je viens seulement vous demander si vous vous ressentez encore de votre malaise.

— C'était bien le repos qu'il me fallait, monsieur Morlot, j'ai parfaitement dormi, et ce matin, quand le soleil est entré dans ma chambre, pour me réveiller, je me suis trouvée tout à fait bien.

Mon singulier malaise d'hier soir avait disparu.

J'ai un peu travaillé pour ne rien changer à mes habitudes.

— Allons, je suis heureux de vous voir en bonne santé.

— Et moi, mon ami, je vous remercie de l'intérêt que vous me témoignez sans cesse.

— S'il n'en était pas ainsi, est-ce que je serais votre ami?

Elle lui tendit sa main.

— Oui, répondit-elle, vous et Mélanie, vous êtes mes amis, mes seuls amis.

— A propos, j'ai dit à ma femme que vous viendriez la voir aujourd'hui dans la soirée.

— C'est mon intention.

— Nous avons à la maison, pour trois ou quatre jours, un parent, un cousin de Mélanie. J'étais ici, près de vous, hier soir, quand il est arrivé. Il nous devait une petite somme de quatre cents francs qu'il a voulu nous apporter lui-même.

— Ah! fit Gabrielle.

— Décidément elle ne se souvient de rien, se dit Morlot, qui l'examinait attentivement.

— Pendant ces quelques jours Mélanie va avoir un surcroît d'occupations, dit Gabrielle.

— Bah! un lit de plus à faire le matin et un morceau de viande un peu plus gros à faire cuire, voilà tout. Il ne faut pas que la présence de notre cousin vous empêche de venir ce soir. Et même, si vous voulez nous faire un grand plaisir, vous accepterez l'invitation, que je vous fais, de dîner avec nous.

— Oh! je craindrais de vous déranger.

— Vous, nous déranger, jamais! C'est entendu, vous dînerez avec nous ce soir.

— Alors, il faut que j'accepte?

— Certainement.

— Eh bien, mon ami, je serai des vôtres ce soir.

— A la bonne heure. Mélanie sera bien contente. A ce soir donc, mademoiselle Gabrielle, dit Morlot.

Et il se retira délivré de son inquiétude.

— Quel brave homme! se dit Gabrielle. Ah! c'est la providence qui l'a mis sur mon chemin couvert de ronces et d'épines, pour m'aider à marcher. Et sa femme n'est pas moins bonne que lui! Ames loyales, grands cœurs!

Ce jour-là, le temps était superbe. Le soleil brillait de tout son éclat dans un ciel sans nuage.

Après avoir déjeuné, Gabrielle s'habilla pour sortir. Quand elle fut dans la rue:

— Qu'ai-je donc aujourd'hui? se demanda-t-elle. Je respire mieux, et, comme si on venait de me débarrasser d'un lourd fardeau, il me semble que je suis plus légère. Je suis aussi moins triste, comme si mon cœur sentait moins sa peine.

Hélas! reprit-elle, en secouant la tête, rien n'est changé pour moi, mon malheur est le même.

Et avec un pâle sourire elle ajouta:

— Ce que j'éprouve est l'effet du printemps ; c'est la satisfaction de voir les premières feuilles vertes au bout des branches. C'est aussi cette pensée que, tout à l'heure, au jardin des Tuileries, les enfants que j'aime tant seront plus nombreux.

A deux heures, lorsque Gabrielle parut sous les marronniers, elle fut accueillie comme d'habitude par des cris joyeux.

Elle ne s'était pas trompée ; il y avait beaucoup d'enfants dans le jardin.

De tous les côtés, les petits garçons et les petites filles criaient :

— Voilà la Figure de cire !

Elle fut bientôt entourée. En distribuant les bonbons, les gâteaux, dont son petit panier était rempli, et en mettant de temps à autre un baiser sur un front qui s'offrait à ses lèvres, elle parvint assez difficilement à se frayer un passage jusqu'à un banc de bois sur lequel elle s'assit.

Sa distribution de friandises était faite ; mais les enfants restaient autour d'elle.

Un petit garçon de huit à neuf ans, au regard hardi, à la bouche mutine et rieuse, s'approcha, lui prit la main et lui dit :

— Figure de cire, c'est la première fois depuis l'année dernière que maman m'amène ici pour me promener ; je suis bien aise de te revoir. Je n'ai pas oublié que tu nous racontais toujours de belles histoires, est-ce que tu en sais toujours, des histoires ?

— Oui, mon petit ami, répondit Gabrielle.

— Les mêmes ?

— Oui, et aussi quelques autres que j'ai apprises pendant les jours d'hiver pour vous faire plaisir à tous.

Le petit garçon frappa joyeusement des mains. Les autres enfants l'imitèrent.

— Figure de cire, reprit-il, raconte-nous une des histoires que tu sais, la plus jolie !

— Une histoire, Figure de cire, une histoire! crièrent cent voix enfantines.

A ce moment un petit garçon, richement vêtu, tenant par la main une petite fille moins âgée que lui d'environ deux ans, s'approcha du cercle formé autour de Gabrielle. De plus grands que lui l'empêchaient de voir la femme assise sur le banc et qu'il entendait appeler Figure de cire.

Curieux comme tous les enfants, il voulut voir. Il perça le cercle et parut tout à coup devant Gabrielle, tenant toujours la petite fille par la main.

A la vue de ces deux enfants, qu'elle ne connaissait pas, qu'elle voyait pour la première fois, la jeune femme éprouva un saisissement extraordinaire. La respiration lui manqua et son cœur cessa de battre. Cela ne dura qu'un instant. L'air rentra dans ses poumons, le souffle lui revint et son cœur se remit à battre très-fort, comme s'il allait se briser dans sa poitrine.

Ses yeux, pleins de lueurs étincelantes, et qui semblaient s'être agrandis, s'étaient fixés sur le visage du petit garçon. A ce moment, pour elle, il n'y avait plus que cet enfant. Elle ne voyait pas la petite fille qu'il tenait par la main ; elle ne voulait voir que lui et, dans son extase, elle oubliait tous les autres. Elle rassasiait sa vue, en l'enveloppant de son regard de feu. Mais comme ce regard éclatant était doux et caressant! C'est une tendresse infinie, c'est de l'ivresse qu'il contenait.

Le petit garçon, lui aussi, la regardait fixement, ému,

étonné, mais sans crainte ; son charmant visage attristé exprimait une pitié profonde.

— L'adorable enfant! murmura Gabrielle. Ah! c'est étrange ce que j'éprouve... Je sens son regard pénétrer en moi et il me semble qu'il verse dans mon cœur quelque chose de délicieux comme un baume divin !

Son émotion augmenta encore. Ses yeux se mouillèrent, et c'est à travers ses larmes, que, maintenant, elle voyait l'enfant. Mais son regard était toujours aussi expressif ; il parlait. Il disait au petit garçon :

— Viens, viens à moi, je voudrais te serrer sur mon cœur !

Et l'enfant entendait cette prière muette. Et comme s'il eût subi l'effet d'une fascination ou qu'il eût été attiré par une attraction mystérieuse, lentement il s'avançait vers elle.

Soudain, Gabrielle ouvrit ses bras et prononça tout haut :

— Viens, viens !

D'un bond l'enfant allait se jeter dans ses bras, lorsqu'une main le saisit et le retira brusquement en arrière.

Gabrielle éprouva une sensation douloureuse, comme si une pointe acérée eût traversé son cœur.

Elle se redressa sur ses jambes, frémissante, le sein bondissant, et un éclair, qui s'éteignit aussitôt, passa dans son regard.

— Vous êtes la bonne de ces deux enfants ? dit-elle à la femme qui venait de prendre le bras du petit garçon et se disposait à l'entraîner hors du cercle.

— Je suis leur gouvernante, répondit la femme d'un ton sec.

— C'est bien, je comprends, dit tristement Gabrielle ;

vous obéissez aux ordres qu'on vous a donnés. Il vous est défendu de laisser ces enfants s'approcher des étrangers, de gens qu'ils ne connaissent pas. Je n'ai rien à dire à cela. Oui, je désirais les embrasser. Pourquoi eux plutôt que deux autres ? Je n'en sais rien. Enfin, vous ne l'avez pas permis ; c'est une joie qui m'est refusée... Allez, ce n'est pas la seule. Il y a longtemps que je ne compte plus avec mes douleurs et mes déceptions.

Elle poussa un long soupir.

— Regardez, madame, reprit-elle, regardez tous ces enfants qui m'entourent ; ils me connaissent depuis longtemps, je suis leur amie, ils m'appellent Figure de cire ; s'ils sont autour de moi, s'ils ne s'éloignent pas, c'est parce qu'ils savent que je les aime.

Comme elle achevait ces paroles, une jeune femme d'une grande beauté, très-élégamment mise, et qui abritait sa tête sous une ombrelle, parut tout à coup au milieu du groupe.

— Qu'y a-t-il donc ? demanda-t-elle.

— Oh ! rien, madame la marquise, répondit la gouvernante. C'est cette femme qui voulait embrasser les enfants.

La marquise se tourna vers Gabrielle et fut frappée en même temps de sa pâleur étrange et de la douloureuse expression de son regard.

Devant la grande dame, la pauvre Figure de cire baissa les yeux.

— C'est vrai, lui dit la marquise, vous vouliez embrasser ces deux enfants ?

— C'est vous qui êtes leur mère ?

— Oui, c'est ma fille et mon fils.

— Vous êtes bien heureuse, madame, et vous devez

être fière d'être la mère de ces deux beaux enfants. Eh bien, oui, je désirais les embrasser.

— Pourquoi ne l'avez-vous pas fait?

— Leur gouvernante ne l'a pas voulu.

— Pourquoi ne l'avez-vous pas voulu? demanda la marquise, s'adressant à la gouvernante.

Celle-ci devint rouge comme une pivoine.

— Madame la marquise, balbutia-t-elle, je ne savais pas... je pensais... j'ai cru...

— Vous avez eu tort, lui dit la marquise d'un ton sévère.

Puis s'adressant à Gabrielle:

— Ce que la gouvernante de mes enfants n'a pas permis, je l'autorise, moi, dit-elle.

— Oh! madame, madame! fit Gabrielle d'une voix vibrante et prête à sangloter.

Ne pouvant plus se soutenir sur ses jambes, tellement son émotion était grande, elle retomba sur le banc.

— Eugène, Maximilienne, reprit la marquise, embrassez la dame.

Les deux enfants s'approchèrent. Gabrielle les prit sur ses genoux, les entoura de ses bras et les pressa contre sa poitrine haletante. A plusieurs reprises elle les embrassa tous les deux. Oh! alors, elle était heureuse, véritablement heureuse, la pauvre Gabrielle. A voir son front irradié, son regard rayonnant, on aurait dit qu'elle ne se souvenait plus de ses douleurs et que les plaies de son cœur s'étaient subitement cicatrisées.

Il y avait de l'amour, de la passion, du délire dans la chaleur de ses baisers.

Mais, — est-il besoin de le dire? — celui des deux enfants qu'elle embrassait avec le plus de transport, avec le plus d'ivresse, ce n'était pas la petite fille,

Pendant ce temps la marquise souriait. Elle ne vit rien de surprenant dans cette scène attendrissante qu'elle avait sous les yeux. Elle ne se demanda point quelle pouvait être la cause de l'exaltation fébrile de cette femme au visage pâle, qu'elle entendait appeler la Figure de cire. Aucun soupçon ne lui vint à l'esprit. Ce qu'elle voyait lui semblait naturel. Elle était mère!

Un instant après, Gabrielle laissa glisser à terre les deux enfants, qui allèrent prendre chacun une main de la marquise.

La grande dame fit de la tête un salut amical à la fille du peuple et s'éloigna avec ses enfants.

Gabrielle les suivit des yeux aussi longtemps qu'elle put les voir. Et quand ils eurent disparu, elle poussa un soupir. Puis sa tête s'inclina sur sa poitrine et elle tomba dans une rêverie profonde.

Elle ne s'apercevait pas qu'il y avait encore beaucoup d'enfants autour d'elle. Elle avait complétement oublié qu'elle devait leur raconter une histoire.

XXIII

LA VOIX DU SANG

Par suite de l'invitation que Morlot lui avait faite le matin, Gabrielle passa la soirée chez ses amis.

Ceux-ci remarquèrent, avec un grand contentement, que Gabrielle était moins triste, moins sombre. Il y avait en elle de l'animation et dans son regard une clarté plus vive. Habituellement elle était silencieuse et il fallait pour ainsi dire lui tirer les paroles de la bouche,

Mais, ce soir-là, elle semblait heureuse de parler et elle répondait sans effort aux paroles affectueuses que lui adressait Mélanie.

Elle était encore sous l'impression de la joie qu'elle avait éprouvée le tantôt en tenant dans ses bras les deux enfants. Un grand apaisement s'était fait dans son cœur. Elle profitait d'un instant de répit que lui laissait la souffrance, car elle sentait bien qu'elle ne tarderait pas à retomber dans sa morosité et dans l'océan de ses douleurs.

— Ma chère Gabrielle, lui dit Mélanie, nous n'avons pas besoin de vous demander si vous êtes satisfaite de votre promenade d'aujourd'hui ; on le voit dans vos yeux.

— Il y a eu toute la journée un soleil superbe, l'air était doux comme aux plus beaux jours de l'été et il y avait beaucoup d'enfants au jardin des Tuileries, répondit Gabrielle.

— Plus ils sont nombreux autour de vous, plus vous éprouvez de plaisir. C'est aux Tuileries que vous êtes allée aujourd'hui ?

— Oui. Et j'y retournerai demain et les jours suivants. Maintenant, je préfère ce beau jardin, où il y a de grands arbres, de magnifiques ombrages, à toutes les autres promenades.

— Je suis de l'avis de mademoiselle Gabrielle, dit Morlot, le jardin des Tuileries est le plus délicieux endroit de Paris.

— Aujourd'hui, aux Tuileries, j'ai eu un instant de bonheur, reprit Gabrielle ; si vous me voyez ce soir un peu moins triste qu'à l'ordinaire, c'est qu'il m'en reste le souvenir dans le cœur et dans la pensée.

— Ah ! je me doutais de quelque chose comme cela,

s'écria Mélanie. Est-ce que nous pouvons savoir ce qui vous est arrivé, ma chère Gabrielle ?

— Certainement.

Et avec ce talent qu'elle possédait de dire d'une façon charmante et touchante les choses les plus simples, elle leur raconta son aventure du tantôt.

— Pauvre Gabrielle ! pensa Morlot, c'est la vingtième fois peut-être qu'elle nous raconte la même chose, et elle ne s'en aperçoit point.

— Comme vous le voyez, continua Gabrielle, il faut bien peu pour me donner une joie... En les tenant dans mes bras, ces deux beaux enfants, en les pressant contre mon cœur, je ne sais ce qui se passa en moi : j'étais comme enivrée, et il me sembla que je venais d'être transportée tout d'un coup dans un autre monde. La petite fille est très-gentille, mais c'est le petit garçon, surtout, qui est joli comme un chérubin. Oh ! le bel enfant ! l'adorable enfant !

J'aurais voulu que vous vissiez comme il me regardait avec ses grands yeux noirs pleins d'intelligence. Oh ! ce doux regard d'enfant, il me semble que je l'ai aspiré et qu'il est enfermé en moi !... Je crois qu'il avait deviné ma douleur. On aurait dit qu'il me plaignait et qu'il souffrait avec moi. Il avait l'air de me dire : « Puisque tu es heureuse que je te laisse m'embrasser, embrasse-moi, embrasse-moi tant que tu voudras !... »

Et je l'embrassais avec amour, avec frénésie. J'embrassais aussi sa sœur, comme si j'eusse eu peur que la mère, qui était là, les yeux fixés sur nous, ne fût jalouse. Mais c'est à lui, à lui seul, que je donnais, dans mes baisers, ce qui du cœur me montait aux lèvres.

Je le regardais avec admiration, je le contemplais avec ivresse, et je me disais : Il a sept ans à peine, c'est l'âge de mon enfant... Faut-il vous l'avouer? Oui, car à vous je peux tout dire. Eh bien! il me vint tout à coup cette pensée que cet enfant, que je tenais dans mes bras, était le mien! Oui, en sentant mon cœur palpiter et remuer mes entrailles, je crus reconnaître mon enfant, mon fils!...

Après un moment de silence, elle reprit avec des larmes dans la voix :

— Illusion! illusion cruelle! La mère était là, une marquise; elle reprit sa fille, elle reprit son fils, et ils s'en allèrent... Il y avait d'autres enfants autour de moi, mais je ne les voyais plus. J'avais sur les yeux comme un voile épais. Sortie de la lumière je rentrais dans la nuit.

Elle se mit à pleurer silencieusement.

— Ma chère Gabrielle, dit Mélanie, il ne faut pas vous affecter ainsi. Ce n'est pas la première fois que vous avez la même illusion. Chaque fois que vous voyez un petit garçon, ayant à peu près l'âge du vôtre, il vous semble que vous allez reconnaître votre enfant.

— C'est vrai, répondit Gabrielle; mais je n'avais pas encore ressenti une émotion pareille. Que voulez-vous? ce n'est pas ma faute si je vois mon enfant partout; il est toujours devant mes yeux.

Elle secoua la tête et ajouta :

— Maintenant, c'est ma folie !

Souriant au milieu de ses larmes, elle continua :

— Les médecins qui m'ont soignée à la Salpêtrière m'ont rendu les facultés de me souvenir, de penser, de réfléchir, de souffrir; mais il reste toujours là, dans ma tête, un grand trouble, des idées confuses, des choses bizarres. Allez, je suis toujours un peu folle.

— Oh! Gabrielle, répliqua tristement Mélanie, en parlant ainsi vous me causez du chagrin.

— Ma femme a raison, dit Morlot, elle vous gronde, je l'approuve.

— Si vous vous mettez tous les deux contre moi, je ne serai certainement pas la plus forte, dit Gabrielle ; j'aime mieux me déclarer vaincue d'avance.

Pour essayer de la distraire, Morlot se mit à parler de toutes sortes de choses. Mais, au bout d'un instant, Gabrielle ramena la conversation sur son aventure du jardin des Tuileries, et on passa le reste de la soirée à parler de la marquise inconnue et de ses deux beaux enfants.

Le lendemain, Gabrielle était aux Tuileries une heure plus tôt que d'habitude. Quelque chose lui disait qu'elle allait revoir les enfants de la marquise. Elle attendit avec une impatience fiévreuse. Ne les voyant pas arriver, elle était agitée, inquiète, son regard était errant. Elle ne faisait plus attention aux enfants qui jouaient autour d'elle, à ses petits amis des jours passés. S'ils lui parlaient, elle ne répondait pas. Peut-être ne les entendait-elle point. Elle les regardait sans les voir. A chaque instant elle quittait un banc pour aller s'asseoir sur un autre. Elle fit ainsi le tour du jardin. Son impatience augmentait, mais elle attendait toujours.

— Ils viendront, se disait-elle, ils viendront.

Enfin vers trois heures elle les vit arriver.

Aussitôt son front s'éclaira, ses yeux s'illuminèrent, et elle éprouva la même émotion que la veille.

La marquise n'était pas avec les enfants. Ils étaient accompagnés par la gouvernante que Gabrielle connaissait et par une autre femme qui avait l'air d'être aussi une gouvernante.

Gabrielle s'était levée ; son regard, qui étincelait, appelait les enfants. Le petit garçon l'aperçut. Depuis un instant il la cherchait des yeux de tous les côtés. Il prit la main de sa sœur et tous deux se dirigèrent en courant vers Gabrielle.

La gouvernante qui avait déjà vu Gabrielle, dit à l'autre :

— Voilà la femme pâle, qui a embrassé les enfants hier.

— Et qui les embrasse aujourd'hui. Regardez : elle les dévore de baisers. Cela n'est pas naturel.

En effet, Gabrielle avait pris les deux enfants dans ses bras et elle les mangeait de caresses.

— Voilà ce qui s'est passé hier sous les yeux de madame la marquise et elle n'a rien dit, reprit la première gouvernante ; nous n'avons pas le droit d'empêcher aujourd'hui ce qu'elle a laissé faire hier.

— D'autant mieux que cela n'a pas l'air du tout de contrarier les enfants.

— Ils sont enchantés, au contraire ; cela les amuse. Hier, toute la soirée, et ce matin, Eugène a parlé sans cesse de la femme pâle des Tuileries ; c'est lui qui a voulu absolument revenir ici.

— Pour revoir cette femme ?

— Oui.

— Elle est toute jeune ; mais comme elle est pâle, on dirait un visage de morte ; je comprends qu'on l'appelle la Figure de cire. C'est probablement une pauvre folle.

— Je le crois.

— Si elle allait faire du mal aux enfants ?

— Elle n'est pas méchante. Si elle est réellement folle, sa folie n'est pas dangereuse.

Les deux femmes s'approchèrent de Gabrielle, qui tenait les deux enfants assis sur ses genoux.

Maximilienne riait. Eugène, au contraire, paraissait très-sérieux. Il regardait attentivement Gabrielle, et la jeune femme le comtemplait l'âme ravie. Leurs regards se noyaient l'un dans l'autre.

— Figure de cire, comment t'appelles-tu ? demanda tout à coup le petit garçon.

Gabrielle tressaillit.

— Comme vous venez de m'appeler, mon petit ami, répondit-elle : Figure de cire.

L'enfant remua la tête.

— Non, fit-il ; on t'appelle comme cela parce que tu as la figure blanche ; mais tu dois avoir un autre nom.

— Vous voulez donc le connaître ?

— Oui.

— Pourquoi ?

— Je ne veux pas t'appeler Figure de cire.

— Eh bien, mon ami, je me nomme Louise.

— Louise ! j'aime ce nom-là. Je t'appellerai madame Louise. Moi, je me nomme Eugène et ma sœur Maximilienne.

— Eugène, Maximilienne, répéta la jeune femme.

— Madame Louise, où demeures-tu ?

— Pas bien loin d'ici, de l'autre côté de la rivière.

— Nous demeurons aussi par là, rue de Babylone, dans une belle maison où il y a, derrière, un jardin avec de grands arbres comme ceux-ci. Il y vient aussi des oiseaux : des corneilles et des pigeons ramiers. C'est là que nous jouons, ma sœur et moi, quand il fait beau temps. On nous mène souvent au bois de Boulogne, mais en voiture. J'ai de bonnes jambes, moi, j'aime mieux marcher. C'est Maximilienne qui est paresseuse ; elle veut toujours être dans la voiture ou bien il faut qu'on la porte.

— Eugène me fait toujours courir, répliqua la petite Maximilienne, en faisant une moue très-drôle.

Le petit garçon se mit à rire.

— Il faut bien que je la fasse courir, puisqu'elle ne veut pas marcher, dit-il.

L'été nous ne sommes pas à Paris, continua-t-il, nous demourons à la campagne, au château, où il y a une cascade, des rivières, de belles pelouses, de grandes allées et beaucoup, beaucoup de fleurs. Des petits garçons et des petites filles viennent jouer avec nous. J'aime bien quand nous sommes au château.

— Moi aussi, dit Maximilienne.

Gabrielle écoutait avec ravissement le babil de l'enfant.

— Est-ce que vous allez partir bientôt? demanda-t-elle.

— Je ne sais pas, répondit Eugène; nous irons au château comme les autres années quand toutes les roses seront fleuries.

— Dans deux mois, pensa Gabrielle.

Elle reprit tout haut, avec tristesse :

— Vous irez au château de vos parents, mes enfants, et moi je ne vous verrai plus.

— Oh! mais nous reviendrons, dit vivement le petit garçon. Madame Louise, tu es donc bien contente de nous voir ?

— Oui, mon petit ami, bien contente.

L'enfant réfléchit un instant.

— Eh bien! écoute, dit-il : avant qu'on ne nous emmène au château, nous viendrons ici souvent. Je vais te dire : c'est moi qui ai voulu venir aux Tuileries aujourd'hui.

— Ah! c'est vous, fit Gabrielle, qui éprouva un doux saisissement.

— Oui, pour te voir.

— Pour me voir, cher enfant !

— Oui. Je pensais à toi. La nuit, pendant que je dormais, je te voyais comme si j'avais eu les yeux ouverts. Tu étais dans ma chambre, près de mon lit, et tu me regardais, comme tu me regardes en ce moment ; tu me prenais dans tes bras et tu m'embrassais. Tout d'un coup je me suis réveillé ; je regardai autour de moi, mais tu n'étais plus là. Puis je me rendormis et tu revins tout de suite pour m'embrasser encore. J'étais bien content, va. Et ce matin, quand je me suis réveillé tout à fait, j'aurais voulu pouvoir encore dormir.

La jeune femme était devenue toute tremblante, et de grosses larmes roulaient dans ses yeux.

L'enfant se haussa et approchant sa petite bouche de l'oreille de Gabrielle, il lui dit tout bas :

— Madame Louise, je t'aime bien !

Ces mots charmants tombèrent dans le cœur de Gabrielle comme un baume délicieux.

Serrant fiévreusement l'enfant contre sa poitrine :

— Oh ! le cher trésor, le cher trésor ! murmura-t-elle d'une voix étouffée par les sanglots qui montaient à sa gorge.

Et ses lèvres frémissantes se collèrent sur le front de l'enfant.

Celui-ci reprit la parole après un moment de silence.

— Madame Louise, es-tu riche ? demanda-t-il.

— Pourquoi me faites-vous cette question, mon ami ?

— Pourquoi ? fit l'enfant qui parut embarrassé.

Il baissa la tête, puis, la relevant aussitôt :

— Madame Louise, je vais te dire, reprit-il ; mon papa est riche, et il dit toujours que ceux qui ont la fortune doivent venir en aide aux malheureux. Si tu étais pauvre, je dirais à mon papa de te donner de l'argent.

Cette fois, Gabrielle ne put plus maîtriser son émotion. Ses larmes coulèrent et des sanglots s'échappèrent de sa poitrine gonflée.

L'enfant s'attrista.

— Madame Louise, dit-il, pourquoi pleures-tu? Est-ce que c'est moi qui t'ai fait de la peine?

— Non, mon enfant, non, au contraire ; c'est le bonheur de vous voir et de vous entendre qui me fait pleurer.

Une fois encore elle le couvrit de baisers. Puis elle lui dit :

— La pensée que vous venez d'avoir, mon cher trésor, indique que vous avez un bon petit cœur. Mais je veux vous tranquilliser; je ne suis pas riche comme votre papa, certainement, mais je possède une petite fortune qui me suffit. Comme votre papa, je tâche de venir aussi, selon mes moyens, en aide aux malheureux. Vous voyez, mon petit ange, qu'il ne faut pas que vous disiez à votre papa de me donner de l'argent.

L'enfant eut un mouvement de tête qui indiquait qu'il avait compris.

Ils causèrent encore pendant un instant. Puis les deux gouvernantes ayant appelé les enfants, ceux-ci quittèrent Gabrielle. Mais, avant de s'éloigner, le petit garçon lui avait dit:

— Je te promets que nous reviendrons.

XXIV

LE PORTRAIT

Gabrielle n'allait plus ni au Palais-Royal, ni au Luxembourg. Elle passait toutes ses après-midi dans le jardin des Tuileries où chaque jour elle attendait Eugène et Maximilienne. C'était souvent une attente vaine. Mais elle se contentait de les voir une fois ou deux par semaine. Il le fallait bien. Quand ils n'étaient pas venus deux jours de suite, inquiète et tourmentée, elle s'en allait vers midi se promener le long des trottoirs de la rue de Babylone. Elle restait longtemps immobile, les yeux fixés sur la porte cochère de l'hôtel de Coulange, où elle n'osait pas entrer.

La première fois qu'elle était venue rue de Babylone, elle avait remarqué l'habitation, et elle s'était dit :

— Ce doit être là qu'ils demeurent.

Elle voulut s'assurer qu'elle ne se trompait pas. S'adressant à une femme qui venait de sortir d'une maison voisine :

— Savez-vous, madame, à qui appartient cette belle maison ? lui demanda-t-elle.

— Oui, répondit la femme ; c'est l'hôtel du marquis de Coulange.

— M. le marquis de Coulange a-t-il des enfants ?

— Il en a deux : un petit garçon et une petite fille.

Gabrielle sut ainsi où demeurait le petit Eugène, et elle apprit en même temps que son père se nommait le marquis de Coulange.

Mais elle eut beau faire de longues stations devant l'hôtel de Coulange, jamais, à pied ou en voiture, elle ne vit sortir les enfants, la marquise ou le marquis. Il semblait qu'un démon malin ou méchant se faisait une joie de contrarier ses désirs et de changer son espoir en déception.

Quand elle apprit à Morlot et à Mélanie que les deux enfants qu'elle rencontrait avec tant de plaisir aux Tuileries étaient le fils et la fille du marquis de Coulange, le mari et la femme échangèrent des regards qui lui parurent singuliers.

— Vous avez l'air étonné, leur dit-elle, pourquoi ?

— Parce que nous connaissons le nom de Coulange, répondit Morlot. C'est dans son château de Coulange, en Seine-et-Marne, que M. le marquis et sa famille vont chaque année passer l'été. J'ai vu le château plusieurs fois, mais je n'y suis jamais entré.

— Moi, j'ai eu une fois l'occasion de le visiter, dit Mélanie. C'est une propriété magnifique. Le parc est très-beau, les jardins sont merveilleux et le château est une demeure princière. Il faut vous dire, ma chère Gabrielle, que Miéran, le village où je suis née et où je me suis mariée, n'est qu'à une heure du château de Coulange.

— Ah ! fit Gabrielle.

— Seulement, ajouta Morlot, Coulange se trouve sur la rive droite de la Marne et Miéran sur la rive gauche ; de sorte que le château et le village sont séparés par la rivière.

Gabrielle devint rêveuse.

— A quoi pensez-vous ? lui demanda Mélanie.

— Je pense, répondit-elle avec son sourire doux et triste, que si vous allez passer quinze jours cet été à Miéran, comme vous l'avez promis à M. Blaisois, votre cousin, et qu'il vous soit possible de m'emmener, je vous accompagnerais volontiers.

— Ma chère Gabrielle, répondit joyeusement Mélanie, je n'aurais peut-être pas osé vous faire cette proposition. Eh bien, c'est entendu ; si rien n'y met empêchement, nous irons ensemble à Miéran.

Cependant, depuis quelque temps, Gabrielle paraissait moins triste et était moins absorbée dans ses sombres pensées. Il était facile de voir qu'un certain bien-être se produisait en elle.

Comme Gabrielle parlait constamment à ses amis d'Eugène et de Maximilienne, Morlot disait à sa femme :

— C'est depuis qu'elle s'est prise d'une si grande affection pour les enfants du marquis de Coulange, que Gabrielle est moins triste, moins préoccupée, moins songeuse. Il est certain qu'elle éprouve beaucoup de soulagement. Cet heureux changement, que nous remarquons, est dû, assurément, à l'influence des enfants du marquis. Si on retrouvait son enfant, s'il lui était rendu, nous serions témoins d'une vraie métamorphose. En quelques jours nous verrions la pauvre Gabrielle redevenir telle qu'elle était autrefois.

On arriva à la fin d'avril.

Un jour, Eugène et Maximilienne sortirent en voiture, accompagnés des deux gouvernantes. On les mena au bois de Boulogne. Au retour, comme la calèche descendait rapidement l'avenue des Champs-Elysées, le petit garçon dit à sa gouvernante :

— Je voudrais voir ma bonne amie des Tuileries.

— Il est trop tard, il faut que nous rentrions ; votre papa et votre maman seraient inquiets.

— Je veux seulement la voir.

— Vous la verrez un autre jour.

— Non, aujourd'hui, je t'en prie, insista l'enfant.

Voyant qu'il avait déjà des larmes dans les yeux et qu'il allait pleurer, la gouvernante s'empressa de dire au cocher de continuer à marcher jusqu'au jardin des Tuileries. Un instant après, la voiture s'arrêta sur le quai, devant une des entrées du jardin.

Eugène et sa gouvernante mirent pied à terre. L'autre gouvernante et Maximilienne restèrent dans la voiture.

Le petit garçon entraîna vivement sa gouvernante du côté où la Figure de cire se tenait habituellement.

La pauvre Gabrielle était là, assise tristement sur un banc, plongeant son regard dans toutes les directions et faisant de grands efforts pour ne pas pleurer.

C'était le cinquième jour qu'elle attendait inutilement de deux heures à six heures du soir.

— Allons, aujourd'hui encore je ne le verrai pas, se disait-elle ; pourtant on m'a dit ce matin qu'ils étaient toujours à Paris. C'est fini, il ne viendra plus ; pendant quelques jours je l'ai intéressé, c'est ma triste figure qui l'amusait. Maintenant il ne pense plus à moi. Ah ! comme ils sont ingrats, les enfants !

Soudain, elle poussa un cri de surprise et de joie.

L'enfant, qu'elle croyait ingrat, venait de sauter sur ses genoux et de jeter ses petits bras autour de son cou.

Comme elle était heureuse de s'être trompée, et comme elle l'embrassa avec ivresse !

— Madame, lui dit la gouvernante, M. Eugène ne peut rester qu'une minute avec vous.

— Oh ! c'est trop peu, fit Gabrielle.

— Nous sommes déjà en retard, car nous devions être rentrés à quatre heures.

L'enfant se tourna vers sa gouvernante.

— Si papa te gronde, dit-il, je lui dirai que c'est moi qui ai voulu voir madame Louise.

— Oh! l'enfant terrible, fit la gouvernante en riant, il a toujours raison!

— Madame Louise, reprit Eugène, tu ne sais pas pourquoi j'ai voulu te voir aujourd'hui?

— Non, mon petit ami, dites-le moi.

— C'est que je veux te donner quelque chose.

— Vous voulez me donner quelque chose, à moi?

— Oui.

Elle le regarda avec étonnement.

Le petit garçon tira de sa poche un objet qui se trouvait dans une enveloppe blanche.

— Qu'est-ce que c'est que cela? demanda Gabrielle.

— Regarde.

Elle sortit l'objet de l'enveloppe. Surprise délicieuse! c'était une photographie, c'était le portrait de l'enfant!

— Et c'est pour moi, vous me le donnez! s'écria-t-elle d'une voix vibrante d'émotion.

— Oui, je te le donne; je l'ai demandé à papa pour toi.

— Ah! mon cher trésor, vous me rendez bien heureuse!

— Moi aussi je suis bien heureux! Vois-tu, madame Louise, nous allons partir bientôt, mais tu pourras toujours me voir en regardant mon portrait.

— Oh! la bonne pensée! s'écria Gabrielle.

Puis, une joie indicible dans le regard, elle ajouta:

— Dieu de bonté, je vous remercie, car c'est vous qui l'avez inspirée!

L'enfant se laissa glisser à terre, et, ayant pris la main de sa gouvernante, ils s'éloignèrent rapidement.

Gabrielle jeta autour d'elle des regards furtifs, comme

si elle venait de commettre un larcin, et elle cacha la photographie sur sa poitrine.

Le soir, après son dîner, elle vint trouver les époux Morlot. Elle paraissait très-exaltée. Ses yeux brillaient comme des tisons.

— Que vous est-il donc arrivé aujourd'hui, Gabrielle? lui demanda Mélanie.

— Une joie dont j'ai rempli mon cœur, répondit-elle. Pourtant, je ne suis pas contente, et je m'adresse à moi-même des reproches sévères.

— Qu'avez-vous donc à vous reprocher, Gabrielle?

— La joie que j'éprouve.

— Pourquoi cela?

— Pourquoi? Parce qu'elle me vient de cet enfant dont je vous parle continuellement.

— Mademoiselle Gabrielle, dit Morlot, n'importe d'où elle vient, quand une joie arrive il faut la prendre.

— Ah! vous ne savez pas comme elle est mêlée d'amertume... Voulez-vous que je vous dise la vérité? Eh bien, cet enfant, qui ne m'est rien, le fils d'un marquis, d'une marquise, que je me suis mise à aimer follement, cet enfant s'empare de ma pensée, de tout ce qui vibre en moi et prend dans mon cœur la place que j'avais faite si grande au cher petit être qu'on m'a volé! Voyons, dites, ai-je le droit de m'en vouloir? Est-ce que ce n'est pas abominable? Oublier son enfant pour en aimer un autre! Je suis donc une mauvaise mère?...

— Non, Gabrielle, vous n'êtes pas une mauvaise mère, répliqua Mélanie, et vous n'avez pas à vous en vouloir d'être ainsi. Il y a en vous tant d'amour maternel que votre cœur ne peut plus le contenir, et il se change en amitié que vous donnez à des enfants étrangers. Cela vous soulage, Gabrielle, et c'est de là que vient votre joie. Mais rassurez-vous, chère amie, votre tendresse pour votre enfant restera la même. Quand vous rencontrez le fils de la marquise, c'est votre enfant que vous croyez voir. Vous l'aimez, vous lui prodiguez vos baisers, soit. Mais alors votre cœur se fait illusion. En aimant cet enfant, qui ne vous est rien, c'est toujours le vôtre que vous aimez.

— C'est possible, répondit Gabrielle, et je veux bien vous croire; mais, c'est égal, ce que je ressens en moi est bien extraordinaire.

— Mademoiselle Gabrielle, reprit Morlot, vous ne nous avez pas dit quelle était la cause de votre joie d'aujourd'hui.

— C'est vrai. Tantôt, j'ai vu l'enfant, un instant seulement. Et voilà ce qu'il m'a donné, continua-t-elle, en tirant de son sein la photographie.

Elle la tendit à Morlot.

— Regardez, reprit-elle, c'est lui, c'est son portrait, la ressemblance est parfaite.

Mélanie pencha sa tête sur l'épaule de son mari, et tous deux regardèrent l'image.

— Oh! la délicieuse petite figure! dit la femme.

— Oui, c'est un charmant enfant, appuya Morlot; on voit déjà que c'est un petit marquis.

— N'est-ce pas qu'il est beau comme un ange? s'écria Gabrielle avec enthousiasme.

— Il est adorable, répondit Mélanie; je n'ai jamais vu un aussi bel enfant.

— Pour être véritablement charmé, reprit Gabrielle, il faut l'entendre, il faut voir son charmant sourire. Sa voix d'enfant est harmonieuse et douce comme un gazouillement de fauvette. Il est très-intelligent, et déjà il raisonne comme un petit homme. Il n'est pas seulement beau, il est aimant et il est bon. Oh! l'excellent petit cœur ! Il a pensé à me faire cadeau de son portrait ! à moi !... à moi !... Certainement, c'est son cœur qui l'a conseillé ; il a deviné le plaisir qu'il allait me faire, mais ce qui m'a émue surtout, c'est ce qu'il m'a dit en me le donnant : « Madame Louise, il m'appelle ainsi, nous allons partir bientôt ; mais tu pourras me voir tous les jours en regardant mon portrait. » Oui, il m'a dit cela. Pour un enfant de cet âge, quelle délicatesse de sentiment ! Je me demande s'il n'avait pas deviné ma pensée et lu dans mon cœur. Je l'aimais déjà beaucoup ; maintenant... Ah ! je vous le dis encore, mes amis, j'ai peur qu'il ne me fasse oublier mon enfant !

Morlot lui rendit le portrait.

Elle le plaça au milieu de sa main et se mit à le regarder attentivement.

— Il est frappant, dit-elle, sur sa petite bouche je vois son doux sourire ; on dirait qu'il va parler. Voilà bien ses beaux cheveux qui tombent sur son cou, soyeux et bouclés. C'est bien son air éveillé, son front pur, ses sourcils arqués et ses belles joues rondes, fraîches et roses comme la reine des fleurs. Ce sont ses yeux doux et limpides ; c'est son regard tendre, qui me caresse et pénètre en moi comme un rayon céleste qui vient du ciel ! Il me semble qu'il me regarde, qu'il me parle et qu'il me sourit... C'est lui, c'est bien lui, le cher trésor ! Il va partir... Mais, si loin qu'il sera de moi, je le verrai, et je l'aurai toujours là, sur mon cœur !

Elle resta silencieuse. Toujours immobile et les yeux fixés sur le portrait, elle tomba dans une profonde rêverie. Elle paraissait avoir oublié que Morlot et Mélanie étaient près d'elle.

Ceux-ci la regardaient tristement, et, craignant de troubler sa méditation, comme elle ils étaient silencieux.

Dix minutes s'écoulèrent ainsi.

XXV

UNE VISION

Tout à coup Gabrielle eut un tressaillement nerveux qui fut suivi d'une sorte de gémissement. Ses yeux se fermèrent, sa tête se pencha sur son épaule, le portrait s'échappa de sa main, et ses bras tombèrent sur ses genoux.

Mélanie, effrayée, poussa un cri.

— Chut! fit Morlot, en se levant, elle dort!

Morlot s'était approché de Gabrielle. Après avoir constaté qu'elle dormait réellement, il ramassa le portrait et revint près de sa femme.

Mélanie l'interrogea anxieusement du regard.

— Ce n'est rien, lui dit-il, tu peux te rassurer. C'est ainsi que Gabrielle s'est endormie devant moi, il y a environ six semaines. Tu te souviens que je t'ai raconté des choses extraordinaires, incroyables.

— Oui.

— Je t'ai dit que Gabrielle était somnambule.

— Ah! je comprends.

— Elle vient d'être prise d'un accès de somnambulisme. Comme tu l'as vu, rien, en apparence, n'a provoqué son sommeil.

— C'est vrai.

— Malgré cela elle est magnétisée.
— Tu te trompes peut-être.
— Non ; elle se trouve absolument dans le même état que l'autre soir. Voilà le sommeil magnétique. Tu vas voir ce qu'il y a de merveilleux dans cet étrange sommeil.

Il se tourna vers la jeune femme endormie.
— Mademoiselle Gabrielle, me voyez-vous ? lui demanda-t-il.
— Je vous vois, répondit-elle aussitôt.
— Dites-moi où je pose ma main gauche ?
— Sur l'épaule de votre femme.
— Qu'est-ce que je tiens dans ma main droite ?
— Le portrait du petit Eugène de Coulange.
— Vous l'aimez beaucoup cet enfant ?
— Oui, beaucoup.
— Quels sont les sentiments que vous avez pour lui ?
— Ceux d'une mère.
— Oh ! il me semble que je fais un rêve, murmura Mélanie.
— Il me vient une idée, lui dit Morlot à voix basse.
— Une idée ?
— Tu vas voir.
— Morlot, que veux-tu faire ?
— Je suis devenu curieux. Je veux que Gabrielle nous dise ce qui se passe en ce moment à l'hôtel de Coulange.
— Si on t'entendait, mon ami, on croirait que tu es fou.
— Alors tu penses que je ne parle pas sérieusement ?
— Oui, parce que tu veux une chose impossible.
— Eh bien, nous allons le voir.

Il se rapprocha de Gabrielle.
— Qu'est-ce que je vous mets dans la main ? lui demanda-t-il.

— Le portrait de l'enfant.
— Voulez-vous vous transporter rue de Babylone?
— J'y suis.
— Voyez-vous l'hôtel de Coulange ?
— Je le vois.
— Pouvez-vous y entrer ?
— Les portes sont fermées...
— Alors vous ne pouvez pas voir ce qui se passe à l'intérieur?

Après un moment de silence, Gabrielle répondit :
— Si, je vois.
— Que voyez-vous ?
— Je vois le petit Eugène.
— Que fait-il ?
— Il est couché, il vient de s'endormir.
— Y a-t-il quelqu'un près de lui ?
— Non, mais sa gouvernante est dans la chambre à côté de la sienne.
— Et la petite fille, la voyez-vous ?
— Oui.
— Que fait-elle ?
— Elle est couchée aussi, mais elle a les yeux ouverts, elle ne dort pas ; elle dit quelque chose à sa gouvernante.
— Vous entendez ?
— Je ne peux pas entendre.
— Maintenant, voyez-vous le marquis de Coulange ?
— Je ne le connais pas.
— Vous connaissez la marquise ?
— Je l'ai vue deux fois.
— En ce cas, vous pouvez la reconnaître. Si elle n'est pas sortie, vous devez la voir.

— Elle est dans une chambre dont les portes sont bien fermées ; un homme est avec elle.

— Un homme ! le marquis, sans doute ?

— Non, cet homme doit être un ouvrier. Oui, c'est un ouvrier. Oh ! c'est bien singulier...

— Quoi donc ? fit Morlot. Qu'est-ce qui est singulier ?

— Dans le foyer de la cheminée, il y a un petit fourneau plein d'un brasier ardent ; l'ouvrier est en train de souder le couvercle d'une boîte de métal.

— En effet, murmura Morlot, c'est singulier...

— Tu crois donc que ce n'est pas un rêve que fait Gabrielle ? lui demanda sa femme.

— Je n'en sais rien, répondit-il. Je ne peux pas dire qu'elle voit cela réellement ; mais ce qui est certain, c'est qu'elle ne rêvait pas quand elle m'a annoncé l'arrivée de ton cousin Blaisois, quand elle l'a vu verser sur la table des pièces d'or et d'argent.

— Oh ! je ne sais plus que penser, dit Mélanie ; tout cela est si extraordinaire...

— Oui, on ne peut plus extraordinaire, fit Morlot ; voilà pourquoi il y a tant de gens aujourd'hui qui s'occupent de magnétisme. Autrefois, je les traitais de fous ; j'étais incrédule, alors ; maintenant, je crois. Je ne m'explique pas cette chose merveilleuse, je ne cherche pas à la comprendre ; elle est au-dessus de ma raison. On ne comprend pas les mystères, on n'explique pas Dieu, on y croit. Qu'est-ce que le somnambulisme ? Qu'est-ce que le magnétisme ? Que de plus savants que moi répondent à ces questions. Ce que je sais, c'est que le phénomène existe ; les faits parlent. Nous avons là, devant nous, sous nos yeux, le sommeil étrange !

— Si tu n'étais pas avec nous, j'aurais peur, dit Mélanie, qui se sentait frissonner.

— Ne dis plus rien, écoute, ordonna Morlot.

Et, revenant à Gabrielle :

— Que voyez-vous maintenant ? lui demanda-t-il.

— Je regarde en moi-même, répondit-elle.

— Etes-vous toujours à l'hôtel de Coulange ?

— Non.

— Voulez-vous y retourner ?

— Vous le désirez ?

— Oui. Je veux que vous me parliez encore de la marquise de Coulange.

Il y eut un moment de silence.

Gabrielle reprit :

— L'homme, l'ouvrier, est toujours avec elle. Qu'a-t-elle donc ? Elle est très-agitée, ses yeux sont pleins de larmes. Ah ! elle souffre, elle souffre beaucoup ; la marquise de Coulange n'est pas heureuse... Il y a en elle une douleur affreuse ; c'est une torture de tous les instants ; c'est un mal qui la consume, qui la dévore, la tue lentement. Il y a dans son existence, en apparence si calme, si remplie de joies, quelque chose de fatal, un secret terrible.

— Mademoiselle Gabrielle, dit Morlot, quel est donc ce secret terrible ?

— Je ne peux pas vous le dire.

— Pourquoi ?

— Je ne le connais pas.

— Essayez de le découvrir.

— Impossible. La marquise veut le garder ; elle le tient caché dans un coin de son cœur, dans les profondeurs de sa pensée. C'est lui, c'est ce secret qui la fait souffrir comme un martyr, qui lui ronge le cœur. Sans cesse il tourmente son âme et l'épouvante !... Il pèse sur elle comme un poids énorme, il l'écrase.

— Gabrielle, l'ouvrier est-il toujours avec la marquise?

— Oui ; mais il vient d'envelopper ses outils dans une toile ; la marquise lui met une pièce d'or dans la main ; elle lui ouvre une porte dérobée ; il s'en va.

— Ne le suivez pas, restez avec la marquise. Qu'est-ce que c'est que cette boîte de métal, dont vous m'avez parlé tout à l'heure ?

— C'est une espèce de coffret de cuivre.

— Vous le voyez ?

— Il est posé sur une chaise. La marquise le regarde, elle le touche.

— Dites-moi ce qu'il renferme.

— Le coffret est fermé, le couvercle est soudé, on ne peut plus l'ouvrir.

— Soit, mais vous pouvez voir, vous ?

— Non, je ne distingue pas bien.

— Regardez toujours.

— Je suis fatiguée.

Elle devait être fatiguée, en effet. Et Morlot, voulant pousser jusqu'au bout son expérience, ne s'apercevait pas que, depuis un instant, le front de la jeune femme s'était couvert de grosses gouttes de sueur.

— Gabrielle, je vous en prie, faites encore un effort, dit-il. Qu'y a-t-il dans le coffret de cuivre ?

— La marquise vient d'y enfermer son secret.

— Je ne comprends pas ; que voulez-vous dire ?

— La marquise a écrit la cause de ses souffrances : elle a confié au papier ses pensées les plus intimes, les plus secrètes.

— Eh bien ?

— C'est ce manuscrit qui vient d'être enfermé dans le coffret de cuivre.

— C'est étrange, étrange ! murmura Morlot.

Puis, se penchant vers Gabrielle :

— Pouvez-vous lire ce que la marquise a écrit ? lui demanda-t-il.

— Non.

— Pourquoi ?

— Mes yeux sont comme voilés.

— Y a-t-il dans le coffret de cuivre autre chose que le manuscrit ?

— Oui.

— Quoi ?

— Je ne vois pas bien.

— Regardez, Gabrielle, regardez !

— Je vois une petite chemise, un petit bonnet...

Elle s'agita convulsivement et, portant ses deux mains à sa tête :

— Ah ! exclama-t-elle, c'est le maillot d'un enfant !

Morlot se redressa brusquement. Il était d'une pâleur livide.

— Oh ! quel soupçon ! fit-il d'une voix étranglée par l'émotion.

Il passa plusieurs fois sa main sur son front.

Une flamme étrange traversa son regard comme un éclair.

— Que soupçonnes-tu ? lui demanda sa femme.

Il sentit que la prudence lui ordonnait de se taire.

— Moi ? rien, répondit-il vivement.

— Tu me caches ce que tu penses !

— Tu veux dire la pensée que j'ai eue et que je n'ai plus, Mélanie. Elle était absurde !

— Je l'ai eue aussi, cette pensée ; mais je dis comme toi, c'est absurde, tout à fait impossible.

Mais je t'en supplie, continua-t-elle, ne fais plus

parler Gabrielle. Regarde, mon ami, elle a l'air de souffrir horriblement. Est-ce de la voir dans cet état ? Moi-même j'éprouve intérieurement un grand malaise.

— Pourtant j'aurais voulu encore...

— Non, non, assez, c'est assez.

Gabrielle s'était raidie, ses bras s'allongeaient, se repliaient et se tordaient, des spasmes nerveux soulevaient violemment sa poitrine, la sueur coulait de son front, et son corps grelottait comme si un froid vif venait de la saisir.

Morlot s'assit à côté de sa femme.

— Elle va bientôt se réveiller, lui dit-il à voix basse. Mais, tu entends, Mélanie, nous ne lui dirons rien ; elle ne doit pas savoir que, dans son sommeil, elle a parlé et répondu aux questions que je lui ai faites.

— Et si elle se rappelle ce qu'elle a dit ?

— Non, elle ne se souviendra de rien.

— C'est égal, tout ce qu'elle a dit est bien extraordinaire.

— Oui, mais ce n'est qu'un rêve.

— Je le crois.

Ils gardèrent le silence.

Mais Morlot réfléchissait. Il se disait :

— Devrais-je aller le lui demander à elle-même, il faudra que je connaisse le secret de la marquise de Coulange.

Après une heure d'attente, qui leur parut longue comme une année, Gabrielle se réveilla.

Elle se vit dans les bras de Mélanie, qui essuyait son visage.

— Ah ! dit-elle d'une voix faible, je me suis encore endormie.

— Oui, et nous vous avons laissée dormir, répondit Morlot.

Elle se leva ; mais ses jambes fléchirent sous le poids de son corps et elle retomba sur son siège comme une masse.

— Je suis bien fatiguée, dit-elle en soupirant, il me semble que j'ai les membres brisés.

— Et autrement, souffrez-vous ? lui demanda Mélanie.

— Oui, mais ce n'est rien ; j'ai déjà éprouvé cela. Il me semble que j'ai une barre dans la poitrine et du feu dans la tête.

— Ma chère Gabrielle, reprit la femme de Morlot, souffrante comme vous l'êtes, vous ne pouvez pas rentrer chez vous ce soir ; nous vous gardons.

— Oui, approuva Morlot ; comme cela, mademoiselle Gabrielle, si vous étiez indisposée cette nuit, Mélanie serait près de vous pour vous soigner.

La jeune femme ne voulait pas accepter l'hospitalité qui lui était offerte. Cependant elle finit par céder aux instances de ses amis, et, tout en leur disant qu'elle était désolée d'abuser ainsi de leur amitié, elle consentit à passer la nuit chez eux.

FIN DU PREMIER VOLUME

TABLE

PREMIÈRE PARTIE
CONDAMNÉ A MORT

		Pages
I	— Le Malade	1
II.	— Un Mariage de Paris	9
III.	— Il n'y a pas de bonheur sans nuage	22
IV.	— La Mère et le Fils	33
V.	— L'idée de Sosthène	40
VI.	— L'Esprit du mal	52
VII.	— Seule !	60
VIII.	— Le Tombeau des secrets	66
IX.	— Un Marché	75
X.	— Mademoiselle Solange	81
XI.	— Gabrielle Liénard	89
XII	— Une Séduction	98
XIII.	— Où l'on voit travailler Blaireau	106
XIV.	— Pauvre Fille !	116
XV.	— A Asnières	126
XVI.	— Maternité	135
XVII.	— La Douleur	143
XVIII.	— C'est un garçon	151
XIX.	— La chambre de la Nourrice	158
XX.	— Le Réveil de Gabrielle	166
XXI.	— L'Agent Morlot	176
XXII.	— La mère des malheureux	185
XXIII.	— La Lettre de Firmin	193
XXIV.	— Voilà le Calice	201

DEUXIÈME PARTIE

LA FIGURE DE CIRE

I.	— Dans les Jardins	210
II.	— Une Chaîne rompue.	220
III.	— Après la Mère, le Frère	231
IV.	— La générosité du Marquis	244
V.	— La seconde Mère	253
VI.	— A la Salpêtrière	260
VII.	— Trop tard.	268
VIII.	— Les Déceptions de l'agent Morlot.	278
IX.	— Les Recherches.	289
X.	— La Locataire pâle.	299
XI.	— Un Ami	307
XII	— Le Cœur fermé	314
XIII.	— Les Enfants.	321
XIV.	— Un Nom trouvé.	332
XV.	— Les Amertumes	339
XVI.	— Le Récit	348
XVII.	— Les Surprises	358
XVIII.	— Scènes intimes	366
XIX.	— Le Tiroir secret	374
XX.	— Le Sommeil.	381
XXI.	— Conversion d'un sceptique	388
XXII.	— Au Jardin des Tuileries.	400
XXIII.	— La Voix du sang	408
XXIV.	— Le Portrait.	418
XXV.	— Une Vision .	426

FIN DE LA TABLE

F. AUREAU. — Imprimerie de Lagny.

www.ingramcontent.com/pod-product-compliance
Lightning Source LLC
Chambersburg PA
CBHW071107230426
43666CB00009B/1857